岩手県
岳神楽（早池峰神社参集殿）
大迫町
紫波町
花巻市
西和賀町
遠野市
北上市
大償神楽（神楽の館）
東和町石鳩岡　石鳩岡神楽
集落・岳神楽
（早池峰神社）
岳川
集落・大償神楽
稗貫川
北上川
大迫町
集落・石鳩岡神楽
猿ヶ石川

権現舞 岳

権現 黒い獅子頭 岳

権現舞 岳

早池峰山上「山開き」権現舞 6月第2日曜日

権現舞 大償

毎年8月2日、早池峰神社の祭礼・「旅所」での権現舞

三番叟 岳

舞台

山の神舞 岳

鶏舞 岳

松迎え 岳

翁舞 岳

諷誦舞 岳

五穀舞（五穀裏舞）大償

天降り舞 大償

五穀舞 岳

苧環舞 石鳩岡

諷誦舞 石鳩岡

# 芸能の力学

The Dynamic Power of Performing Art

森尻 純夫

山と水と、そして、芸能の力 早池峰神楽研究

写真：森尻純夫／地図・図版：福井邦人

# 第4章 「旅」と弟子座・孫弟子座

## 岳・大償神楽座 年中行事

| | | |
|---|---|---|
| 大償神楽舞初め | 一月二日 | 神楽の館 |
| 岳神楽舞初め | 一月三日 | 早池峰神社 |
| 大償神楽春の舞 | 四月下旬 | 神楽の館 |
| 早池峰神社例大祭宵宮(岳・大償神楽座)蕨折舞 | 七月三一日 | 早池峰神社 |
| 早池峰神社例大祭(岳・大償神楽座) | 八月一日 | 早池峰神社 |
| 大償神社例大祭 | 九月中旬 | 神楽の館 |
| 岳神楽舞納め | 一二月一七日 | 早池峰神社 |
| 大償神楽舞納め | 一二月第三日曜 | 神楽の館 |

# はじめに

早池峰《はやちね》山頂（一九一七メートル）の一滴は、やがて山麓に至ると、せせらぎになり、川になる。せせらぎには、精霊であり神格化された「セオリツヒメ（瀬織津姫）」がいる。

岩手県のほぼ中央部、北上山系に聳える〝山〟と山地から発せられる〝川〟には、遠く古代からの歴史的文脈がある。そして伝説的伝承ばかりではなく、現世への恩恵と利益《りやく》も厳然として存在している。

## (1) 山頂の一滴、涸れない泉

山は、本来、狩猟や採集を生業とする人びとの〝生きる場〟だった。現在では、山民《さんみん》の存在は語られるだけになってしまった。

川は、田畑を潤して豊穣の恵みを人びとにもたらしている。

川は、やがて大河となって海に注いでいる。河川に沈む朽ち葉や堆積した腐葉土など、山からの産物を海に流し込み、沿岸の漁業に豊かな糧《かて》を供給している。

漁労の人びとは、海上から北上山系随一の早池峰山頂を眺望して、己れの位置を知る。「山あて」と呼んでいる。海に施された道標《みちしるべ》だ。山の位置を眺望して、海上に地図が描けるのだ。

早池峰山の山頂には、涸れることのない泉がある。人びとは、開慶水と名付けている。それが、山頂の一滴を象徴している。すべては、この山頂のひと滴《しずく》からはじまる。

〝神話〟と呼びかけてもいいのだが、「神が創成した山」と結語してしまうのには現実感がありすぎる。山麓と里の人びとにとって、山が生みだす水は、生命を保つ「米」をもたらす豊穣の源なのだ。厳かなる事実なのである。事実である以上に、真実の物語なのだ。事実に違いはないが、それを超えた真実の物語がここに存在する（注1）。

岩に囲まれた山頂に湧く泉が、早池峰信仰の象徴であり、この湧水への篤い信仰が山里から太平洋岸までの広大な地域を支えている。早池峰の山と森は、南北に三つの川を生みだしている。山の植生と地勢は、人間の生存への生態系とその循環の恵与を、永遠に約束している。

山の信仰のはじまりは、水の恵みを理解することにある。山への信仰は、海浜と里と、そして山麓の人びとに、広く伝播している。ここで、漁、林、そして農業が〝山〟を中心点として、一本の線に結ばれる。

## (2) 黒い獅子頭

山と川の流域、そして海の漁労を結ぶ地域には、黒い頭の獅子が伝承されている。本州北端の青森県八戸から宮城県北部地方、福島県会津に渡っている。黒い獅子頭は、いわゆる「北東北」全域を覆っているのだ。

黒い獅子は、「北東北」の早池峰山を崇敬する地方では「ゴンゲサマ」、「権現《ごんげん》」と呼ばれている。権現は、社寺ばかりではなく、個人の家にも所有されて、家内の「床の間」などの上座に安置されている。一家一門を守護し繁栄を約束する存在になっている。

一家一門の黒い獅子は、地域の祭礼には、戸主自ら、あるいは神楽びとに託して舞われる。獅子を〃遊ばせる〃と称している。神楽を自宅に呼んでおこなう宿《やど》神楽の際にも「権現を遊ばせる舞」は、催しの最後に登場する特別な演目になっている（注2）。

権現は、神仏習合思想にあって、神、あるいは仏の化身として顕われる〃神格〃である。人びとは、ときに黒い獅子を「お山」と呼び喩《たと》える。神楽衆が楽を奏でて門付にやってくる。集落の各戸を訪ね、土間で「ゴンゲサマ」を遊ばせる。地域の人びとは、土間に侵入して舞う黒い獅子を「お山」が家に入ったと言い讃える。早池峰権現は、まさしく山、そのものの表徴なのである。

権現が訪問してくる「門打ち」あるいは「まわり」「とおり」では、聖なる水を柄杓に汲み、咥えた権現が、台所、玄関などに撒く。水による「散華《さんげ》」のようだ。

山と水は、緊密に結ばれているのだ。地域の人びとは、早池峰山と麓の森林を〃水の森〃とも呼びかけている。そして黒い獅子「ゴンゲサマ」は聖なる山と水を緊縛する装置であり、地域の人びとは、神楽びとが「表徴の山」を操作する「手練れ」であることを希求し、言い方を換えれば「強いている」といえる。

（3）早池峰神楽、「親座」と「弟子座」

黒い獅子の権現を奉持する人びとは、神楽を持っている。神楽の伝承は、黒い獅子と重なりながら、しかし、神楽は、黒い獅子のあるすべての村落、地域に伝えられているわけではない。選ばれた村落と選ばれた人びとによって伝承されているのである。

早池峰を冠する神楽は、早池峰山への登攀口のひとつである大迫《おおはさま》地域、遠野地方、そして太平洋沿岸の宮古地方におよんでいる。さまざまな形で早池峰山への信仰が表現されている。

現在の花巻市大迫町を始祖的拠点として「岳《たけ》流」と「大償《おおつぐない》流」のふたつの流儀の神楽が伝承されている。早池峰神楽と呼称されている代表格だ。大迫町を「親神楽」として子神楽、あるいは弟子神楽、さらに孫神楽と伝播している。

早池峰神楽は、旅の芸能でもある。里が冬を迎えた農作業の閑期、数か月の旅をおこなってきた。近隣の地域を巡るのである。「まわり」や「とおり」と呼びならわした戸口を襲う「門打ち」である。すでに述べたように、権現舞が訪問してくることを「お山が入った」と言い伝えたのである。旅の途次、ときには招かれて「宿神楽」を終夜おこなった。この旅が、弟子神楽、孫神楽の地域を養い育て、早池峰神楽伝播の礎《いしずえ》になったのだ。いささかの形を変えて、太平洋沿岸域の「黒森神楽」と総称する神楽伝播域がある。黒森神楽も「門打ち」をおこない、すでに述べてきたように、沿岸漁労の人びともまた、早池峰権現を奉持している（注3）。

早池峰神楽を伝承する人びとは、厳しく正確な演技と、それを実現するためのたゆまぬ修練に生きている。伝承の内実を探っていくと、日本の伝統芸能が持つ本来の伝統のあり方を体現しているのである。現代では、「民俗」の芸能として伝統とは峻別されているが、実は、本来のあり方を保持し続けているのである。

神楽の伝承は、現代ではかたちを変えている事例が多く、たとえば複数の若者たちが、ときには数人が連れ添って座内の年長者を師匠として、夜毎、通って教授を受ける。その年長の師が、仲間うちの父であったり、伯（叔）父であったりする例は、多くある。

師は、複数の若者たちを弟子として眼前し、一堂に会しても、ひとりひとりの芸への資質を見逃すことはなく、

〝稽古〟を施していく。師と弟子は、一対一の眼差しを失うことはなく、〝稽古〟によって「芸」を継承していくという「伝統」が、現代にも生きて、おこなわれている。芸の伝承、あるいは継承は、一対一の相互の緊張感によって遂げられているのである。教える側も受ける側も、目前の存在を、常に意識下に置かざるを得ない緊張、相手の一挙手一投足を自らのものにする緊張感を外れることがないのだ。

「座」という組織性が希薄だった往時、稽古と伝承は一家一門、あるいは家族の間でおこなわれていた。伝統の継承には、厳しい緊張がともなっていた(注4)。

山、水、そのもたらす恵与と利益は、無言のうちに実生活の底部を支えて、日常では際だって意識されることはない。山と森から生みだされる〝水〟は、農、林、漁業に不可欠で、地域の経済生活を担っている。多様な生産体制である地域の経済生活は、漠然とした〝ヤマ〟の信仰という「ことば」に書き換えられてしまっている傾向がある。

## (4) 生態系と〝ヤマ〟の神話

すでに述べてきたように、山と水が与える利益は、事実であり、真実なのである。そして、その真実は解りやすく、手に取れて目に焼きつくものではない。

神楽は、それを眼前させるのだ。生活のなかで、〝真実〟は、ときに見過ごされ、忘れられる。真実は、はっきりとした姿で顕われることはない。なにやら霞に包まれている。

神楽は、霞に覆われた〝淡《あわ》い〟を太く濃い線で結んで、見物の眼前に、目に見えるものにする。「山の神」

が顕われる。「山の権現」が顕われる。

神楽びとは、〝神話〟から事実へ、歴史へ、そして人びとの真実の発見へと導かなければならない役目を担っている。神楽びとたちは、農、林、漁業の現実を、「神話」に還《かえ》すのではなく、暮らしの場に呼び戻し、現前する物語として紡ぐのである。

神楽を養い育ててきた地域の人びとは、すでに述べてきたように「神話」を「真実の物語」に書き換える可視化の作業を神楽とその担い手たちに託してきた。

早池峰神楽の流通地方の人びとは、自らの生態系と「ヤマの神話と現世」をしたたかに重ねながら、生きるための「利益《りやく》」を求めてきたのだ。神楽びとたちは、このような地域の要請に逞しく応じてきた。「現世の利益」を眼前させ、手に取れるような現実を与えてきたのである。

すでに述べた権現の舞に水を撒き散らす所作は、田を耕し、米を得る、また洋上にある自らを発見し、漁獲を得る人びとの〝生態系〟を表徴してあまりあるものなのだ。

ノート1

## 権現と本地垂迹《ほんじすいじゃく》思想

〝権現〟は、本地垂迹思想のもとで育まれた。本地《ほんじ》とは、〝仏〟が、本来あるべき場所、あるいは、あるべき姿で御座《おわ》すこととされている。仏の垂迹、降り来ることによって、神もまた垂迹、もしくはすでに存在していた神も仏に収斂する、という思惟だ。すなわち神と仏が収束する。一般に神仏習合と表現されている。菩薩、もしくは観世音として仏教における神的な存在になる。

こうした思想は、奈良・天平時代の後半期にさかのぼる。仏教の伝来以後、ほぼ二世紀で普遍化した思想だ。日本に仏教が伝えられた六世紀前半期、すでに自然神への信仰は、広く浸透していた。アニミズムと称される自然神への信仰は、日本人の身丈に合った「宗教感性」に染めあげられていた。仏教は、日本の生態系に無理なく重なり、伝来した五〇〇年代以降、日本独自のものになっていったのである。

仏教は、たとえば始祖の国とされるインドでも、半世紀も遅れて発生したヒンドゥ教に習合されている。ヒンドゥ教の三大神といわれるシヴァは、先行するビシュヌ神が変身する十の神像のひとつになっている。仏陀もその十の変身像のひとつに数えられている。仏陀とシヴァは、現代インドのヒンドゥ社会では同列の神格なのである。そして、シヴァ神は、民俗性をたたえた始原的な思想性を失わずに山岳信仰の象徴になっている。

仏教は、ネパール、朝鮮半島、東南アジア諸国などで、それぞれの文化、国情に合わせて成立している。仏教はそれぞれの国情、文化を許容して、普遍化しているのである。仏陀は、一神教におけるような絶対的なひとつの「神」ではないのだ。キリスト教やイスラム教のような絶対唯一の神格を唱えることはないのである。また、世界視野のもとでは、国情によって戦う仏教もあれば、少数派に甘んずる穏健で受動的な仏教もある。

自然崇拝は、人間の力が及ばない猛威を振い、超能力を発揮する〝自然〟の活動を、ときに脅威とし、ときに畏敬して崇敬し、排跪《はいき》してきた。伏し拝んできた。

ノート1

自然信仰は、宗教学ではアニミズムと解釈されて、精霊や霊魂を語り説くものとされてきた。それはキリスト教やイスラム教では、人間の思考とは相容れないものと断罪されてきた。「路傍の石に神が宿る」というような思想は、一神教の世界では容認できないのだ。自然は人間が統治しなければならない存在だ、というのである。

ところが近年、自然と人間は、対峙、対決する存在ではなく、生態系を共有する同伴対象ではないのかという方向性で研究が進められている。安田喜憲は多くの著作で、〝アニミズム〟の復権を説いている（注1：安田喜憲『一神教の闇――アニミズムの復権』ちくま新書・二〇〇六を参照）。

本来、原神道とでもいうべき、国家観を強調することのなかった古くからの神道は、民俗的な自然信仰と習合して、あるいは吸収して、自己増殖をはたしてきた。自然信仰と原神道は近接していた。奈良朝から平安中期までのことと考えられる。

「権現」には、あらたな研究と考察によって、いままでとは別の光が当てられている。仏教の用語を離れて広角化されて使われてきているのは、ひとつの事実だ。

もともと「権」には、「仮」の意味が込められている。「現」はうつつ、実在のもの、という意味であり、仮の実在ということである。仮の姿で、あるいは借りの姿で顕われる〝実在〟である。

「見顕われる神格」に対して奉じられる表現で、広い範疇で遣われている。たとえば仏教を離れた神社の主神を「春日権現」、また「熊野権現」「蔵王権現」などと呼称したり、徳川家康を「東照大権現」と呼びならわしたりしている。

黒い獅子である「早池峰権現」は、すでに述べたように（(2) 黒い獅子頭　参照）、人びとにとって〝山〟そのものの表徴であり、山が見顕われ、現前するものだ。まさしく、ふさわしく「権現」なのである。

【注】

1　〝真実〟と記して、地域の人びとの心性に傾いた表現を用いたが、やや科学的ではないとおもわれる言説に挑む研究が、現代、盛んになっている。

安田喜憲（一九四六〜）は、地理学を修め、環境考古学を拓いた先端的で精力的な研究者である。人間の営みの歴史をいかにも活き活きと捉える学問研究の第一人者といってふさわしい。その活動は旺盛で、多作である。日本を越えて、地球視野に及んでいる。イスラム教、キリスト教などの一神教の世界観に〝環境考古〟という枠組みを与えることで、より闊達な議論を展開している。天台、真言などの教義仏教に至る以前の「アニミズム」にあらたな視覚を与えたのだ。山を崇敬する早池峰地方の人びとへの斬新なまなざしとして、本書では欠かすことのできない発想と刺激を受けている。著書に『環境考古学への道』ミネルヴァ書房（二〇一三）、『環境考古学事始』NHKブックス（一九八〇）、『蛇と十字架』人文書院（一九九四）、『一神教の闇』ちくま新書（二〇〇六）、『日本文化の風土（改訂版）』朝倉書店（二〇一一）、『文明の精神』古今書院（二〇一八）ほか。

2　権現は、早池峰山信仰と神楽において、きわめて特徴的な存在である。以下に、その様態を列しておく。

早池峰神楽の「権現舞」は、神楽殿や宿神楽では最終演目である。権現舞がおこなわれると、その日は、ふたたび神楽が舞われることはない。厳格な約束事である。

地域の祭礼に招聘された場合、あるいは宿神楽での上演においては、山を象徴する獅子が、聖なる水を四方の角から見物席に撒き散らす。「火伏せの権現」などといわれることもある（例『遠野物語』）。

獅子には、伊勢系の赤い獅子と出雲系の黒い獅子がある。単純に伊勢、出雲といえない混淆も各地に観られる。総じて、本文に記述したように東北、太平洋岸は黒い獅子が多数で、会津の「彼岸獅子」なども「黒」を保持している。日本海側の富山、石川、鳥取などは黒と赤が混淆した彩色になっている。富山県高岡などが、その典型とおもわれる。

また、獅子舞には幌を被って舞ういわゆる「獅子舞」と三匹の雌雄の獅子が舞うものがある。後者は「鹿」を「しし」と読み換え、頭上に小ぶりな獅子頭（鹿頭）を装着して、ひとり立ちの舞が主になっている。全国的に流布している。

早池峰神楽の地方では「鹿踊《しし》り」は別種の芸能として成立している。

「権現」「権現舞」については、各項にたびたび登場するが、ここでは、基本的な一般的認識を書き記した。

また、「獅子」への信仰は、その淵源をインドのマウリヤ王朝時代に見出すことができる。仏教を信仰し崇敬した第三代のアショカ王は、獅子、すなわちライオンを聖獣と崇めた。仏教思想と獅子を結びつけていた。その後、中国から朝鮮半島を経て、日本に伝わった。仏教伝来からほぼ百年後の六一二年、百済の味摩之《みまし》によって伝えられたといわれている。日本での〝獅子〟は、ライオンが生息することのない風土にあって、ときに鹿、ときには猪に喩えられたが、やがては架空の「獅子」として定着した。いずれにしても、もっとも古くから各地に普及した、仏教の伝来とともに普遍化した幻獣であり「舞」といえる。

３　この書の中心命題は「早池峰神楽」と呼称されてこの地方に伝播されている芸能である。伝承と伝播は、第３章、４章で述べるように「座」による旅と弟子、孫弟子に広がっている。

「巫女」が鈴を振りたてて神と人びとの間に立ち、祝儀、寿ぎの儀礼的な舞をおこなうことを、一般的には「神楽」と呼んでいる。神前での慶事を祝うものだ。「巫女」は、神と人を結ぶ「依り代」であり「神座《かみくら》」と呼んでその存在をあきらかにしている。本来は、神楽の演目の一部に特定された「巫女舞」であった。巫女舞は、北東北、ならびに早池峰神楽にも、たびたび登場する。その役柄は、神功皇后、保食《うけもち》の神、五穀の女神など、巫女、あるいは巫女に準ずる神格で、「神座」にあって憑依する存在である。

黒い獅子の伝播地方には、大乗神楽も広く流布している。旧・和賀郡、現・岩手県北上市を中心に花巻市周辺に伝播されている。大乗神楽も「権現」を捧持しているが、早池峰山への信仰と直接的な結びつきを持つものではない。「大乗」の名を冠している、その名が示すように仏教色が強く散りばめられている。本地垂迹思想の色合いを強く保ち、教義仏教が浸透する以前の様相を、随所にみせている。

また、赤い雌雄の獅子が登場する伊勢系大（代）神楽と呼ばれる流儀が広く存在している。特に関西各地で人気がある。梯子のぼり（渡り）や傘まわしなど、全国に流布している。いまは幻になって廃絶されたといわれる「散楽」の流れを汲む演目は、派手やかな演出と曲芸的な演技で、娯楽的要素が強調されている。赤い獅子とともに旅してくる。あきらかに伊勢系神楽といえる。
大神楽は、江戸末期以降、寄席芸として高座に定着し、いくつかの家系が、現在も継続している。寄席では「色もの」芸として不変の人気を保ち、なくてはならない芸になっている。
4-A　神楽の伝承・長子相伝が「集団性」ということか。現代に至って、大償系神楽では、一子相伝とか長子相伝という表現にこだわり、継承の基本をことば通りに意味づけている。
4-B　なお注3、注4に関して、近年の所産として、中嶋奈津子『早池峰岳神楽の継承と伝播・佛教大学研究叢書』思文閣出版（二〇一三）がある。

# 第1章　早池峰信仰と現世《げんせ》利益《りやく》

山がもたらす恩恵としては、なにをさしおいても豊穣の恵与をあげなければならない。山と森は〝水〟を育み、里にはせせらぎをもたらし、やがては海にそそぐ大河となる。山は、森林を育み、林業を促し、里の農業には寒冷地の悪条件を越えて日本人の主食である「米」を恵む田を潤した。漁業には山からの肥沃な水流が海の豊漁を約束してきた。

早池峰山を信仰する地域では、精霊セオリツヒメは、せせらぎの神格として地域の崇敬を集めている。すべては、早池峰山頂の岩間に湧く泉、開慶水に象徴されている。山頂の奥宮は、セオリツヒメを祀っている。寓意に満ちた物語は、ときに「神話」として語られ、ときに宗教と信仰の説話のように膾炙《かいしゃ》されている。しかし実は、地域の人びとが実生活を営む場面では、合理的で着実な理解力による〝山と水〟を伝承している。

## すべては大化の改新からはじまった

奈良・飛鳥時代の大化元（六四五）年、大化の改新にともなって班田収授の法が施行された。それ以後、開墾計画が連続的に発布された。

養老六（七二二）年、百万町歩開墾が提唱された。養老七（七二三）年になると、墾田開発者に「三世一身法」が施行され三代にわたる開墾田地の私有化が認められた。墾田の永世私有令として発令され施行された。これら律令体制の末期に施政されたすべては、東北開発を恃《たの》む天皇とその権力の切実な願望によるものだった。権力側は「福田《ふくでん》政策」とも標榜し、墾田は「はるた」「はれた」とも呼んで過酷な開発が奨励された。律令体制下での経済疲弊を東北で解消すべく、天皇権力は必死だった。

寒冷ではあったが、未開発の東北は、畿内権力には、無限の領野と映った。未開の荒野に米作農業を定着させることが目的だった。当然、地域の人びとの営みの歴史は、けして容易なものではなかった。

百万町歩開墾政策は、広大な開墾対象地を見出すことができず、さすがに実現不可能で頓挫した。だが、東北を照準にした施政はすでに述べてきたように七〇〇年代、「公地公民制」「班田収授法」そして「三世一身法」など、連続して飽かずに繰りだされた。簡潔にいえば、墾田開発した土地の私有制を認めていく、という口当たりの良い政策だが、土地に生きる農民たちにとって、けして緩やかではなく、以後、過酷な数百年がはじまったといえるのだ（注1）。

中世期になると、やがて強大化してきた寺院は荘園化を進め、皇族とは別の地主階級も登場してきた。武力を発揮する武士階級だった。農業民、あるいは山の民、そして漁労民は米作中心農業への道を選択させられた。いうなれば、山の仕事、海浜の仕事は、農業と兼業する多様な「百姓仕事」のひとつになっていった。「百姓」とは農地を耕作するのみではなく、環境と生活を充足させる能力の所有者、ということなのである（注2）。

農地に所在する農業民たちには、租税として農産品である「米」の供出が課せられた。武士階層への禄米、扶持米になった。

農業民たちは、体制からの過酷な要求を合理化し、灌漑用水をもたらす山への崇敬と米作を高める現世の利《り》益《やく》を結ぶ論理に自らを位置させた。そこに農業民としての精神性を託してきた。

困難でありながら、しかし、農業民は生命力を失うことがなかった。農業民、山民、そして海民たちの歴史は、ときには伝説化されたいい伝えを交えつつ〝時〟を紡いできた。

それは、人びとが導きだした地域の力を崇敬する想像力と思想を表現したものだった。

## 1　早池峰開山、伝承と歴史

皇権《おうけん》（注3）は、奈良時代末、七〇〇年代の後半期、桓武政権の時代から、東北支配への働きかけを強権的に推進するようになる。

七八八年から八九年にかけて、紀古佐美《きのこさみ》を征東大将軍に任じ、東北の平定を企図する。武蔵、南東北各地からの支援体制を組み、現在の宮城県多賀城市に城柵を築き、拠点として岩手県中尊寺付近の衣川に攻め登るが、現地先住の蝦夷《えみし》（注4）の強大な勢力は衰えることなく、征討軍は敗退している。

### （1）奈良朝から京・平安へ

延暦二〇（八〇一）年、坂上田村麻呂は、桓武天皇より「節刀《せっとう》」の下賜を受けている。節刀とは、天皇が重要な任務を下命する際におこなわれる儀礼で、剣、一口《ひとふり》を与える。このとき、田村麻呂は、征夷大将軍に任ぜられている。同年の九月下旬、田村麻呂は下命に応えて、奥州討伐を奏上している。

実は、田村麻呂に先行する紀古佐美にも、天皇は節刀を授け、征東大将軍に任じている。それが成功しなかったことは、すでに述べた。皇権が、東北に対して強い執着を持ち続けていたことが理解できる。

奈良時代末期、七〇〇年代後半期から、数代の天皇は、東北征夷を政策の中心課題にしてきた。北東北と国家皇権の歴史は、この烈しく長期にわたる執着が動機になっていたといって過言ではない。

　畿内に強力な律令体制による行政力を発揮していた皇権は、しかし、けして順風ではなかった。なによりも、経済的な生産性の鈍化が皇権の基盤を揺さぶっていた。

　紀古佐美を征夷の職に任じたのは、奈良・平城京、そして長岡京を経て、京都・平安京に遷都する延暦一三（七九四）年の六年前のことだ。

　延暦二〇（八〇一）年の田村麻呂への征夷の下命は、畿内で確立されていた行政力を越えて武蔵、相模、常陸、越前、越後など関東・東北諸国への兵糧、武具、兵員などの強制的な調達をともなっていた。すべて田村麻呂の前線に送られた。皇権をあげて東北への浸潤を意図していた。田村麻呂の登用は、皇権にとって「ときが来た」のだった。

　東北鎮護は「黄金の国」といわれた北東北の資源と経済を、中央権力、さらには全国規模で獲得するための政略だった。多くの鉱山があり、銅、金が埋まっている東北は、畿内政権にとって垂涎の的だったのだ。

### （2）〝蝦夷〟たちが拓いた歴史

　天皇の命を受けた征夷大将軍田村麻呂は、現在の宮城県の多賀城を越えて岩手県中尊寺付近、衣《ころも》川に侵攻した。延暦二一（八〇二）年、田村麻呂は、現在の奥州市胆沢に城柵を築いた。兵、四百人を駐在させ、すでに述べたように国内諸国から物資の調達を仰いだ。翌、延暦二二（八〇三）年、現在の岩手県紫波《しわ》におなじように城柵を設置した。めざましい活動だ。前年、田村麻呂は、蝦夷の勇猛な武将・阿弖流為《アテルイ》と盤具君母礼《イワグノキミモレ》を帰順させ、京へ拘引している。

しかし、どうやらアテルイとモレは、帰順はしたけれど、拘引されたとはおもっていなかった。京・平安宮へ参内する、というような意識だったようだ。しかし、後に、ふたりは京都で処刑されている。慙愧の念に堪えなかったことであろう。東北では、現代に至っても、アテルイは田村麻呂と京都皇権に騙されたのだ、といい募る人びとが多い。一方で、戦略家としての田村麻呂を評価してやまない人びとも多くいる。

田村麻呂の赴いた北東北には、早池峰山が北上山系を圧し、聳えていた。このおなじ時代、伊豆から遠野に入来した始閣《しかく》家によって、早池峰の頂は拓かれている。

遠野地方では、早池峰開山は、大同元（八〇六）年と伝えられている。

征夷大将軍・坂上田村麻呂は、北東北を「大和朝廷」の権力下に蹂躙する偉業に成功した人物である。

北東北の人びとは、夷狄、俘囚《ふしゅう》といわれつつも、七百年代後半期から京都、畿内との往来をためらわなかった。そして北東北の人びとは、大同年間に至って、その身分は変わることはなかったが、畿内の「大和びと」と表面的には、同等の処遇を得ることになった。もともと「俘囚」と呼ばれた東北人は、必ずしも戦闘による俘虜ではなく、朝廷側に帰順した者たちを称していた。皇権は戦わずして、朝廷の権威を蝦夷に恃んだのだ。

北東北から多くの俘囚がひきはがされたのも、七〇〇年代から八〇〇年代の特徴的な政策のひとつだった。東北人の強靭な精神と体力を見込んで、畿内をはじめ、山陽山陰地方に及んで分散されている。それどころか、ときに朝鮮半島にまで〝派遣〟されている。底知れぬ力を宿すかに見えた東北人、蝦夷への巧みな懐柔であり、同化策でもあった。

## （3）坂上田村麻呂伝説

朝廷が田村麻呂を登用したのには、秘密の理由があった。田村麻呂の母方は、蝦夷の家系だったというのである。父方は平城京・田村の里の出身という説とともに、母方は陸奥の国・田村の庄が出自とする説があるのだ。田村麻呂は、伝説に取り巻かれている。その双眸《そうぼう》は「鷹のように鋭く〝蒼〟かった」と印象を語った者もいた。髪は、金糸のようだった、すなわち金髪だったと伝える者もいる。背丈は五尺八寸以上、優に一八〇センチを越えていた。

田村麻呂は、坂上苅田麻呂の次、あるいは三男として生まれ、近衛府に出仕していた。皇居にあって天皇を守護する一兵員にすぎなかった。皇室において、選ばれた家系を出自にする者とはいえない存在だ。それが、蝦夷征討作戦では、めざましい戦果を挙げた。遂には、征夷大将軍にまで、駆け昇った。戦いの神「毘沙門」の化身と讃えられた。

田村麻呂伝説は、その他にも蝦夷征討作戦に赴く直前、弘仁元（八一〇）年、皇権の内部闘争だった「薬子の乱」平定の主役級登場人物とされている。また、鈴鹿山に現われた鬼を退治したとも伝えられている。皇権への忠誠を尽くす武人の相貌をほしいままにしている。

田村麻呂には、北東北からの親しみや信頼感があった。

田村麻呂への親しみは、鎌倉時代以降、一三、四世紀にも衰えることはなかった。主として東北地方に流布した旅の芸能者たちによる奥浄瑠璃では『田村三代記』が語られ、能では『田村』が現代でも上演可能な演目になっている。

『田村』は、京都音羽山を訪れた旅僧が、清水寺を創建した田村麻呂の武勇の挿話を尋ねるという物語だ。夢幻能を創始し能の大成者と伝えられる世阿弥が作劇に関わったといわれている。

日本全国の三か所に所在する三大清水寺のことごとくに坂上田村麻呂の伝承譚が伝わっている（ノート3）。

朝廷は、彼の隠された出自を利用したのだ。アテルイやモレがいかにも素直に帰順したのは、田村麻呂の隠された出自への親愛の情があったとも解釈できる。当然ながら、畿内には田村麻呂に対して、俘囚の出、といった蔑みの視線を持つ者たちも存在した。

早池峰の開山には、述べてきたような畿内朝廷の東北への深慮遠謀な〝政治〟と征夷大将軍坂上田村麻呂への〝部族〟意識が背後にあったのだ。田村麻呂自身の政治的思惑や意思を越えた、彼への畿内からの干渉が陰陽とり混ぜてあった。そして、畿内権力は、それを利用したのだ。

大同元（八〇六）年、早池峰の開山は北東北のあらたなはじまりだった。

### （4）『遠野物語』の登場

田村麻呂は、矢継ぎ早に胆沢《いさわ》（延暦二一《八〇二》年）、紫波（延暦二二《八〇三》年）に砦柵《さいさく》を建設した。皇権からは、快挙と称賛された。

胆沢、紫波のどちらも、遥かに早池峰山を望む地域だ。

遠野は、おなじように早池峰山を望む地域性で、海と内陸を結ぶ街道に所在する。塩の道である。太平洋沿岸から塩を運ぶ馬列は、内陸からの復路にも重要な経済活動を担っていた。

遠野は、中世末期から殷賑《いんしん》をきわめた街道都市だった（注5）。そして、遠野という地名には「馬の市」の意が込められている。馬は、運輸、運送、そして流通の主役だったのだ。

遠野は、数か所あるといわれている早池峰への登攀口のひとつであり、麓の遠野市に早池峰神社がある。早池峰山への道は、神社の裏手を登っていくことになる。

民俗学者柳田國男（一八七五〜一九六二）は明治四三（一九一〇）年に『遠野物語』を発表している。当時、ほとんど世間に知られていなかった「遠野」を世に知らしめた一書だった（注6）。同時に遠野地域の伝説、伝承譚、自然信仰、そして地域に生きる人びとの息遣いを活写した画期的な著作だった。

この書は、遠野出身の青年、佐々木喜善（一八八六〜一九三三）からの聞き書きだった。喜善は、上京はしたが、自らの将来を見出せなかった時節に、故郷の伝承を柳田に語ったのだ。柳田は、驚くべき丁寧さと執拗さで、彼の談話を書き記した。発表の前年、柳田は遠野を訪問している。なにか期するものがあったのであろう（注7）。『遠野物語』の発表当初から柳田國男への注目は、講演依頼などによって高まっていた。しかし、それ以上に、しばらくの時を経て、さらに巨大な反響を得ることになる。発表からほぼ二〇年、大正末期から昭和初期になって、ようやく定着しつつあった民俗研究の指針を示す重要な作品になった。昭和一〇（一九三五）年、『遠野物語』は増補・再版され、読者層は急激に拡大、発行数は増大された。当時の自然主義文学が醸しだす〝リアリズム〟とはまったく異質の、いうなれば文学作品とは完全な決別を遂げたのだ。前年に書かれた九州宮崎県椎葉村に材を求めた『後狩詞記《のちのかりことばのき》』とともに初期の柳田國男を代表する作品になったのだ。なによりも「物語」の提供者である佐々木喜善による地場の声が、終始、背後に流れているのが感知され、それが「遠野」という遥かな異郷への憧憬を掻き立て、やがて現実感をたたえて迫ってくる。読む者の緊張を離さない。挿話のすべてが、地場から発せられているのだという感覚を、柳田國男は捨てずに保ったのだ。その上で、柳田の類稀な文字化する文学への巧みな技量が発揮されている。柳田を除いては、この仕事は成らなかっただろう。

いずれにしても、〝辺境〟の伝承・伝説・昔話（噺）を集めた『遠野物語』は小説〝文学〟を離れて、あらたな分野を開拓したのである。「民俗学」という用語が一般に定着していたわけではなかった時代、虚構性を含めた物語が主流の世界に、それまでとはまったく異質の世界観を提示したことになった。それは、柳田や佐々木喜善の意図を越えていたことでもあった。すでに述べた昭和一〇（一九三五）年の増補・再版に伴う『遠野物語（増補版）』、そして柳田の著作とはいえないが、柳田学を共有する者たちとによる『遠野物語拾遺』の出版以後のふたりの評価は、多くの共感に包まれた（注5）。

（5）『遠野物語』と『郷土研究』

柳田國男がなし遂げた仕事にもうひとり、強い影響を与えた人物を挙げなければならない。地方《じかた》研究の緒を拓いた新渡戸《にとべ》稲造（一八六二～一九三三）である。柳田に先行して当時の農商務省に関わりを持っていた。

新渡戸家は現在の青森県に近接する十和田地方を出自にしている。稲造自身は、現岩手県盛岡出身で、生地は盛岡市鷹匠小路（現下ノ橋町）である。

新渡戸家は、父祖の地である十和田地方では、開拓開墾に勤しんでいた。古代に唱えられた東北開発の文脈である〝墾田（はりた）〟を近代に至ってなお、実践、指導してきた一家一門といえる。十和田地方から盛岡地方に移住してからも、農地開発、開墾をおこなっている。稲造の幼名「稲之助」という名は、彼の生誕時、開墾していた農地・三本木原に初めての米が実ったことに因んでいる。

札幌農学校から東大（帝国大学）に進み、やがて、ドイツ、アメリカへの留学を果たす。「(日米を結ぶ）太平洋の橋になりたい」というよく知られた一言は、彼の生き方を如実に表現している。当時としては超一流の国際人であった。

柳田を「地方研究《じかた》」へ誘ったのは、新渡戸稲造の講演だった。

新渡戸は明治四〇(一九〇七)年、『地方の研究』と題した講演をおこなっている。この講演は、郷土研究、そして民俗学へ連なる契機になるものだった。新渡戸の講演で説かれた地方《じかた》の研究は、当時、まったくあらたな領域の提唱だった。柳田が『遠野物語』を発表する三年前になる。新渡戸は東京帝国大学の教授だった。そして、聴衆の席に座っていた柳田は、三十三歳で少壮の内務官僚だった。文学に傾いていた柳田は、詩人として島崎藤村、国木田独歩、田山花袋などに列せられていた。しかし、この講演をきっかけに柳田は、急速に旧知の文学者たちから離れていくことになる。

新渡戸に触発された柳田國男は、「地方の研究」講演の三年後、新渡戸の提唱する「郷土会」発足に参加する。『遠野物語』が書かれたおなじ年になる。さらに三年を経て、大正二(一九一三)年、柳田は、雑誌「郷土研究」を発刊する。新渡戸、柳田の連携は強く継続されていた。

大正七(一九一八)年、柳田は、郷土会主催のもとで神奈川県津久井郡内郷村の村落調査をおこなっている。当時としては先端的な活動であった。やがて、地方《じかた》、すなわち郷土の研究は、柳田國男が主宰する分野になっていった。新渡戸は、その後、東京女子大学の初代学長に赴任した。やがてその職を辞して、大正八(一九一九)年、「国際連盟事務局長」として欧州諸国への長期滞在をおこなう。この時期から、新渡戸と柳田の蜜月は、終局を迎えつつあった。柳田は、東アジア歴訪を経験しながら、しかし、日本、特に農業生活者への関心を深め、やがては「常民」の概念を確立するまでになっていったのだ。遂にはカナダで生を全うすることになる新渡戸とは、別れた道を歩んだことになる。

共に現在の岩手県の出身である佐々木喜善と新渡戸稲造に触発された柳田「遠野物語」は、早池峰山信仰と黒い獅子頭「権現《ごんげ》」さまの存在をあきらかなものにした。柳田民俗学の戸口を拓いた研究は、佐々木喜善、新渡戸稲造というふたりの東北人が触発し、道筋を提示したのだ。

前史

| | | |
|---|---|---|
| 1. 景行天皇期 | 西暦200〜300 | インド僧法道仙人による播州清水寺開基(伝) |
| 2. 応神天皇期 | 西暦350〜401 | 熱海・走り湯神社　伊豆権現開基(伝) |

| | |
|---|---|
| 1. 欽明 7(538)年 | 百済の聖明王が仏像と仏典を献じてきた<br>一般に、この事実を正式な仏教伝来ということにしている |
| 2. 大化元(645)年 | いわゆる大化の改新・翌大化2年、班田収授の法、制定 |
| 3. 文武 3(699)年 | 役の小角、伊豆配流 |
| 4. 宝亀 8(777)年 | 皇軍は現在の岩手県紫波で、蝦夷に敗れている |
| 宝亀 9(778)年 | 京都・音羽山清水寺、光仁天皇の勅願による創建 |
| 5. 延暦16(797)年 | 坂上田村麻呂、征夷大将軍に任ぜられる |
| 6. 延暦21(802)年 | 田村麻呂東北制圧・アテルイなど帰順 |
| 7. 延暦23(804)年 | 最澄、空海、ともに入唐 |
| 8. 延暦24(805)年 | 最澄・伝教大師、帰国。比叡山に天台宗を創設 |
| 9. 大同元(806)年 | 空海・弘法大師、帰国 |
| 9. 大同 2(807)年 | 遠野側、早池峰開山<br>大迫、岳・大償では開山は藤原成房(田中兵部)・<br>大同年間(806〜810)年 |
| 10. 弘仁 7(816)年 | 空海、高野山金剛峯寺に“道場”を建立。真言宗の開基 |
| 11. 承和 3(836)年 | 伊豆山・伊豆権現神社、建立<br>この建立が前史の伝説を書き換える |

**【図1】古代早池峰関連史年表**

最澄・伝教大師は帰国後の延暦 24(805)年、比叡山に天台宗を創設した。

この 1 年後、世は大同元(806)年になり、北東北は、変革の時を迎えることになる。

空海・弘法大師は、同年帰国、弘仁 7(816)年、高野山金剛峯寺に〝道場〟を建立した。釈迦が、寺院に付設する議論の場を「菩提道場」と名付けて施設したことに因んでいる。実質的な真言宗の創設といえる。

天台宗は、もともと、南インドの龍樹(ナーガルジュナ)によって唱えられ、奈良時代、唐の鑑真が本邦に伝えたといわれている。しかし、宗派仏教として広く定着するには至らなかった。

その後、最澄・伝教大師による比叡山開闢とともに日本天台宗は、ようやく人びとに浸透し、信仰圏を拡大した。

いずれにしても、延暦から大同にかかる時期、天台、真言の両宗派仏教が成立し、東北の「服《まつ》ろわぬ民、俘囚」が蒼氓(日本国民)として承認される〝時〟と一致していることは注目すべきだ。

## 2　端山、葉山、麓山、羽山、ハヤマ……里山への崇敬

柳田國男が『遠野物語』『郷土研究』を導きだした背後には、東北の地域性がある。

現代の行政地図の福島県から以北、青森を除いた五県に〝ハヤマ〟と呼ばれる山への信仰がある。端山、葉山、麓山、羽山など、地域それぞれ、表記が異なっているが訓読はすべて〝ハヤマ〟である。

ハヤマは、郷、字、村、そして集落など、ひとつの共同体が信奉する地域の〝ヤマ、ミヤマ〟であり、里山である。その山への崇敬、そして信仰が、古代から現代に至るまで、歴史を継いで、衰えることなくおこなわれている。現代の福島県以北の東北地方に、特に多く散在している。しかし、湘南の葉山のように、東北を離れた地域にも、例外的に存在している。


古代に芽生えた山岳信仰が、鎌倉期、織豊期、江戸期を経て現代に至るまで存続し、五穀豊穣を願う作神（作事神）、農業神として崇められてきた。山林を水源とする豊かな灌漑を生みだす川と〝ヤマ〟への崇敬が、ときに呪的な占星や「おこない」、儀礼となっている。古代には、米作のための作事儀礼として、後には日本固有の宗教といわれる修験道や外来の仏教、道教などに習合して定着してきた。

ハヤマ信仰は、地域性を発揮しながら、根本には山と水の利益を恃《たの》む生活に密着した切実な信仰なのである（注8）。

### （1）死と再生

死後、霊魂は山に赴く。山は〝死者の国〟なのだ。御山、羽山には地域で亡くなった人びとの霊魂が籠っている、

と信じられてきた。他界なのである。朝、人びとは山に向って手を合わせる。山を拝礼することの心意には、祖先への信仰がある(注9)。

日常ではことさら意識することなく、ごく自然におこなっているのだが、実は、死後、山に赴いた先人たちの霊魂を崇拝する文脈が潜んでいる。人びとの精神性に息付いている祖先信仰をみて取ることができる。やがて、祖先の霊は〝神〟に変容する存在でもあるのだ。

〝神〟である祖先は山裾の森に、下草を刈り、用材の伐採をし、薪を集めるために這入《はい》り込んだ。森を整備する。作事農業の共同体、あるいは双務する山森の民の仕事だ。しかし、山頂に至ることは、容易にはしない。聖なるヤマの頂を極めることは心安くおこなうことではないのである。

福島県松川町の黒沼神社には「羽山ごもり」のおこないがある。

秋の収穫を終えた祭礼は、毎年旧暦一一月中旬におこなわれる。三日間の祭りの初日には、古態の田作り神事がおこなわれている。

三日目の最終日は、先達《せんだつ》が先に立ち、御山に登る。「お山がけ」とも称して、山頂に至って祭礼行事がおこなわれる。神官による神降しの後、憑依した巫覡《ふげき》(地域ではノリワラと称している)によって占星がおこなわれる。翌年の作事、米作と五穀豊穰の占いと祈願、天候、災害、地域の安全など、二十三項目に及ぶ〝願〟と占星がおこなわれる。ノリワラが憑依のまま神の託宣として告げる。

祭礼行事をおこなう男たちは、地域の選ばれた者たちで、祭礼に臨むには精進潔斎を経て加わる。

しかし、奇妙な習慣がある。参加する男たちの役割は、束ね役を「オガッカア」と呼ぶ。地域では主婦を謂う呼び名だ。その他「ヨメ(嫁)」「バッパア(姑)」など、すべての参加者は、地域方言で女性への呼称で呼びあっている。オガッカアは、託宣によって選ばれ、補佐役として「ワカオガッカア」すなわちヨメを選出する。ヨメは、おのずと次の代のオガッカアを約束されている。オガッカアの任期は二年と決まっている。オガッカアは、山を登る際には、「ハヤマさま」の神体を携えて行く。

また、籠りに先だつ祭礼初日の田遊び「ヨイサア」では、主役を務める。「代かき」や「田植え」、そして神馬に扮した村人に跨る所作をおこなう。

憑依するノリワラも地域のなかから選任された者である。ノリワラが神と人を結ぶ役割を帯びた存在であることは、いうまでもない。

男たちによる死の国、他界に赴く「籠る行事」は、死を通して、地域共同体の未来を見出すおこないである。女人禁制の死のヤマに女たちを連れ込むことは許されない。だが、女たちの〝産む力〟を恃む未来でなければならない。男たちは、擬態としての「女性」を演ずることで、地域の将来を見通したい、という願望を充足させるのだ。共同体の死と再生を具現する切実な迫力に満ちた儀礼なのだ。

## （2）子どもに託す未来

福島県郡山市湖南町横沢にもおなじような祭礼がある。通常、「横沢の麓山（ハヤマ）祭」といわれて、一〇月の土、日、二日間にわたっておこなわれている。八〇〇メートルに満たない山頂に、磐梯山を背にして立つと、眼下に猪苗代湖を見渡す明媚な聖山だ。

祭礼の次第は、松川町によく似ていて、神迎え、水垢離、火渡り、胴上げ、籠り、そして神送りなどがおこなわれる。しかし、女性の呼称を名乗って次第を進める松川に比して、横沢では子どもたちが主役を演じている。

作事や豊穣、そして気候などの未来を地域の子どもに託すのだ。地域の未来、将来を子どもたちの存在に求めているといえる。

子どもたちが主導する祭は、他所にもある。岩手県花巻市の台温泉と花巻温泉の間にある「羽山神社」の祭礼では、神社の背面にある山に籠る行事は、大人の「先達」に導かれた子どもたちだ。羽山神社には、後に詳述する岳流神楽の弟子系である「羽山神楽」がある。子どもたちは、神楽でも活躍する。

早池峰神楽の拠点である大迫町の内川目《うちかわめ》の古老媼に聞き書きをした。彼女は、若い日の実話として、陣痛がきて産気づいたとき、舅である父は、馬の背に幣束を立てて、森へ赴き、彷徨したという。やがて、馬の背の幣束が、激しく震えるのを確認して、産婦のいる家に戻った。子どもは無事に産まれていた。森に宿る霊魂が、あたらしい身体を得て生まれ変わるのを、馬の背の幣束に託し、烈しく震わせて報せたのだ。父はそれを確かめ帰宅した。「お迎え」にいったのだ、と父は語ったという。

山と森は、死の国であるとともに、生命の循環を導く再生の思想を秘めてもいるのだ。仏教でいう輪廻転生であるが、むしろ、より始原的な死者と霊魂の所在するヤマへの思惟と思想がある（注10）。

## （3）山岳信仰から出羽三山へ

山形県の村山市と寒河江《さがえ》市にまたがる標高一四六二メートルほどの山を、地域、ならびに広く山形全域で「村山葉山」と呼んで、古くから崇敬し、信仰を怠らない。湘南をはじめ全国に分布する「葉山」の代表的な存在のひとつの例として知られている。

森に覆われた山は、作事神、農業神が棲むところとされて、地域の崇敬を縦《ほしいまま》にしている。山頂に火口跡を残す死火山で、古代からその美しい山容は、聖なる威容を誇って人びとを惹きつけてきた。山頂に葉山神社を擁している。

葉山は、鎌倉時代を経て、江戸時代以前、天正年間（一五七三〜一五九二年）までは月山、鳥海山と並んで、出羽三山とされていた。鳥海山は、現在の山形、秋田の境界にあり、秋田側の信仰も深い。秋田には、五十に及ぶ山岳信仰の拠点があり、里山といえる〝ミヤマ〟信仰が、古代から所在していた。総じて、日本海側の秋田、山形におけるミヤマ信仰の多くが、近代に至って〝出羽三山〟の信仰圏に集約されている。

湯殿山は、「葉山信仰」の強固な時代には、三山のうちには入らなかった。出羽三山総奥院と位置付けられていたという。

しかし天正年間、葉山が慈恩院との関係を断ったことでは山信仰は衰え、湯殿山が羽黒山、月山とともに出羽三山と呼ばれるようになってきた。慈恩寺は、天台、真言の両宗派に偏らず、修験者、修験道に対しても寛容だった。結果としては修験道の拠点寺院と目された。

実は、村山葉山には、いつの頃からか修験道の始祖、役《えん》の小角《おづの》が開いたという伝承が膾炙されるようになっていた。おそらく、葉山信仰から湯殿山、羽黒山、月山の三山が定着してくる時代、修験道が盛んになる織豊期から江戸初期にかけて成立した伝承であろう。地域に知られた山岳信仰の聖地は、後の出羽三山の羽黒修験を受け入れたことによって、作事神、農業への信仰だけでなく、ようやく宗派として確立された修験道にも広げられていたのである。

## （4）半島の漁村、唐桑と葉山

仙台伊達藩が支配していた現在の宮城県気仙沼市唐桑は、太平洋に突きだした半島の漁村である。内陸部の標高二〇〇メートルほどの早馬山《はやまさん》に神社がある。早馬神社である。漁村の人びとを信者とする〝ミヤマ〟信仰の所在地である。

早馬と書いて〝ハヤマ〟と訓《よ》むのは、他にはない。しかし、ハヤマの語源を辿ると、馬で流通のための宿駅を刻んだ時代、「駅馬」を〝はゆま〟と訓《よ》んだことがあり、「はゆま」から「はやうま」への転訛が考えられる。「はやうま」は「はやま」に転訛したという説を、湘南葉山の研究者は唱えている（注11）。

神奈川県葉山町は、土地柄は古く、その歴史は、単純ではなく入り組んで、読み解きは容易ではない。現代の湘南葉山は、一色《いっしき》、森戸海岸の海水浴場が有名で、太平洋を望む温暖な別荘地でもあり、ヨットの係留港（マリーン）と漁村が共存する洗練された海浜の地域である。なによりも皇家の御用邸があり、知名度の高い地域性を誇っている。避暑、避寒を目的にした都会近郊の別荘地として明治前半期から開発がはじまり、大正、昭和初期には、すでに憧憬の的になっていた。東京、横浜との緊密な連関によって静かな支持を高めてきたのだ。

一方で、森戸海岸に隣接する森戸大明神（森戸神社）が、葉山の人びとを氏子として浸透している。葉山総鎮守とされている。沿岸漁業と農業作事を主たる生産手段にする地域の氏神であり、ミヤマ信仰を越えた存在である。湘南葉山は、歴代の地域豪族、諸大名などの支持と庇護によって、地域の人びととは施政との調和を保ちながら現代に至っている。ハヤマ信仰の例外的で特異な存在の湘南葉山は、実は、東北宮城の気仙沼唐桑に共通する地域信仰形態を保っているのである。

唐桑の地域も農漁業の生産性によって生きてきた。日本では、もっとも早い時期に遠洋漁業の発信基地として名を馳せ、その後、牡蠣や帆立貝の養殖も展開した。沿岸では、若布などの海藻の採集も漁民の大切な仕事なのだ。

この地域の特性は、内陸部の早馬山に鎮座するミヤマの神に見下ろされた田地と漁村の人びとによる揺るぎない信仰の歴史が刻まれてきたことにある。二〇一九年には、早馬神社の八〇〇年祭が営まれている。農業と漁業、ふた筋の道を歩んだ人びとは、けして別々の共同体に属していたわけではなかった。多くが重複して、ふた通りの生産性に生きてきたのだ(注12)。

網野善彦は、「百姓《ひゃくせい》」が単に農業労働者を指す表現ではなく、さまざまな能力を備えた存在であることを中世の歴史を考察することから見出している。

海浜に居住する人びとは、沿岸での漁業と畑作や稲作を複合的にこなしてきた。

それを合理化するには、山と森、そして山頂に鎮座する神、という図式からはみ出して、地域の氏神としての存在感を備えることが必要だった。

金野啓史の指摘は、ハヤマ信仰が、その枠を超えて、地域性に生きる人びとが編みだす宗教感性を喝破している(注13)。

唐桑と湘南葉山に共通するのは、農漁業を生産手段にする地域性に則って、ミヤマ信仰から地域氏神へと進展していることだ。

ところで、湘南葉山に関して、もうひとつの事実を加えておかなければならない。現代では葉山大明神の威勢に隠れているが「森山神社」という小さな社が、おなじ町内に存在している。正式名称の「森山社」は、古代七〇〇年代半ばに創建されたと社伝にある。

葉山大明神は、源頼朝と妻・政子との恋愛譚や鎌倉幕府を開いた彼の厚い信仰心によって成立したと伝えている。現代、パワースポットであり、恋愛、安産などの祈願社として揺るぎない信仰と信者を集めている。

　海浜の森戸大明神とは対照的に、やや内陸の三ケ岡に鎮座する森山社は、近隣の氏子たちに支えられた、いうなれば地域密着型の小さな神社である。もとは「守山」と称したといわれている。すなわち「守山」こそが、〝ヤマ〟と水をもたらす聖なる信仰のミヤマだったのである。森戸大明神と森山神社は、複雑な重層する歴史を歩んだ地域の人びとに、それぞれ寄り添っていたのである。一見すると見え難いが、しかし皮膜となった覆いを剥がすと、歩んだ道筋をいとも速やかにあきらかにしてくれるのだ。近隣の大都市に翻弄されながら、しかも、それを大胆な寛容さで受け入れながら、歴史の内実を的確に守護している姿を発見することができる。いまはただ、〝葉山〟という地名だけに残っている内実を探り当てた快哉を味わうことになるのだ。

### (5) 〝ヤマ〟と〝資本主義〟

　事例として取り上げてきた葉山、早馬が、ミヤマ信仰を越えて地域の氏神として重い存在感をたたえていることを知った。それは、農業だけではなく漁業に生きる人びとの多層的な生活実態を支えていることを理解した。〝百姓《ひゃくせい》〟と呼ばれた人びとが、農作事をおこなうだけの人間ではなく、多角的な能力を備え、複層的にその能力を発揮する人びとであったことを知ったのだ（注12）。加えて、すべてが山と森の恵み、恵与によってまかなわれていることに注目しなければならない。すでに何度か触れてきたように、人びとの営みは、ヤマへの崇敬であると同時に現世《げんせ》利益《りやく》を獲得するものでもある（注14）。

　ミヤマ、ハヤマの事例は、現代の青森県を除く東北五県にまたがって散在している。

　青森県ではミヤマ、ハヤマとはいわないが、山岳への崇敬、信仰は強く、他の五県に劣らず六十件におよぶ事例を数えることができる。

こうした〃ヤマ〃と森への信仰が、地域の在り方を規定している。すでに述べてきたように、死者の霊魂はヤマに集まってくる。それら霊魂は、生まれ変わりを促すと同時に、やがては神となる。それが、祖先を崇拝する日本の精神性を形成してきた。祖先は、産む力や子どもの未来を規定して、現実の生活に触れてくる。現世に〃利益《りやく》〃をもたらすのだ。人びとは、ヤマに潜む祖先から現世の暮らしを維持する実行力を与えられる。時代を超越した霊力を与えられるといってもいい。

網野善彦は、中世史の観点から、農漁民、そして山森に生きる者たちが、「宿（しゅく）」や「市庭（場・いちば）」を通して、いかに共同体としての生存の場を獲得していったかを述べている。また、すでに鎌倉時代には、〃市〃から金融経済が発生されたことを説いている。金《かね》の流通と物の蓄積を射程に捉えているのである。物と物の交換が、やがては金《かね》を媒介としておこなわれ、金融経済を生みだしたのだ。

網野は、『日本中世に何が起きたか』という書に「都市と宗教と『資本主義』」という副題をつけている。古代、宗教的な存在であった〃無所有〃の人びと、世の中の連関性に疑いを持たず生きてきた宗教的な規律に生きた人びとが、物を持つ、そして金《かね》を媒介として金融に生きる人間として農事をおこない、漁業、林業をまっとうする存在へと変貌していった。

経済学の立場から〃里山〃の論理と仕組（Mechanism）を解いたのは、藻谷浩介と取材班たちだ（注15）。高度成長を経過した日本社会は、ふたたび山と森に抱かれた環境と世界観を取り戻さなければならない。山に水源を見出し、森に薪を求め、手の届く農山漁業を見直さなければならない。

森の雑木から輸入産品の代表である有機エネルギー石油の代替となる燃料「木製ペレット」を導きだし、輸入に頼らなければ充足されない食料を自ら産出する術を見出していかなければならない。現代、あまりにも高度な経済発展の結果、人びとの生活は疲弊し、金《かね》を得ることだけに腐心し、身近な〝里山〟がもたらす「物」の価値を見失ってしまったのだ。里山は、なににも替え難い〝資本〟を、実は蓄積していたのだ。

宮家準は、各地に散在する〝霊山〟を網羅することによって、網野、藻谷の論理の所在をあきらかにしてくれている（注16）。

宮家準が開いた〝霊山〟は、〝ミヤマ・ハヤマ〟を越えた山岳信仰の所在を示唆している。彼の考察は、仏教の発祥国であるインドをはじめ、広くアジア諸外国に及んでいる。日本の事例も、関西を含む四国など各地に言及している。ヤマへの信仰は、あまねく日本の諸地域に散在し、大きな支持と崇敬を与えられている。さらに、いうなれば網野、藻谷の唱える〝資本〟を構築していることを示唆している。

東北五県に、ミヤマ・ハヤマが特出している。そしてまた、日本海側の秋田、山形では、県境に聳える鳥海山を霊山信仰のはじまりとする地域が数多くある。すでに述べたように、その多くが、やがては月山を頂点にいただく「出羽三山」に集約されている。江戸時代以前は、鳥海山と、その東方にある葉山が月山、羽黒山とともに三山に数えられていた。

本来、湯殿山は、三山のうちには入らず、「マエヤマ」として鳥海山にならぶヤマであった。鳥海山と湯殿山は、南北に対峙する東北日本海側の〝霊山〟だったのである。月山、羽黒山への修験道が成長した後に、出羽三山としての存在感が増大した。織豊時代以後、江戸初期に定着したといえるのである。やがては、月山、羽黒山、そして湯殿山の三山が、日本海側の東北人による信仰対象になっていったのである（第1章2 端山、葉山、麓山、羽山、ハヤマ……里山への崇敬（3） 山岳信仰から出羽三山へ）。

太平洋岸では、早池峰や各地の霊山とされるものは、漁村や山村の営みに「ミヤマ」あるいは「氏神のヤマ」として囲われている。岩手県の一関にも葉山がある。

秋田、山形、福島、そして岩手地方のそれぞれに数十の〝ヤマ〟が所在し、それぞれが作事、あるいは生産にたずさわる「籠り」や占星をおこなって地域の連帯を高めている。

すでに述べたように、網野善彦は、早くも鎌倉時代には、金融経済が提唱、開発され、金《かね》が動かす社会が出現していたと指摘している。

（6）稲作と〝百姓（ひゃくせい）〟

東北の人びとにとって生存を懸けた最大の課題は、いかに〝米〟の生産を恒常化するかにあった。米は、流通経済の武器であり、農作に生きる者たちにとって、自己証明そのものになる。澎湃《ほうはい》として立ちあがってきた武士階級に対する農業民自らの自己主張は、米の生産を握っていることにあった（注17）。

鎌倉時代の初期、組織だってはいなかったが、すでに「米相場」は金融経済と結びついて、富裕になった農業民や地域に発言力を持つ者たちの参加を促していた。彼らは、宮廷人やその警護を担った武士ではなく、土地所有者でありながら、より下層と目された農漁民を出自にしていた。彼ら自身、自らを〝商人〟と位置付けて振る舞っていた。彼らは、彼らなりの「金融経済」に参画し、なおかつ自らの生きる術に矜持を持っていた。本来「稲」は、南中国、湖南省の長江流域が起源産地とされている。およそ一万年前、と伝えられている。現在のジャポニカ種だった。インディカ米は、時代を継いで、何度かの交配を経て、インド亜大陸に産するようになった。米作は、温帯、もしくは亜熱帯の温暖な地域が適しているのだ（注18）。

日本での米作は、縄文末期から弥生時代を、その嚆矢とみることができる。六千年の歴史を数えるという説もある。栽培された当初は、灌漑が充分に開発されていなかったため畑作だった。したがって、陸稲《おかぼ》だったといわれている。弥生時代の深い時期に水稲栽培がおこなわれるようになった。

東北は、稲の生育の北限といえる。後には品種改良を重ねて北海道にも至っているが、明治時代以後のことになる。

東北にあって、米の生産を生きることは、けして容易なことではなかった。東北の寒冷地にいかに米作を定着させるかは、容易ではない課題だった。しかし、江戸初期から現代に至るまで、越後、ならびに東北は、日本一の稲作、米作地帯として誇り高い生産量を獲得している。

東北の米作りは、鎌倉時代、その後の織豊時代を経て近世に至って、ますます盛んになり、現代、新潟県を含む東北七県は、日本でもっとも多くの産米量を記録している穀倉地帯になっている。

米作りを盛んにするあまり、農業民間の生活格差は深刻なものになり、すべての人びとが豊かで余裕ある生活を送ることは困難になったが、一方では、米作りに勤しむことが東北人の誇りにもなり、山林や漁業を捨てて、農業を専業とする地域民が一般的な存在になった。

早池峰神楽の発祥地である花巻市大迫の「町史」によると、地域の農業は、古代には焼畑とそれに伴う畑地が中心だった。中世、織豊時代に至ると、大迫には稲作のための田圃が開発されるようになった。大迫の土地柄は山村であり、隣接する町村とは、違っていた。隣接地域では、すでに米作りが盛んにおこなわれていた(注18)。

旅する芸能である早池峰神楽は、各地域の成熟した観客に支えられている。彼らは、神楽びとたちを丁重に迎え入れ、集落をあげてもてなすのだ。各戸を訪う門打ちを「まわり」「とおり」と称して、米となにがしかの金員を捧げる。

すでに述べたように、こうした行為の背後には、地域の人びとの「百姓」としての誇りが脈打っている。彼らには、米の生産力を持たない神楽びとが、農民ではない特殊な存在と映っていた。神楽の観客になることは、米への矜持とともにヤマ・ミヤマ、そして遥かな早池峰山への崇敬を発揮することでもあった。当然、ヤマ・ミヤマ、そして早池峰がもたらす〝水〟への深い「感謝」と「畏敬」の念が地域の人びとに根を張って存在しているのだ。

## 3　インド僧法道と播磨清水寺

兵庫県平木の社町（現・加東市）に所在する「播州清水寺」は、インドからの客僧、法道が開いたという伝承がある。仙人と表現されている法道は、中国、朝鮮半島を経由して、一、二世紀に渡来した、と伝わっている。人皇十二代、景行天皇の御代と伝えられている。

景行天皇は、熊襲を平定した日本武尊(ヤマトタケルノミコト)を東北に派遣し、蝦夷を鎮圧した。日本武尊は、景行の皇子だったという説が一般的に流布している。当時の制度的な呼称では親王ということになる。史上、最初の東北討伐で、古事記、日本書紀に記述された神話的な挿話である。

しかし、景行天皇の実在は神話伝承の域をでることはなく、その在位も六十年と、異常な長期と伝えられている。「記紀」の記述が典拠になっている。

播州清水寺は、景行天皇の時代に創建されたと寺伝は、伝えている。

また、京都音羽山清水寺創建より百五十年もさかのぼる推古三五（六二七）年、法道仙人は、十一面観世音（秘仏）を本尊として彫塑した。現代、毘沙門、吉祥天を合わせて三礼仏として祀っている。すべて、法道による彫塑と伝えられている。

いずれにしても、仏教伝来後、百年足らずとされる創建は、伝説的だ。

（1）インド僧法道仙人

景行天皇の治世下に来朝したと伝えられるインド僧「法道」は仙人とも称され、播州、現在の兵庫県北西部、ならびに琵琶湖沿岸に多くの「清水」寺の事績を残した。法道仙人は個人ではなく、いうなれば一党ともいうべき存在ではなかったかとおもわれる。

日本への仏教伝来とされる五〇〇年代に先駆けて、やや未分化な仏教思想を伝播させた人びとの一団と見ることができる。インドで新たに興ったヒンドゥ教や旧来のバラモン教との熾烈な宗教戦争を逃れるように故国を離れ、南中国、あるいは朝鮮半島を経て、日本にやってきた宗教者たちだった。

法道とその一党は、仏教の衣を纏《まと》いつつ、日本人が持つ自然信仰、「水」への深い崇敬、山岳への畏敬を汲み上げて、人びとの信頼と尊敬を獲得した。水を育む森、そして里山は、東北の人びとの生活圏にあって、彼らの存在そのものを支えてきた。山岳への畏敬は、修験道となって日本独自な宗教感性を養い、「清水」は、米作農業を支える水、灌漑水路の充実に集約されていくことになる。さらに、やがて平安時代から鎌倉時代に至って形成された真言宗、天台宗などの教義仏教との合致、合流を企てていったのだ。

また、現在の福島県会津地方以北に分布されているハヤマは、端山、葉山、麓山、羽山とも記述されて、それぞれの地域集落の縁《ふち》に所在する里山である（注11）。これらの森と山は、水を生みだし人間の生命を守護し、地域の生産を培うものだ。その存在が集落の成立を促してきた。農村、漁村にかかわらない現実なのである。たとえば岳系神楽の所在地である花巻市の羽山神社には、聖水を乞う人びとが、毎朝夕、訪れて汲んでゆく。また、花巻市の矢沢には、おなじく岳系の胡四王《こしおう》神楽がある。ここは、里山といえる胡四王山の中腹に神社を戴いている。

こうした端山、里山への崇敬が、高みへと上昇した極みが早池峰山への信仰といえるのである。

播州清水寺の寺伝によれば、法道仙人は、五穀豊穣を祈願し、水神を勧請して寺内に湧水を得、清水寺と名付けた、とある。「清水」は、客僧法道仙人の伝承によって創始された用語ということになる。

インドの客僧というのを唯一の頼りに、インドの宗教史を検索しても「法道」という名に出会うことはない。当然、さまざまなインドの言語、この場合、もっとも古典語として信憑性を持つパーリ・サンスクリット語、そしてヒンディ語の音訳、意訳を駆使してまさぐっても「東アジアを経て日本に辿りついたインド仏教仙人」の名称を発見することはできなかった。

また、彼の出身地とされているマガダ国は、インド北東部、現在のビハール、ベンガル両州にまたがる地方だ。マガダ国は、紀元前四〇〇年代初頭までの約二百年間、存在したとされている。仏典には「摩訶陀国」と記されている（注19）。

当時、釈迦牟尼《しゃかむに》が到達した涅槃の境地と彼の入滅した衝撃を知覚できる時代で、釈迦牟尼自身による布教は手の届く時間の先にあり、仏教は、活発に活動していた。釈迦牟尼の入滅した時代、マガダでは仏教徒たちによる仏典の読解、検索、理解の統一などを協議する、いうなれば学会が開かれている。その教義・学会は、「結集（けつじゅう・けちじゅう）」と表現されている。結集は、ようやくインドの全土に活動基盤を獲得してきたヒンドゥ教との衝突（注20）、あるいは、その攻撃に対抗する仏教側からの反撃の意味もあった。ガンジス川流域での緊張した宗教状況を打開するためにも、伝播を担うべき仏徒たちは、こぞってあたらしい地平にむけて旅していた。インド僧、法道仙人もそうした野心に満ちていたといえるのだ。法道仙人は、東アジアから日本への旅程を獲得した。

インド僧、法道が仕切った寺は、播州一帯に数多く存在する。

すでに述べた播州御嶽山清水寺をはじめ、加東市の鹿野山《ろくやさん》朝光寺、加西市の法華山一乗寺、そして朝来市の亀岡山法道寺は、寺名そのものが「インド仙人」との関わりを、物語っている。また、遠く新潟県の柏崎、鳥取県など、法道仙人所縁の寺院は日本海側の各地に及んでいる。

インドでの法道の存在は、見出せなかったが、日本では第三十六代・孝徳天皇の御代にいたっても語り継がれている。景行天皇時代に渡来し、孝徳天皇在位の時代に再度の活動が大きく伝えられている。

法道にまつわる伝承の時期は、大きく数度にわたっている。孝徳天皇在位の六〇〇年代中葉、播州一帯には、法道関与の寺院が数多く開基されている。百二十以上の寺院に法道開基の伝承が伝えられている。この時代だけでも、インド僧法道仙人は二百年以上、生きて布教活動をおこなったことになる。また当初の伝承のように景行天皇時代に渡来とすると、およそ六百年以上にわたる生涯になる。荒唐無稽だ。

すでに述べたようなインドでの「マガダ国」時代の仏教隆盛とその後の「古ヒンドゥ・バラモン教」の浸潤による不安定な時代を逃れて海外布教に活路を見出した「法道」、すなわち法の道を名乗る一団が播磨の国に到達したと理解するのが妥当だろう。そして「法道一党」の流行期が、古代史上、数度にわたって突起してきたのだ。「法道」という名は、宗教者たちの精神的文脈に沈んで、常に、再起されることが待ち望まれていた、ともいえるのだ。「法道」は、古代、日本仏教の理論と思想を蓄えつつ、待機していたのだ。そして、平安末期、鎌倉・室町期、江戸期と、数百年間の間に何度か不死鳥のように甦ってきた。日本化された仏教、という思想性の純化をおこなってきたのだ。それが、およそ六百年間におよぶ伝説的な存在感になっているのだ。

（2）飛び鉢の法

法道には、もう一つの伝承譚がある。「飛び鉢」の法といわれる奇跡だ。古典資料には「飛鉢譚（ひはつたん）」と記述されている。

飛び鉢というと誰もが念頭に浮かべることができるのは「信貴山《しぎさん》縁起」だろう。中、高校の教科書にも登場している。平安末期に描かれたとする絵巻は、その軽妙洒脱さと完成度の高い挿画は、時代を越えて若者たちを惹きつけている。

信貴山縁起のもっとも読者を引きつける件《くだり》は、ひとりの僧がおこなった奇跡の物語だ。

信貴山の朝護孫子寺の中興の祖といわれた僧「命蓮」が資産家（長者）に願った「托鉢」を無視された。怒った命蓮は、ちいさな鉢の上に資産家である長者の倉を乗せて、空を飛ばし、信貴山まで運んでしまった。資産家の倉ごと布施を奪い取ったのだ。

同様の伝承譚は、全国的に伝播している。全国に流布している「ひはつ」譚は、当然、播磨を中心とした「法道開基」伝説とは主人公が違っている。「法道」の文脈上にはあるが、「ひはつ」をおこなった僧侶、聖人は別人になっている。四国・愛媛、山陽道、関東、近畿など全国十数か所に及んでいる。それぞれの寺院が育んだ「飛び鉢」の物語になっている。「ひはつ」の伝承力の強さは、他に比肩するものを見出せないほどなのだ。

法道は紫雲に乗って播磨灘にやってきたと伝えられているが、インド僧の一団が、この地域に到来した伝承といえる（注21）。

日本仏教は、古代末期、中世、近世と時代の変遷にしたがって、宗派教義のもとで深められ、変貌してきたのだ。それが日本独自の〝仏教〟を養い育てた。結果としては宗派仏教の歴史に組み込まれていた。

いずれにしても、三大清水とされるものは、自然信仰（アニミズム）であり、盛んに禁呪、まじない、祈祷などをおこなっている。整った仏教というよりは、道教をはじめとする民俗的な水と山岳を信仰する、きわめて始原的な自然信仰的な宗教感性を湛えたものだったといっていいだろう。いわば「修験道」の始原的な香気を湛えたものだ。

修験道といわれる日本独特の宗教は、日本人が保ち続けてきた精神的感性だった。「水と森」とともに、人間の生きる環境、生態系を尊ぶ強い意思が支えになってきたのだ。それが米を主食として賄うための現世の利《り》益《やく》に連なっている。法道が最初におこなった祈願も、五穀豊穣だった。神楽の所在する花巻周辺には、すでに述べた清水信仰が現存している。

鉢は、僧侶の巡礼を象徴する道具立てで、伝道のおこないを表している。インド僧たちによる喜捨をもとめる活動が盛んにおこなわれていた様子を「飛び鉢」に喩えたのだ。

ノート2

## 猟師と降臨する女神たち……遠野に伝わる早池峰開山の伝承譚

柳田國男の『遠野物語』によって、遠野地方とその伝承文化は、あまねく人びとに知られるようになった。信仰の山、早池峰山は遠野の象徴のようになった。

柳田國男の『遠野物語』には、佐々木喜善の提供した伝承譚をもとにしてふたつの早池峰開山伝説が採取されている。山の猟師藤蔵と三姉妹神の物語だ。

柳田が記述したふたつの伝承は、『遠野物語』以前から地域に流布していた伝承を参照して佐々木喜善が、柳田の求めに応じて語り伝えた。

開山とそれにまつわる伝承は、実は、広大で深い背景を持っていて、柳田『遠野物語』を遥か彼方に追いやってしまうほどのものでもあった。早池峰の四囲に伝わる聖なる山の開山伝承は、地域の生活に密着して、それぞれの特徴を示しながら歴史の変遷に揺らぐことなく語り継がれているのである。

遠野郷には、早池峰山の頂上に至った最初の人物の物語が伝えられている。また、それ以上に古形を保っているとおもわれる女神たちの伝承譚もある。

ひとつは、山の民である猟師が、山頂への道を極めた、というものだ。

もうひとつは、連山の三峰には、それぞれ女神が坐《おわ》して、早池峰の女神は十一面観音となって山頂にあり、統治《すべおさめ》ている、という物語だ。

佐々木喜善が語り、柳田國男が記述した『遠野物語』を典拠に、ふたつの物語を、以下に書き留めてみる。

ノート2

## （1）山頂に至った猟師

猟師藤蔵《とうぞう》（藤三）は、早池峰の頂上に至った最初の人物である。

山裾で見つけた鹿を追って、不明な山道を登り、やがて頂上に至った。

山頂で、金色の光に包まれた山霊を感得した。

大同元（八〇六）年、三月八日のことだった。

## （2）山に坐《おわ》す姉妹神

早池峰とその連山には姉妹の女神が居給《いたま》う。

三姉妹は、もとは蛇だった。三匹の蛇は、寝んでいる間に、蓮華の花が舞い降りた娘の蛇が、早池峰の峰を統《す》べる者になる、と語りあって、旅の宿りを得た。

姉たちふたりは、眠りに落ちたが、末の娘蛇だけは目を覚ましていた。眠れなかった。

やがて、蓮華の花が落ちてきた。長姉の胸に静かに落ちた。

眠らずにいた末の娘は、そっと蓮華を自分の胸に乗せた。

主峰である早池峰山には、末の娘が鎮座することになった。

## 4　遠野早池峰妙泉寺の成立と始閣一族

『遠野物語』によってつとに知られるようになった早池峰山とその開闢の物語は、猟師藤蔵と遠野「始閣《しかく》」家の歴史を語ることになった。始閣家は、役《えん》の小角《おづの》と関わりを持ちながら伊豆山権現の分社を遠野に設け、いうなれば遠野伝承の始祖としての立場を確立するに至る。

物語は、一気に中国、インドへと拡大し、一地方を超えた大きな規模の伝承に委ねることになる。その底には、近代以降に制度化された「修験道」以前の原初的なヤマへの信仰、「森と水」への敬虔な精神が流れているのだ。それがやがて、神仏をつかさどる寺社の活動を支える日常に結ばれていった。それは、広く日本人が保ち続けてきた思考作用だった、ともいえるのだ。

### (1)　蛇、「螭《みずち》」と三姉妹神

早池峰をふくむ連峰三山に坐す姉妹神は、もとは蛇だった。三匹の蛇が、姉妹神となって早池峰連峰の山頂に鎮座して、山を統《す》べる存在と語られている。この伝承が、早池峰伝説の最も古形を保った説話とみられている。

三姉妹神の伝承譚は、柳田『遠野物語』でも冒頭に登場している。話者佐々木喜善にとって早池峰伝承を語るとき、三姉妹神の存在こそが重要な説話であることを物語っている。

柳田『遠野物語』では、藤蔵とその一門の歴史は、主役の任を外れ、脇役になっている。

山神に擬する蛇、あるいは龍という発想は、「蛟（みずち・若い龍）」とも称されて、人びとは山が導きだす水、そして水神の霊とも見立てたのだ。山を襲った雷神を逃れ、天空に跳ぶ稲妻を蛇体、もしくは龍とみた想像を書きつけたのは、五来重《ごらいしげる》だった(注22)。卓抜な想像力だ。

虬《きゅう》、あるいは蛟《みずち》は、蛇体、もしくは龍体をなして、自然がもたらす超常現象として現れる。稲妻となって天空を駆け、天上ともいえる異世界とこの世を結ぶ「神格」に擬している。水神として水を恵み、降雨を呼んで農業を振興させ、同時に毒気を吐いてひとを襲う両義的な存在とされている。

菊池照雄は、五来重に先行する郷土史家であった。その彼が早池峰の山からの蛟を語ることは大きな意味を持っていた。

## (2) 始閣藤蔵、三つの顔……開山、〝遠野〟からの視覚

早池峰の頂上を極めたとされる猟師藤蔵(藤三、とも表記)は、鹿ではなく熊を追っていた、という異説もある。山を猟場にしていた藤蔵が、第一の顔として現われる。

しかし、藤蔵は、猟師ではなかった、あるいは猟師とはいえない、という論者は多い。早池峰周辺、北上山地に生きる山の民であったことは違いない。早池峰は、山の民によって道が開かれたということには違いはない。猟師、あるいは山の民が〝聖なる山〟を拓いたという伝承は、全国的に流布している。たとえば富山県の飛騨山脈の代表的な高峰・立山なども、山民である猟師が道をつけたと伝えられている(注23)。

九州では、すでに米作農業は、縄文時代末期から開発されていた。平地の農民は、米作りに勤しんでいた。山の民は、里の農業民とは異質の生活様式を保っていた。大化の改新(大化元《六四五》年)以後に制定された班田収授法によって、農民は占有する土地で生産活動をしていた。

荘園に属さない非農業民である人びとは、多く山の民として山間を生活の場にしていた。遠野とこの地方には、

狩猟、採集、そして鉱業にまつわる人びとが蝟集していた。海岸線と内陸を結ぶ要路の遠野は、〝山師〟たちが、野望を隠すことなく抱いて集結する場であった。早池峰山の四囲は、金鉱脈を頂点とした鉱業産品の宝庫だったのだ。

藤蔵の第二の顔は、〝山師〟、すなわち鉱山師であった。藤蔵が早池峰山頂で感得した「黄金に輝く山霊」は、山師藤蔵におこった象徴的出来事なのである。

山を降った藤蔵は、収授の枠からこぼれでた非農業民の村人たちを組織して、金鉱脈の探索を企て、やがて成功した。金鉱山の経営者であり管理者になったのである。

始閤藤蔵とその家系は、遠野の地へ流入した一門だった。そもそも相模の国、伊豆山権現を奉戴する一族だった。伊豆山から北東北へやってきた一家一門なのである。

『遠野市史』（注24）に採集された早池峰開山にまつわる記述（『早池峰山と妙泉寺』）を要約すると、「早池峰山頂上を極めたおなじ年の六月、藤蔵は、雪解けを待って、再度、頂上に至り、奥宮を建立して山霊を祀った。藤蔵はその後、剃髪して普賢坊と称し、伊豆山権現の分社近くの街道町遠野の東側にある来内から南に位置する大出に転宅した。そして、自宅の内に山霊を祀った。」

藤蔵の第三の顔は、早池峰を祀る宗教者なのである。

藤蔵の家の内に祀られた山霊が、里宮のはじまりである。普賢坊藤蔵の長男は、長円坊と名乗り、あらたな祠を建て、早池峰権現を若宮として奉った。その後、長円坊は、自宅のものを旧里宮、若宮を本宮とあらため、弥陀三尊を早池峰権現とともに祀った。

早池峰は、当初の自然崇拝である山岳信仰から、仏式の里宮、若宮を備えた。これが、神仏混淆へのはじまりだった、と称する地域研究もある。

自然信仰（アニミズム）である山への崇敬は、神道や仏教を俟《ま》つことなく、始原的な社会に存在した宗教感性である。仏教伝来とされる以前より神仏混淆への感覚を保有していたのだ。だからといって、自然信仰は、未開社会にのみ適合した未分化な宗教ではなかった。むしろ、自然が持つ超能力、すなわち呪的な力と人間の営みを結ぶ、高度な精神性と篤実な信仰心に満ちた「宗教」といえる。なによりも、農業をはじめ、林業、漁業、鉱業に、直接結びついた〝現世利益〟をもたらす信仰を保っていた。いうまでもないが、このような「信仰」が、山岳における修験者がもたらした日本独自な「宗教」を育んでいった。

（3）伊豆山権現、そして早池峰

遠野市教育文化振興財団が編んだ『早池峰山妙泉寺文書』(注24)には、多くの古記録が採録されている。開山と奥宮の成立、遠野妙泉寺の歴史、遠野早池峰神社に関する項目などである。

斉衡《さいこう》(八五四〜八五七)年間、奥州巡錫《じゅんしゃく》の途次、慈覚大師(円仁)が早池峰の霊威を聞いて訪ねてきた。長円坊は、開山の経緯と奥宮、本宮の建立の経緯を語った。慈覚大師は、高弟持福院を住持として別当寺を創設する。早池峰山妙泉寺の開基である。

『早池峰山妙泉寺文書』は、遠野市に在住する個人の所蔵する文書を一巻として集成したものである。文書の提供者は代を継いで妙泉寺、早池峰神社の住持、神官を務めてきた。明治初年の神仏分離、廃仏毀釈による神社再編、寺院廃絶に至るまで、怠らず職務を全うしてきた。そして、その混乱のもとでも、書き継がれた文書を守ってきたのだ。天台宗から真言宗へ、明治になって大教院思想の登場、そして廃仏毀釈を生き延びてきた。

いうまでもなく、この一族が〝始閣〟家であり、あるいはその系譜にある者たちである。始閣〝家〟は、鹿、あるいは熊を追って、早池峰山頂に至り、降ってからは金鉱山を開発し、遠野側の妙泉寺、早池峰神社を維持してきた。伝承されている大同元年から数えれば、千年の余になる。その歴史は、ときに姓を替え、神仏の宗派を越えている。

現代の分化された人間への認識から考えると、藤蔵をひとりの人格として捉えることは容易ではない。いかにも伝説的な神話的な人物像が結ばれる。

しかし、山頂に神霊を感得し、金鉱脈を発見し、寺社の創設と歴史的維持を推進した三つの相貌は、ひと筋に結ばれる説得力を発揮しているともいえる。三つの相貌を持つ人物こそ、遠野地域の人びとが望んだ存在であったのではないだろうか。遠野の人びとが、強烈な想像力を発揮して創りだした人物像ともいえるのである。

全国に知られた温泉地である熱海の市街地を外れた山に伊豆山権現は鎮座している。伊豆山神社は、海岸から石段を登って、山の中腹にある。そして、奥宮は、山頂に祀られている。本来、伊豆山は「走り湯温泉」として海岸の程近くの洞窟に湧きでる湯が愛でられていた。伊豆山権現を祀る伊豆山神社のある山は「走湯山《そうとうさん》」と呼ばれている。

湯の湧く洞窟の傍らには走湯神社があって、温泉源への崇敬が衰えずに歴史を刻んでいることが理解できる。そもそも伊豆とは、湯「出（いず）る」から、人びとに呼び習わされたといわれている。

### （4）役《えん》の小角《おづの》

参道の長い石段を登りはじめると、傍らに小祠がある。役の小角が祀られている。

伊豆山権現神社のある山腹までは、遥かな道程になる。小祠堂には、木彫りの小角の立像が祀られている。

小角の名を最初に見出すのは『続日本紀』で、その記述を基にしたとおもわれる『日本霊異記』(原書名『日本国現報善悪霊異記』)に登場している。『霊異記』の編著者、僧侶景戒によって採りあげられている(注26)。

仏教説話集である『霊異記』に採りあげられた小角は、日本が独特に育んだ「仏教」の体現者として承認された存在だったことがうかがわれる。彼の呪術者としての行状、あるいは山岳信仰に生きた行跡など、多くの挿話は、日本型「仏教」を解きあかしているともいえるのである。

小角は、舒明天皇六(六三四)年、現在の奈良県御所《ごせ》市に生れている。大和国葛城である。大化の改新が発せられる十一年前に生を受けている。仏教が伝来(五三八・欽明天皇七年)してようやく一世紀を越えようという時代だ。

父は、幼名を大角、長じて十十寸麻呂《とときまろ》といい出雲から婿入りしたと伝えられている。雅楽を奏する家系だった。母は、白専女《しらとうめ》、幼名は、刀良女《とらめ》と伝えられている。父母は、どうやら歴史に証されるとはいえない伝説的な存在のようだ。

しかし、夫妻は賀茂一族と伝承されて、母は呪力を備えた巫女のような女性であったと伝え語られている。小角は、自らの修行の成果でもあったが、呪術師として母方の血を授かっていたともいえるのであろう。それに、なにより出雲から婿入りした父の姿は影が薄く、小角の誕生譚には、日本古代以来の母系制の匂いが漂っている。

伊豆大島に流された小角は、六十八歳になって赦免されている。小角はかつて讒言《ざんげん》されたが天皇によって赦免され、国師の地位と称号を与えられた。そしてその年、亡くなっている。

生没年があきらかになっている〝小角〟は、伝説にとりまかれているとはいえ、その実在は疑えないであろう。同時に、記述された伝説の多くは、修験道の創始者としての意味を強調するために、後世、創作されたものだ（注26）。

時代を降るに従って、小角伝承の挿話は虚構性を増して、日本独特の宗教である修験宗創始者としての局面を強調する〝物語〟になっている。

役の小角は、十代の前半期から、生地葛城の山を渉猟し、いわゆる山岳修行に目覚め、励んだ。その後、吉野熊野大峰山、九州高千穂をはじめとする諸山、東北出羽の三山など、全国をあまねく歩いたといわれている。さらに、その生涯の最後に伊豆大島に配流され、夜毎、富士に登ったといわれている。伊豆大島に配流された小角は、朝、海上を歩いて、あるいは空を飛んで伊豆半島にやってきて、夜毎、富士山に登攀したという。荒唐無稽が小角伝説の真骨頂だ。しかし、伊豆山に連なる走湯山の頂上を越えると富士への山道が拓けているという説は、あながち荒唐無稽とはいえない現実感がある。

小角は、前鬼、後鬼を従える超能力者で、鬼たちを使役していた。水汲みや薪割りをやらせていたという。

## （5）山岳信仰者としての役の小角

小角を祀る伊豆山の小堂宇は、見晴らしの利く場所で、熱海の町を一望に収め、海岸線を見渡すことができる。開かれた広大な光景は、そのまま小角伝説の大きさを髣髴とさせる。

すでに述べたように、そもそも役の小角こそが、修験道の創始者だという伝承がある。敢えて歴史的にいえば、飛鳥・奈良時代（〜七一〇年）ということになる。小角は、大和、すなわち現在の奈良県の葛城山を本拠にして、奈良朝の宮殿を見下ろしながら活動していた。

平安中期には、山岳を回峰する修行者たちを験者（げんじゃ・げじゃ）と呼んで、人びとは宗教者としての山岳修験者を崇敬し、ときには揶揄の対象ともした。その神話的な頂点に「役の小角」は存在していたのである。伊豆山に小角が祀られているのは、その文脈を辿ればひとつの道理である。富士山を背後に仰ぐ伊豆半島の付け根に山岳信仰が、定着したといえるのである。

修験は、大和国、現在の奈良県の葛城山を始原として、やがては全国に流布した。仏教伝来以前、あるいはその前後に登場した日本独特の〝宗教〟である。

修験道という宗教が確立した室町期（一三三六年〜）に至って、高野山、比叡山が整序されて真言、天台の二宗派が日本仏教の覇権を競う時代になると、修験は、この二流に分属していった。

平安から江戸初期に至るまで、人びとに〝登山〟の習慣はなかった。山を遥かに臨んで、崇敬の念を抱《いだ》き、朝夕、拝礼することは、もとよりおこなってきた。すでに述べた現世利益を恵与する山を、人びとは崇敬し、それは始原的な信仰に高められていた。しかし山中に這入り、頂を極めることはしなかった。山の頂を求めるのは、山を修行の場として求めた者たち、験者だけだった。

一九八〇年代に和歌山県の山中に前鬼の末孫を訪ねた。

小角の日常の使役にこき使われていたという鬼の末裔は、穏やかな男性だった。驚かされたのは、前鬼、後鬼ともに、その子孫たちは紀伊の国の豊かな山林の管理者になっていた。前、後鬼、それぞれ五家が伝えられている。その地に留まっているのは前鬼のひとりだけだったが、他の〝鬼〟の末裔たちは、山林所有の管理者としては遠隔からの業務をおこなっているという。ひとり残った前鬼の末裔は、山林管理の出先機関のような役割を担っていた。前、後鬼の末裔は、実は財産家たちだった。

役の小角に従った神話的な存在である前鬼、後鬼家系の人びとは、紀州の山を管理所有するという実業を持ち、それを担う人びとであった。彼らの〝実態〟は、役の小角の実在を証左する事実のひとつといえる。

役の小角は、ときに呪術によって皇権を救済し、ときに逆らい、その言動によって伊豆配流という、島流しになった。しかし伊豆での伝説は、小角の存在感を大きくしていった。もともと、伊豆山神社創設以前の半島では、走湯神社、ならびにその信仰が先行し、広く深まっていた。

小角の伊豆配流は、文武天皇三（六九九）年とされており、伊豆山神社は、およそ百五十年を経て、平安時代中期に入ってから「走り湯権現」として建立されたとみられている。伊豆山神社という呼称は、明治時代になってから正式のものになった。

（6）インド、中国、日本への伝播

役の小角は、その壮年期、現在の大阪府箕面を訪ねた、と伝えられている。日本仏教に大きな影響を与えた龍樹、ナーガルジュナ Nāgārjuna を偲んで歩いたのだ。

ナーガルジュナ（龍樹）は、紀元二、三世紀に南インドのヴィダルバ、現在のカルナータカ州ベラリに生れている。ベラリは、いまは遺跡として観光化しているが、中世から近世にかけて隆盛を誇ったヴィジャヤナガラ王朝の首都ハンピーへの最寄りになる古都だ。

ナーガルジュナ（龍樹）は、おなじく南部のアンドラプラデッシュ州の内陸部で修行した。その地は、古都ハイデラバードの南に位置していて、ナーガルジュナ・コンデ（ナーガルジュナの丘）と呼ばれている。

ナーガルジュナのナーガ Naga は蛇、あるいは龍で、Juna は〝樹〟を音写したのである。本来、アルジュナ Arjuna は、人につけられる名前として一般化されており、強いて意味を問えば〝勇者、猛者〟ということになる。

現代、丘はクリシュナ河とその支流が集まるダム貯水湖に浮かぶ島になっている。人びとは、ナーガルジュナ・サガール（ナーガルジュナの湖）と通称している。

ナーガルジュナは、インドでは錬金術師、呪術師とされているが、中国、日本では仏教哲学者として知られている。その著『中論』において〝空〟を考察し説いたといわれている。空は、インド数学が見出した〝0(零)〟の概念に至る発想だった。

小角が箕面を訪れたのは、実は、龍樹が往生している浄土だった。箕面は浄土に見立てられていたのだ。小角は箕面で冥界の龍樹に会っていたという伝承もある。

現代の箕面は、経済都市大阪に卑近な新興住宅地域として発展している。しかし、古くは、深遠な森と荘厳な滝の降り落ちる、この世とは一線を画し、幽玄な感覚を得る土地だった。龍樹は、この幽玄の内に往生しているとかんがえられたのだ。多くの山岳修験者たちが、箕面にやってきて、聖なる感覚を得たといわれ、小角だけではなかったようだ。

来日したことのない龍樹だが、日本仏教の始祖的な存在として多数の仏教宗派に〝菩薩〟〝大師〟と崇敬されている。浄土宗、浄土真宗、その他が菩薩として崇めている。

小角は、すでに記したように自らを仏徒とは認めていなかった。神仏習合の山岳信仰者だとしていたのだ。修験道が唱えられる以前の山岳信仰者といってよい。

また、世紀を隔てた存在の仏僧ナーガヴァヤ（Nagahavaya ナーガハヴァヤ）をナーガルジュナと、同一人と認識している宗派もある。ナーガヴァヤは、本来ナーガルジュナと同名なのだ。研究者の多くは、区別してナーガヴァヤを「龍猛」と呼称している。

日本仏教に龍樹の存在が大きくなったのは、若い学徒として中国に学んだ弘法大師空海にある。帰朝して高野山を開く空海は、中国では恵果に師事していた。恵果は仏僧不空の弟子で、弘法大師空海の修学の系譜にある。そもそも不空は、龍樹の仏教哲学を範としている。空海が貫主《かんじゅ》となる真言宗は、当然、龍樹の思想を意識しないわけにはいかないのである。

龍樹を中国に紹介したのは、少数民族の出自で語学が堪能だった鳩摩羅汁（クマーラジュウ Kumaraju）だと伝えられている。ひとえに彼の貢献によってサンスクリット仏典が中国語に翻訳されたのだ。

彼は、四世紀中頃、インド人の父と少数民族の母の間に生まれたと伝えられている。彼が漢訳した仏典は、中国仏教に大きな貢献を残した。そして、日本にも、すでに述べたように空海を端緒として、その後に続いた仏教の歴史を拓いた仏徒たちに、そして、日本仏教各宗派の形成に大きく寄与した。

現代、龍樹の事績を知ることができるのは、クマーラジュウの漢訳による『龍樹菩薩伝』によることが多い。この書は、釈迦の入滅後、最も活発に仏教研究が進められた時代とされる四、五世紀の頃の作と伝えられている。その時代の一角を担った〝龍樹の哲学〟を伝え、それがやがて日本仏教史において外すことのできないものになっていった。この書は、必ずしも完全ではなく、しかも龍樹の存在自体が疑われているのだが、日本仏教にとって見過ごすことのできない重要な一書になっている。

クマーラジュウは、当時、台頭してきた小乗仏教に抗って大乗の法灯をまもりながら、『般若経』『法華経』『阿弥陀経』などの漢訳に臨んだ。クマーラジュウから龍樹へ連なった連携が、不空、恵果を介在して、日本仏教に揺るぎない影響をあたえたのだ。

クマーラジュウは、砂漠を往く隊商を率いていたという説もある。インド、もしくは中東を出自としたであろう彼は、自ら、身を高みに上げることなく、〝釈迦〟や〝仏教〟の「実際」と同伴していた人物といえるのではないか。いずれにしても謎めかして語られるクマーラジュウは、後世の仏徒や研究者たちを疎外しない存在になっていることは事実だ。

山岳、修験をはじめとする日本仏教の独特の在り方は、良くも悪しくも、龍樹を鏡として同伴することになるのである。

(7) 現代の伊豆山権現神社

伊豆山権現神社伝によると、創建は紀元前五～四世紀にさかのぼるとされているが、信憑性はない。さきに述べた役の小角が配流された際に、自ら堂宇を創建したという伝えもある。当時は、日金山《ひがねやま》、現在の熱海峠に所在していた。

小角配流の時代から、およそ百五十年後の承和《じょうわ》三（八三六）年、走湯山中腹、現在の伊豆山神社の地に移動して建立された。

日金山では、四代にわたって「仙人」と称される人びとが伊豆権現を奉祀してきた。

平安時代前、中期、熱海峠日金山に山岳修験の道者たちが寄り集ってきた。宗派仏教が整っていなかった当時、古態の山岳信仰だったと推量できる。その後、役の小角の登場によって、伝説的な挿話を重ねて、やがて承和（八三四〜八四八年）時代の伊豆山権現神社に結びついていったのであろう。走湯山権現社は、仏教寺院般若院を擁し、山岳信仰と修験が混淆した神仏習合の社寺に成長した。

伊豆山は三所権現と呼ばれ、千手観音、阿弥陀仏、如意輪観音を本地仏としている。明治の神仏分離までは、すべて般若院に奉持されていた。

般若院、ならびに伊豆山権現は、鎌倉期、室町期、織豊期、そして江戸期に至る時代の権力者による厚い支持を受けてきた。

江戸時代の伊豆山は、十二の僧坊と七つの修験坊があったと伝えられている。最盛期だったといえる。

明治初年の神仏分離令によって、般若院と伊豆山神社は立場を変えた。般若院は、神仏分離を契機として、高野山真言宗の一寺になった。伊豆山権現と分離したのだ。同時に、伊豆山を修験修行の場とする道者も激減した。というより、いなくなったのだ。

伊豆山は、廃仏毀釈運動と神仏分離令によって、真言宗の一寺となった般若院と走湯温泉をよすがとする素朴で原初的な信仰との二つに分裂した。修験宗としては未分化だった伊豆山は、道者や信者を養い育てる余地はなかったのだ。

伊豆山を出自とする始閣家は、千年も以前に遠野早池峰に活動の場を見出し、宗教者としての生き方を実践している。いうなれば、始閣家は、早池峰という地場に育まれた奇跡といってもよい。早池峰は、古代からの山岳信仰と自然信仰（アニミズム）を生態化してきた（注28）。なおかつ、四囲の人びとは、宗派仏教、神道を受けいれる許容力と寛容の思想を絶えることなく保持してきた。だからといって、人びとが、宗派や神道の信仰者になったかどうかは、別の問いになる。

地域の人びとは、常に冷静なのだ。始閤家は、そこに着地したのである。

## 5　山の信仰と人間の生態

平安時代の初期、小角の伊豆配流によって半島には山岳修験者の謂集がはじまった。彼らの思想性は、天台、真言のふたつの仏教宗派の支配の手が及ばない時代、自然信仰と山岳修験が結びついたものだった。便宜的にいうなら中国からの影響下にあった道教に接近した「原神道」と表現して煩雑を避けられるだろう。

人びとの信仰は、山への崇敬、自然の脅威への畏敬、そして水と豊穣の利益を恵与してくれる、生活の営みそのものに密着した生態だった。その人びとが持つ原初的な文脈に、山岳修行者たちは自らの存在の了解を恃み、活動を保証していた。人びとが修行者たちに与えた暗黙の支持と寛容は、修行者たちにとってなによりの自己証明だったのだ。

古代、山岳修行者と地域の人びとの間には、高度なアニミズムを許容しあう緻密な関係性があったのだ（注28）。

### (1)〝大同〟という神話と始閤一族

小角の配流は、二年ほどで解けたといわれている。伊豆山には多くの修行者が残った。残ったというよりも、もともと修行者の活動が盛んな〝走湯山《そうとうさん》〟だった。すでに述べてきたように、自然への畏怖と畏敬が、人間の現世利益を結ぶ生態信仰となっていた。

伊豆権現の修験者が、北東北の聖なる山、早池峰に近づくのは不自然なことではなかった。自然信仰であり現世利益を恃む人びとが、自らの生態を〝ヤマ〟に託していた早池峰は、伊豆権現、走湯山で活動していた修行の者たちの活路を指し示していた。機縁は、「大同」であった。〝大同〟という「私年号」が、東北人の自己証明化に連なっていることは、あらためて後述する。始閣一族が早池峰を目指した動機と必然は、ここに発見することができる。

伊豆山権現の行者と目される者たちが、早池峰の開山に関わっている。聖山早池峰の麓に生存の地を求めたのが始閣一族だという伝承には、理解を促すものがある。始閣藤蔵という人物が、三つの相貌を持つことは、すでに述べてきた。主として早池峰遠野の周辺に地場を固め、説得力を発揮して、地域の歴史に生きてきた。金鉱山と神仏信仰を導く存在として地域活動をおこなってきた一族は、伊豆山走湯に発しながら、やがては、早池峰の歴史そのものに深く関わってきたのである。

伊豆山権現と修験の存在を関知しながら、しかし、早池峰やその神楽に修験道や山伏の存在を重ねることには、慎重でなければならない。なぜなら、奈良朝から平安にかけての早池峰と周辺地域には、整った宗派仏教や神社神道は、存在しなかったからである。人びとは、聖なる〝山〟とそのもたらす現世の利益を、享受し崇敬していた。人間の営みのあり方を生態系が支えていた。高度な自然信仰（アニミズム）が地域を支えていたのだ（注28）。

灌漑の水は、山がもたらす恵みであり、現世を生きる者たちへの不可欠な利益を与えている。山への崇敬、水の利益を恃む信仰は、いうなれば、きわめて率直な〝民俗〟に生きてきた生態なのである。

## （2）〝大同〟拾遺

早池峰の開山が、大同元年であるという伝承は、歴史的事実とはいい難い。早池峰開山といえる始閤藤蔵が頂上を極めたのは、大同元年ということになっている。遠野以外の地域では、日付がずれて、主人公も違って伝わっている。

しかし、注目しなければならない〝地場〟の現実がある。地域には、「大同」が散りばめられている。すでに述べてきたように（第1章1　早池峰開山、伝承と歴史）、夷狄《いてき》、俘囚《ふしゅう》と蔑称されてきた東北人が、京都皇権のもとで、差別はありながらも臣民、蒼氓《そうぼう》と扱われるようになった。それが、この地域に〝大同〟が蔓延する要因なのである。要因なのである。大同という元号にこだわる地域の切実さを理解しなければならない。

柳田國男の『遠野物語』には、「大同」を名乗る屋号や家名がさまざまに存在することが述べられている。〝同〟もしくは〝洞〟は、地域の始祖的な古い一門を喩えるものだと記している。

始閤家が、伊豆権現の信奉者で、熱海伊豆山の修験道者だったことは、すでに述べた。たしかに熱海伊豆山に赴いてみると、役の行者（役の小角）を祀り、古代から修験信仰の拠点地だったことがうかがわれる。儀祭礼には、数千人に及ぶ道者（修験者）が、伊豆山権現、ならびに伊豆半島に謂集していたと伝えられている。

遠野市の東郊外、来内《らいない》には伊豆山神社（分社）がある。来内は、熱海伊豆山からの移住者たちが、最初に居を定めた所だと伝えられている。遠野来内の伊豆山神社は、大同元年の創建と伝えられている。この伊豆山権現神社が、始閤一族をはじめとする伊豆山からの移住者たちによって祀られたものであろうことは想像に難くない。「来内」は、旧地名で、しかし、現代でも常用されている。

時代を経て、特に伊豆山権現を信仰し、修験を体現する人びとを地域に発見することはできない。また、始閣家も、遠野に定着した歴史のもとで、伊豆山権現の信仰と実践の痕跡を残すことはない。始閣家の系を継ぐ累代は、遠野妙泉寺、あるいは遠野早池峰神社の住持、神官として、昭和・平成の時代まで、この地域に確固として定着してきた。伊豆山修験としての自己認識は、遥か遠くに押しやって、地域での発言力を養ってきたともいえるのである。

注目しておかなければならないのは、早池峰神楽が「山伏神楽」であると主張する人びとが存在することだ。昭和初年時の調査で、山伏を冠した神楽と記述したひとりは、先学本田安次であった。本田安次に「山伏」の情報をもたらしたのが誰だったかを特定するのは、それほど困難なことではない（注29）。

早池峰神楽大償流は、遠野早池峰伝承を近代に至って自己化する書き換えをおこなっていた。「遠野」から現代の大迫や花巻へと「修験・山伏」の風説は越境したのだ。伊豆山修験だったと伝えられる始閣一族の遠野地方での活躍などが、「山伏による神楽」という風説の遠因になっている可能性は否定できない。

敢えて付言しておけば、早池峰、あるいは「里山」への崇敬が地域の人びとの基部にあったことは否めない事実である。

（3）〝ヤマ〞の信仰から修験道へ

飛鳥・奈良の時代から、いや、もっと古くから、人びとの〝ヤマ〞への崇敬と信仰はたゆむことなく続いてきた。二一世紀になった近年の研究では、縄文後期、弥生時代から水稲の栽培は始まっていた。田圃での米の生育に〝水〞は、欠かせない。ヤマと森への崇敬と信仰は、米栽培とともに保たれてきた。稲栽培の始まりは、陸稲《おかぼ》だったというのも近年の研究だ。畑地の開発は、〝米〟のためであった。灌漑を備えた田圃、すなわち水稲は、縄文時代の終末期、弥生時代のはじめ、そして飛鳥時代の初期頃には、組織的な農作事がおこなわれていたといわれている(注18)。

人びとの素朴で確かな〝ヤマ〟への信仰は、盤石の構えのうえで成立している。侵しようのないことなのである。しかし、この素朴で確かな構えは、寛容さを備えたものでもある。

平安時代の後半期、〝ヤマ〟を駆ける修験者たちが登場する。「山伏(臥)」が人びとの眼前に立ち顕れた。人びとは、山を駆ける修験を拒むことはなかった。自らの信仰の強さ、深さを侵すものではないし、侵せるものでもないという強固な自信と誇りがあったに違いない。

人びとは、山の頂を攻めることはしなかった。〝ヤマ〟は、聖なる場所で、特別な日、儀礼や特別の役割を与えられない限り、〝ヤマ〟へ登ることはなかった。

中国からきた道教や民俗的な古神道などの思惟に従って〝籠り〟の行事をおこなうことはあった。子ども、そして女性に擬態して、山に籠り、占星、託宣を受ける人びとと、その共同体がある。すでに事例を示してきた。

平安初期の時代、比叡山に伝教大師・最澄(七八八《延暦七》年)が、高野山に弘法大師・空海(八一六《弘仁七》年)が、それぞれ宗派を拓いている。蝟集した僧侶、修験者たちのなかには、山岳修行をした者、呪的な能力を養った者たちが多く存在した。修験道は、宗派宗教に混淆していったのだ。人びとは極めて寛容に山を駆ける修験者たちを受け入れてきた。しかも人びとは、自らが本来持っていたヤマに対する素朴で強靭な崇敬と信仰である高度なアニミズムを失うことはなかった。宗派、あるいは修験者たちを受け入れながら、彼ら自身のヤマに対する思念は失うことはなかったのである。それは、現代に至るまで変わらない。

鎌倉時代から南北朝時代、修験道は大きな潮流を生みだした。熊野、羽黒、越中立山、伯耆大山《ほうきだいせん》、英彦山《ひこさん》、四国石鎚《いしづち》など、全国の山岳は、修験者たちの修行地になった。一般に本山派、当山派と呼んで、それぞれが天台、真言の宗派に帰属している。それぞれの修行の山を拠点化しながら、一方で修験者たちは人びとの眼前に近しく顕れるようになった。

「里山伏」あるいは「法印さま」とも呼ばれて、人びとの要請に従って加持祈祷や呪師としての役割をおこなうようになった。里や村落に定住する修験も登場した。

近世、江戸期になると、修験は、神仏分離をはたす者が多くなった。神職を兼ねて神社を組織する者も各地に存在するようになった。修験の宗教的思想の基本は、神仏習合だった。天台、真言の両派を護る仏徒としての立場を順守する修験者も多くあった。それは、当然のことだった。

江戸時代の修験道は、神職か仏教宗派に属し、組織的な存在になりつつ、人びとに近づき、その生活に関わることを厭わなかった。

山に伏せる者たちは、里に生きる験者《げんさ》へと風貌を変えたのだ。地域の人びとは、法印、あるいは験者に生活のさまざまを相談することができた。法印たちは、「先達《せんだつ》」となって、信者の人びとの先頭に立って山を駆けた。人びとは山へ赴く習慣をはじめて味わった。山に籠り、農作事の未来を占い祈願した。明治になると、生れる子どもの名付けさえ頼むことがあったのだ。

人びとは、ミヤマ、ハヤマへの崇敬や信仰とはまったく別のあり方を法印に求めていた。大切にしてきた山岳信仰は、遥か遠くに押しやって、まったく別のものとして「法印さま」に出会った。人びとは、森やヤマからの現世利益を戴いた山岳信仰とは別のものとして修験道を理解した。ヤマと修験は、すでに人びとの意識下では繋がっていなかった、といってよいだろう（第2章 4（3）神道と神仏習合）。

## （4）近代の修験道

明治開国の時代になって、事態は急激に変化する。

明治五（一八七二）年、修験道廃止令が発布される。廃仏毀釈運動が大きくうねっていた時代だ。国家は、神道を日本唯一の宗教として国教化を企図していた。修験道などは、呪を以て占星するなどといかがわしく古く、進取の世上にそぐわないと判断された。

しかし、それにも拘《かかわ》らず、民間に定着した修験者たちは、人びとと親しく交わった。人びとは、国家の神道と里に棲む修験者を、こだわりなく受け入れることを躊躇《ためら》わなかったのだ。ここでも、その寛容さを発揮した。

明治後半期、大正、昭和の修験道は、激動した社会に翻弄され、その影響を真正面から受けることになった。度重なる戦争は、社会生活、農漁村生活を不安定にした（注30）。

修験道もまた、国家による厳しい管理と規制を潜り抜けなければならなかった。しかし、厳しい状況を救ったのは、人びとの無条件な支持だった。すでに修験道は、各地の人びとにとって、外すことのできない近しさと信頼を得ていた。

第二次世界大戦の敗戦によって、日本の社会は激変し、大きな変化を迎えた。戦時下の昭和一五（一九四〇）年、政府は宗教団体法を施行していた。戦後、昭和二〇（一九四五）年、ただちに団体法を廃棄して宗教法人令が発布された。しかし、GHQ（連合国軍総司令部）の主導による法令には多くの問題があり、昭和二六（一九五一）年、宗教法人法として改変、発効している。

この頃、日本では多くの宗教団体が法人化した。各地の修験道も競って独立、法人化をおこなった。明治初年の廃仏毀釈運動の当時、天台、真言の両宗派に属す形になっていた修験道は、その多くが、活動する特定の山を拠点としつつ、独立の道を選んだ。たとえば、本山修験宗聖護院門跡は天台宗から、当山真言宗総本山醍醐三方院は真言宗派から分派、独立した。どちらも代表的な宗派であり、独立の影響は大きく、意を汲んで分派、独立する地域修験道も多くあった。一方では、明治以来、天台、真言の宗派に帰属し、従来どおり、関係を維持する修験もあった。そして、大峯、吉野、金峰山《きんぷさん》、英彦、弥彦《やひこ》など、山を駆ける〝修行〟を信者の〝先達〟となっておこなうことは、ますます盛んになっている。

別の視点でみれば、いずれも、特定の山に関わり、その山に修行した山伏たちが信者とともにあらたな歩みを踏みだした。いうなれば、独立した一宗一派を形成したのである。

すでに述べてきたように修験道は、平安末期、鎌倉初期、天台、真言の両宗の成立時代から歴史を刻んできている。両宗に帰属している。昭和になって、帰属の形態は変わっても、多くの修験は、宗派に所属することをやめることはなかった。独立、分派に至ったのは、第二次世界大戦後の宗教法人法が発布されてからのことである。

修験道は、山岳修行を第一義とした神仏習合の教義宗教のひとつになったのである。

天台、真言の二宗派に帰属しながら、独自な活動をおこなってきた。

修験道、あるいは修験宗は、釈迦の教義を基盤にする仏教や日本の社会、ならびに政治制度である天皇制を基盤に民俗的思考を取り入れた神道などとは、一線を画した独自の宗教活動である。仏教のように外国の聖人の教えを体系化したものでもなく、神道のようにひとつの体制に寄与する宗派でもない。日本の多様な宗教環境にあって、独特の立場を保有し続けている。同時に、修験者は村里に棲みつき、「法印さま」と親しまれ、地域信者とともに生活の細部を汲み分ける存在でもある。修験道は、地域の人びとの生活に入り込み、欠かすことのできない位置を獲得してきているのである。

早池峰神楽のはじめての調査行は、先学本田安次によって昭和初年におこなわれている。そのとき、「山伏神楽」という呼称に出会った（注29）。

## 6　先行研究と時代背景

早池峰神楽を発見し、広く世に紹介したのは本田安次（一九〇六～二〇〇一）だ。

早池峰神楽研究がどのようになされてきたかを検証するとき、まず本田安次の存在を捉え、語らなければならない。同時に、彼が早池峰を見出した〝時代〟を検証し、彼の影響下に活動する〝ひと〟を検証しなければならない。民俗芸能と早池峰神楽に関わった人びとは、本田から受けた影響に無縁ではありえない。

岳神楽の弟子座である小山田東和町に所在する石鳩岡《いしはとおか》神楽、そして岳神楽と双分関係にあると目される大迫町大償神楽に所属する神楽びとの発信は、本田安次の仕事を受け継ぎながら自らの存在証明を問うものになっている。

### （1）「民俗芸術の会」設立

本田安次は、福島県本宮町（現・本宮市）の出身で、昭和四（一九二九）年、早稲田大学英文科を卒業後、東北に帰還、宮城県石巻市の県立高校に奉職、英語教師をしながら、東北地方の神楽探訪に励んだ。

早稲田在学中、「秩父神楽」を現地で採訪したのを機縁に、行動を共にしていた金田一京助、中山太郎、早川孝太郎、高野辰之、中山晋平、今和次郎、小寺融吉などの友人たちと語らって「田舎の芸能を見て歩く会」をつくろうではないか、ということになった。柳田國男の「ぜひやりたまえ」という賛同を得て、折口信夫にも参加を乞い、具体化したという。昭和二（一九二七）年のことだ。「民俗芸術の会」の発足になる。〝先生〟と慕う柳田、折口両氏の参加を仰いで、任意とはいえ、この上ない組織になった。

大正の末期から、柳田、折口は、それぞれ〝郷土〟の民俗、芸能の発掘、発見に勤しんでいた。若き本田は、ふたりの研究動向を鋭く把握していた。それは、本田の行動力と思慮深さを伝えてあまりある挿話だ。

本田には、もうひとつ、特に記さなければならない慧眼がある。

『遠野物語』を著した柳田國男、東北出身の国際人新渡戸稲造のふたりが展開したあたらしい学問分野に関しては、すでに詳述している（第1章1（4）『遠野物語』の登場、（5）『遠野物語』と『郷土研究』）。本田は、東北に関心が高まっているこうした時代の流れを鋭く感知していた。そして、柳田に「民俗芸術の会」への賛意を仰いだのだ。

早稲田在学中の頃、すでに本田は、東北地方の神楽採集に赴いていた。新渡戸、柳田の動向に加えて、自らが福島県の出身であることが大きな動機になっていたのであろう。さらに、昭和四（一九二九）年、東京で大学を終えた後、宮城県石巻の高校で英語教師に赴いた。東北地方の神楽探訪に勤しむことに優位な条件が整った。勤務先の高校の休日のたびに芸能採集（フィールドワーク Fieldwork）の旅にでた、と後に述べている。南部神楽に関心を寄せ、太平洋岸の法印神楽を探索した。

やがて昭和六（一九三一）年夏、内陸、大迫町の早池峰神楽に出会う。大迫町岳の早池峰神社の祭礼で、通常にはおこなわれていなかった社務所で催された神楽を見学した。このときの演者は、太鼓の伊藤巳太郎、女舞の鎌津田林之助だったろうと推察できる（注31）。当時の岳神楽の長老たちだ。彼らが本田の来訪を迎えて神楽上演を企図してくれたのだ。「その舞の美しさにまた深い感銘を受けた」と、本田は後に述懐している。その年の暮、一二月に再訪し、大償の佐々木直人を訪ね、再会し、資料の筆写に臨んでいる。佐々木直人は、大償神社の別当家であり小学校の教師をしていた。後には、視学官の任を勤めている（注32）。

また、およそ四里半（十八キロ）の道を歩いて岳神楽を再訪し「よくもこんな美しい舞が昭和の今日まで、この山深いところにひそかに残っていたものだ」と感嘆のし通しだった、と記している。

昭和六年の二度にわたる訪問と観賞が、「この流の神楽発見の端緒となった」と、後に記述している。早池峰神楽にとって、また、本田安次の業績にとって、重大な意味を持つ述懐である。

（2）「南部神楽」から「早池峰」へ

本田の早池峰神楽研究は、昭和六年、東北各地でもっともよく知られ人びとに膾炙されていた南部神楽を、仙台での催しで観賞したことにはじまる。岩手県（現）水沢市福原からやってきた一座だった。「極めて美しい舞の手があるのを見て、これはどこから来てゐ（ママ）るのだら（ママ）うかと不審に思った」のが、この芸能を調査するに至った端緒だった、と昭和三九年になって述懐している（本田安次『山伏神楽・番楽』著作集第二巻）。

前年の昭和五年、本田は、小寺融吉と語らって、番楽《ばんがく》「杉澤ひやま」を訪ねている。

その後、翌年の昭和六年、二度にわたって大迫町の早池峰神楽を訪ねることになる。先に記した水沢福原の南部神楽への質問は、南部神楽、番楽、そして早池峰神楽が、一連の関係性を持つものではないか、という思慮によるものだ。

本田は、当時すでに「民俗芸術の会」を興していて、太平洋岸の法印神楽、日本海側の番楽をはじめ、数多くの採集をおこなっていた。本田の研究方法は、地域に赴いて観賞、探索（Fieldwork）し、できる限りその演者や関わる人びとから聞き書きをし、〝文献〟を借り受け筆写する、という民俗学の方法論の典型的な形態だった。

しかし、早池峰神楽の発見を世に知らせる著書の発刊は、昭和一七（一九四二）年まで待たなければならなかった。「『山伏神楽・番楽』斎藤報恩会」が上梓されたのは、早池峰神楽の初見から十一年を経ていたことになる。昭和九（一九三四）年には、「私家版」で『越前浜乃訪印神楽』を出版しているが、高等学校の英語教師としては、諸費用の負担は限りなく重いものだったろう。次書の上梓が遅れたのは、当時、社会的理解の及ばなかった「民俗芸能研究」という分野のおかれた立ち位置を推量することができる。早池峰、ならびに神楽研究の重要さ、その重さ、が理解されなかったのだ。

第二次大戦後の昭和二四（一九四九）年、本田は早稲田大学高等学院に奉職し、次いで同大の文学部講師になる。早稲田に復帰したのである。昭和三五（一九六〇）年には、教育学部教授になっている。この頃、すでに東北地方の芸能採集（Fieldwork）は、ほとんど完了しているばかりか、伊勢、出雲、備中、そして九州の椎葉《しいば》神楽などを、その手中に納めつつあった。

早稲田大学文学部では、いままでにないあらたな分野である民俗芸能を講義し、驚嘆を以て迎えられていた。

さらに、本田の探索（Fieldwork）は休むことなく、熱心な学生たちを加えて、各地を渉猟した。その採訪は、九州、四国をはじめ、日本の各地方に及び、芸能研究者としては先進的で第一人者の地位を得ることになった。

（3）〝神楽〟の持つ相互侵犯性

本田の研究方法のもうひとつの特徴は、すべての神楽芸能が、結びついていくことである。「（南部神楽の）舞の型で最近気がついたことは、これが出雲流の神楽、たとへ（ママ）ば石見神楽や備中神楽のそれと甚だしく似通ったものがある」ということで、特に番楽舞（武士舞）がそうだ、といっている。さらに舞台の飾りつけなどを含めて、「南部神楽と石見、備中の神楽の類似などは更に顕著」だといっている。これらの「似通い」は、〝ことば〟による表現を越えた実演（Performance）によってのみ知ることができるし、「隠れた事実」を語っているのだ、と指摘している。

また、本田の観察で無視できないのは、南部神楽が法印、山伏の両神楽をないまぜにして明治以降に「農人」たちが、作りだしたものではないか、といっていることだ。廃仏毀釈を問うまでもなく〝明治〟が大きな歴史の転換点であり、芸能史にも多大な関与をしていることは、後述することになる（第2章4（3）神道と神仏習合）。第二次世界大戦時下に、芸能研究を認められることになった本田には、精一杯の指摘だった。というのは、戦時下の日本では「国家神道」である万世一系の思想を冒すことは許されず、表現に暗黙の忖度を求められたであろうことは想像に難くない。本田は、戦後になっても、自ら、そうした抑圧について語ったことはなかった。語ることが過去の自らの論理を修正、あるいは否定の上に〝新解釈〟を与えなければならなくなることを〝諾《よし》〟としなかったのであろう。もとより、当初、民俗や芸能を記述する際に、自らなりの配慮を整えていた、と自負していたのだ。

本田の著書に『能及狂言考』、『翁そのほか　能及狂言考之弐』の二冊がある。神楽、特に早池峰神楽に能大成以前の「姿」を見出す本田としては、当然の関心であり、芸能史的に、魅力的な表題だ。

本田は、彼の論理を完成に導くためには「翁」舞について考察しなければならなかった。当然、能楽に及ぶ考察になる。そして、もっとも神聖な「鏡の間」を記述することになる。「能を民俗芸能の一つとして、もう一度、但し今のうちに、見直す必要があろう。(『能及狂言考』)」本田は、「姉妹芸」としての神楽は、こうした古態の「能」と翁、大和の猿楽《さるがく》が緊密に関係を持ち、そればかりか、世阿弥が唱えた「大成能」の淵源になるものだと主張しているのだ。

最初の『能及狂言考』が一九四二年の発刊だということは、戦中、神楽研究の深まりとともに、すでに〝能〟との関わりに気付いていたことになる。いや、正確にいうなら、本田のいう「翁猿楽・大和猿楽」の影を宿した芸能としての〝神楽〟ということになる。早池峰神楽をはじめ、法印・南部神楽などを伝承してきた者たちに、大きな力を与えたことになる。また、研究を志す者たちにとって、芸能を思考する範囲を大幅に拡大することができた、といってよいだろう。

本田は、実に緻密に「能と民俗」について語っている。これこそが、本田の研究者としての〝方法論〟だったといってよいだろう。

大償流と岳流、南部神楽と太平洋沿岸の法印神楽、さらに発展して「能」と神楽へと、いうなれば相互に侵犯性を発揮しつつ、全体像を結ぼうとする世界観が本田研究の論理を支えていた、といえるのではないか(注33)。

## （4）私年号〝大同〟の横行

すでに記述した遠野市来内の伊豆山権現神社は、大同元年開基と伝承されている。

開基、創建を「大同」と伝える社寺は、遠野地区ばかりではなく、『遠野物語』で柳田がいう「遠野町をはじめ一町十ヶ村」は、文化の同一性を見出せる地域性を有している（『遠野物語・挿話一』）。柳田の唱えるように、古くは、七内《ななない》八崎《やさき》、あるいは遠野保、広遠野と呼んだ「旧上閉伊郡の西の半分（柳田記述）」であると同時に、収まりきらない地域も文化の同一性を保有している。現在の遠野市を外れて、周辺各地に及んでいるのである。現在の東和町、小山田地区には「洞」を屋号にする家が三軒あるという。遠野の「洞」とどのように具体的な関係にある一家一門なのかは、定かではない。しかし、遠野に伝えられた「始閣一族」との関係が存在するであろうことは、充分に想像できる。

早池峰神楽岳流には、「相模」を屋号にする家系の演者がいる。相模家の歴代は、岳の重要な成員で、岳神楽を代表する伝承家系の一翼にある。各時代の当主は、数代にわたって継承者になっている。

「相模」という屋号にも、東海、伊豆一帯が、役の小角の伝説的説話の配流地であることから、なにほどかの修験のにおいを嗅ぎとることになる。しかし、神楽を奉ずる強い意思が伝えられている以外には、この一家一門が山伏に関わる伝承はなにもない。

花巻市の市街を外れた太田には、清水寺がある。京都清水寺を筆頭に、日本三大清水寺のひとつとされている。京都音羽山、兵庫県社町、そして花巻太田である。

京都清水と花巻には、いくつかの有縁がある（ノート3）。

京都音羽山は、坂上田村麻呂が十一面観音を本尊として建立した。田村麻呂は、東北鎮護の総大将であったことは、すでに述べた。花巻太田の清水寺の開基は、大同二年と伝えているが歴史的事実とはいえない。大同を語り継ぐのは、私年号、すなわち自らの機縁を示すための〝自己証明〟ということになる。公式に皇権が定めた年号を無視して、自らの機縁、由縁を語るためだけに年号を借用した、ということである。北東北のかなり広い地域で、私年号化された〝大同〟は流布している。

たとえば、現在の花巻市台に所在する羽山神社も、大同二年の開基と伝えている。羽山神社は遠野街道から外れた旧奥州街道に寄った地域性で、矢沢・胡四王山、そして早池峰山を加えて、三姉妹伝説を伝承している。後述することになるが、羽山神社に伝承されている神楽は、早池峰岳の系譜に属している。本来は、「花巻温泉」に通ずる湯本の道筋にあって岳神楽の巡業域に所在していた。現在は、おなじ温泉郷の「台温泉」に近接する地に移動している（第1章２端山、葉山、麓山、羽山、ハヤマ……里山への崇敬）。

また、三姉妹のひとりが降臨した胡四王山は、新幹線「新花巻」駅近くの矢沢に所在し、現在では中腹に「宮沢賢治記念館」が設置されている。

小高い山上に胡四王神社を擁している。花巻市街を一望できる。これも後述することになるが、里山（ハヤマ）と表現するのにぴったりな場所柄である。ここには、矢沢神楽、あるいは胡四王神楽と称する大迫町に発祥した岳系の神楽座が存在している。

〝大同〟は、歴史上の年号を離れて「符号」のようになって流布している。遠野地方に伝えられている早池峰山にまつわる〝三姉妹〟伝説は、花巻、宮古地方に伝播して、地域に密着した物語に変容している。

これらの地方にとって、大同はひとつの文化的語彙になっているのだ。また、早池峰開山を大同年間と表現するのは、遠野地方にはじまって、花巻地域におよび、いうなれば早池峰信仰地域を表徴する〝肩書〟になっている、と言い添えておかなければならない。

## 7　早池峰への道

早池峰登攀には四筋の道がある。

東は下閉伊《しもへい》郡川井村江繋《えつなぎ》、北に下閉伊郡川井村門馬《かどま》、南は大迫岳（岳）、そして西には遠野市附馬牛《つくもうし》大出口の四か所がある。

東西南北の道筋は、現代の地図上ではお互いに隣接している。早池峰山を真ん中に据えて、それぞれの地域性が発揮され、それぞれの信仰圏を形成しているといえる。〝ヤマ〟への道筋には、それぞれの地域信仰者たちが保ち続ける「早池峰参り」への共同体としての帰属意識がある。

また、同時にそれぞれの道筋は、里の生活を支える水を生みだす〝川〟とともに存在している。現世利益を恃む人びとの営みとともにある。

『遠野物語』によって、早池峰はあまりにも有名になった。

しかし、早池峰への信仰とその営みは、〝遠野〟以外の山を廻る他の地域でも厳然と生きている。それは、現代に至っても保たれている。そのひそやかで、だからといって秘密のおこないではなく、時代を生き抜いて現代に至っている。農事耕作とともに、あるいは山林と、そして漁労とともに、営まれている。そこに神楽があり、人びとのおこないがある。

## （1）早池峰を囲む群山

早池峰山（標高一九一七メートル）は、北上山地のほぼ中央に位置して、その山群の最高峰である。

北上山地は、現在の岩手県の内陸部に散在する群山を称しているのだが、日本海側の出羽三山、秋田県との境界に聳える鳥海山などとは離れた存在だ。

北上山地は、花巻市、遠野市、そして宮古市に所在している。北方は青森県南東部、南は内陸部から宮城県のリアス式海岸、男鹿半島に及んでいることになる。北上山地、あるいは北上高地と表現するが、北上山脈とは称さない。個別化された山塊が群れをなしてはいるが、山脈《やまなみ》として連鎖されてはいない。

中央部に最高峰である早池峰山を擁し、南部には遠野市、その西には早池峰神楽の発祥地である花巻市大迫町がある。両市は隣接していて、どちらにも早池峰登攀の道が開けている。さらに北側のＪＲ山田線が走る宮古市に及んで、東へ向かうと、やがて太平洋岸に至っている（第1章１（４）『遠野物語』の登場）。

主峰早池峰山を囲む大迫、遠野、宮古には、すでに述べてきたように〝ヤマ〟の山頂にある奥宮に詣でる四筋の登攀口がある。早池峰を囲んで東西南北の登攀口があるということになる。

遠野にも大迫にも「早池峰神社」がある。遠野（市）と大迫（町）の境界は、早池峰山登山口の「小田越え」辺りになる。同時に、山を越えた北側は宮古市になる。現代、特に平成の大合併以後、太平洋岸まで、すっぽりと宮古市になっている。

すでに記した川井村、下閉伊郡、大出などは古称ということになる。平成後の現代、遠野市、宮古市、そして花巻市大迫町は公式な市町村名だが、地域の人びとには、川井江繋、宮古小国、岩泉鎌津田、そして大迫岳《たけ》、遠野大出などの古称がいまも親しまれている。

『遠野物語拾遺』によって提起された〝広遠野〟は、現代の岩手、秋田の二県内陸から北側の宮古、川井、岩泉の新旧各村、各地域から大船渡沿岸までを包括している。早池峰山を中心圏として、南には花巻市大迫町岳と西に遠野江繋の早池峰神社、そして現代、宮古市に統合された東には川井村江繋、北に下閉伊郡川井村門馬がある。すでに妙泉寺は失われているが、もとは早池峰遥拝所であり、現在では、県社格を与えられた〝神社〟が所在している。また、〝新山神社〟とも称される。早池峰山を「新山」と呼ぶ地域は、信仰域、あるいは弟子座の各地にあって、その意味することについては、いくつかの説がある(注34)。

(2) 山と水、里のせせらぎ

繰り返すが、柳田國男の『遠野物語』によって、あまりにも有名になった〝遠野〟はしかし、周辺の村落、街道に、むしろ支えられ、通底する文化とともに、〝ヤマ〟の信仰を育んできている。柳田國男の要請によって、佐々木喜善や関心を寄せる人びと、鈴木棠三《とうぞう》などが書き足した『遠野物語拾遺』は、〝広遠野〟の概念を得て、地域範囲を広げて叙述している。「遠野」の文化が、周辺域に及んでいることを示唆している。遠野に育った佐々木喜善が認める地域性を孕んだ文化が、広く存在したことを示しているといえる。言い換えれば、地域の人びとにとって『遠野物語』は〝遠野〟であることよりも「早池峰山」を中心圏とした文化を保有している〝地域〟という見方であるべきだ、と主張しているということになる。

そして、この先へ進んで〝神楽〟を語るためには、遠野に隣接する「大迫町」に這入って行かなければならない。

大迫町内川目岳は、従来から早池峰山への登攀口としての役割を与えられていた。戸数十数戸ほどのちいさな集落である岳には、旧川井村と岩泉の境界地帯の旧地名である小国、鎌津田などの家名が〝姓〟として存在している。

〝森と水〟のヤマとも称された早池峰とその周辺の山地は、川の流れ出《いず》る地でもあった。

大迫町岳は、早池峰山を水源とする「岳川」と称する流れに沿ってひと並びの人家が所在している。岳は、ひと並びの小集落なのである。そして、早池峰神楽の本拠地であるとともに早池峰登攀口のひとつになっている。早池峰山麓に発した岳川は、大迫の街道街に至って「稗貫川《ひえぬき》」と名を変える。やがて花巻市内で北上川に合流し、遂には宮城県の東部、石巻市の追波湾《おっぱ》から太平洋に注いでいる。

北上川は、北上水系最大の河川で、その源は岩手県岩手町の弓弭《ゆわず》の泉と伝えられている。盛岡、花巻、奥州、一の関の各市を経廻って、宮城県の登米から追波湾に至る二四九キロに及ぶ一級河川である。北東北の各市を通過するうちに大小の流れを蓄えて大河となっているのである。

岳の集落から早池峰の登山口である「川原の坊」あるいは「小田越え」へは半里ほどの道のりがある。従来は、山への案内人を任じた岳集落の者たちは、参拝者たちを先導して、この道を歩いた。登山口から数キロで早池峰の頂上に立つ。山頂の奥宮でセオリツヒメを拝して登山を終えた。

岳集落の人びとにとって、山への〝先達《せんだつ》〟、すなわち「導き」は生業のひとつだった。

登山客が岳集落に到着すると、仮寝をし、夜中に起きて山への道を歩む。提灯を持って岳川沿いの山道を先導し、小田越えからの登山道を案内するのが務めだった。やがて、頂上に至って、早暁のご来光を礼拝し、奥宮セオリツヒメへの参拝を済ませて下山した。昭和の後半期までは、業として先達していた（注35）。

岳集落の人びとにとって、早池峰山への先達は、彼らにとっての最重要な仕事とはいえない。彼らの仕事は、神楽を演ずることなのである。十数戸の集落の全員が、神楽に関わっている。

大迫町には、岳神楽とともにもうひとつの座がある。大償神楽である。

大償は、大迫の市街から早池峰登山口である小田越えに向う途上にある小集落の地名である。大償は、神楽びとの数軒が所在する集落である。ということは、岳も大償もおなじ道筋に所在していることになる。大償神楽は、岳早池峰神社の夏の祭礼などには、必ず参加して上演するが、本来は地域の大償神社を奉戴している。大償神社の別当家自ら、神楽座の中心的な存在なのである。

すでに述べたように、昭和時代の別当は、早池峰神楽研究の先学・本田安次に宿を与え、研究を助けた人物である（注7・注29）。

早池峰山の南に向い立つ薬師岳（一六四五メートル）からは「猿ヶ石川」が発している。薬師岳は、小田越えが登山口で、古くから人びとに親しまれてきた。遠野側の江繋からの登山道は、小田越えを通って薬師岳へ向かう道筋が直線的で、素直だ。

薬師岳への崇敬は、遠野、宮古はもとより、一部の大迫、そして奥州市に至るまで、広く浸透している。大迫町の大償からも、岳川沿いの道ではなく山側を辿ると薬師岳の麓に至る。一部の大償近隣の人びとは、薬師岳が早池峰信仰より古くから尊ばれていた、と語っている（注34）。

また、猿ヶ石川は、薬師岳に発して、遠野郷、街道町の土沢、石鳩岡を擁する小山田を経由して、花巻市街で北上川に合流している。土沢は大償神楽の弟子座として、石鳩岡は岳神楽の弟子として活発な活動をしている。

（3）やがて海への大河

猿ヶ石川には、遠野物語に語られているように〝河童〟が現われる。「河童淵」や「河童を産んだ話」など、奇異な挿話が集められている（『遠野物語』第五五～五九話）。しかし、遠野市、花巻市の猿ヶ石川流域は、豊かな田地が広がる農業地帯だ。特に、遠野市と花巻市に跨る境界地域、東和町、現在の宮古市、旧名でいう宮守、晴山《はるやま》、達曽部《たつそべ》、旭又《ひのまた》などは、果樹、米作の豊穣地域だ。

猿ヶ石川、岳川・稗貫川、どちらも花巻市内を経由して北上川に合流している。

すでに述べたように、北上川は、石巻市の追波湾に注いでいる。石巻は、明治になるまでの首都だった京都、そして首都の消費を支え、関西一の経済都市だった大阪への産米の搬出港だった。現在の宮城、岩手である伊達、南部、両藩の経済の大きな部分を支える重要な港だったのだ。当然、北上川の石巻までの経由地には、いくつかの川港があった。往来の盛んな大河であった。宮城県登米《とめ》市には、直接、大洋に船出することができる大規模な川港があった。現在は川港としての機能は失われているが、川辺に立つと往時の繁栄の様子を知ることができる。

北上川は、猿ヶ石、稗貫の両川ばかりではなく、多くの地域河川が流入して東北地方で最大の大河になっている。田圃から流れ出る水を吸収していたのだ。多くの灌漑用水を供給し、また、呑み込んで東北最大の河川になっている。

北上川の流域には、豊かな灌漑がゆきわたっている。北は岩手県盛岡市から南は石巻市追波湾近郊まで、豊かな田地、畑地のために貢献している。田畑に水を供給する大小の河川と北上川本流は、緊密な関係、その連携によって、東北の米作、農事に、筆舌に尽くせないほどの貢献をしてきている。

すでに記したように早池峰山への登攀には、現代、宮古市に統合された東側に江繋、北側には川井村門馬がある。これらの地域には早池峰山麓に発した流れが岩手県大船渡から大平洋に注いでいる。山間をうねる流域は、米作をはじめ農事の盛んな豊かな田園地帯になっている。米作、そして農事は、長い歴史を刻み込んできた。

こうした豊かな田園地帯は、早池峰信仰に基づく神楽の巡行地帯であり、弟子座も数多く、所在している。水の流れと神楽の所在は、切り離すことのできない必然によって結ばれている。

【注】

1　阪上康俊『律令国家の転換と「日本」』日本の歴史05 講談社（二〇〇一）、村井康彦『律令制の虚実』講談社学術文庫版（二〇〇五）

2　中世史家網野善彦（一九二八〜二〇〇四）は、その多くの著作に農業民とされる〝百姓《ひゃくせい》〟が、単純に田や畑作に生きた民ではなく、多様な生産性に自らを見出していたことを説いている。海浜では漁労を兼業し、山裾の集落に所在する者たちは、山林業をおこなっていた。専門である中世を視野に、そうした人びとの生活と生き方を活写している。著書の『無縁・公界・楽』平凡社（一九七八）で読書界に驚異的な登場をし、その後、『日本中世の民衆像』岩波新書（一九八〇）、『海の国の中世』平凡社（一九九七）、『蒙古襲来』小学館（二〇〇一）、『日本中世の百姓と職能民』平凡社（二〇〇三）など多数。

3　「皇権《おうけん》」あるいは「国家皇権」は、一般に使われる用語ではないが、この書の記述には、たびたび登場することになる。奈良から平安にかけての国家の中枢権力を表現する用語として、やや抽象的であるが概念を言い得ているという認識を以て多用することになった。王権、君権と言い換えることも可能だ。

4　一一〇〇年代に至って、現在の青森県から岩手県にかかる地方に「九ケ部四門《くかのぶしかど》の制」が敷かれ一戸から九戸までの地名が定められた。「戸《へ》」は馬を養う牧場を表現していたと伝えられており、ひとつの「戸」には六から七つの集落があった。それぞれの「戸」で育てられた馬を「戸《へ》だて」と称した。「一戸《いちのへ》だて」というようにいったのである。

いうまでもなく、この地方は、江戸後半期から一九四〇年代の戦中まで、南部馬の産地として知られている。馬産の歴史は、南部氏の登場以前から隆盛を極めていたことになる。

本文に記したように、遠野は「塩の道」の街道にあったとともに馬の取引市場だった。太平洋沿岸から秋田に至る内陸を旅する運送人たちには、遠野は、馬を替えるのに適切な宿場だった。柳田『遠野物語』の冒頭にも、この地が塩と鉱物を交換する重要な宿（しゅく）であったことが触れられている。遠野とは「十の戸（とおのへ）」の意味であり「九カ部の制」の最終地という説もある。

5-A　柳田國男『遠野物語』明治四三（一九一〇）初版刊、『再再版』大和書房（昭和四七《一九七二》）、定本『柳田國男集』四巻・筑摩書房（昭和四七《一九七二》、初版発行後、柳田の発案により、佐々木喜善、鈴木棠三などの参加による『遠野物語拾遺』を加え、戦後に至るまで多くの再版、出版がおこなわれている。

本文でも述べたが、柳田はすでに『後狩詞記（のちのかりことばのき）』（一九〇八）、『石神問答』（一九〇三）などを著作していた。

5-B　なお、『遠野物語』の情報提供者である佐々木喜善は、明治末期から『遠野雑記』、『江刺郡昔話』、『老媼夜譚』などの報告、研究論文を連続して発表、昭和に入って『聴耳草紙』を上梓している。佐々木は、これらの著作を残しながら、わずか四十八歳の若さで早逝している。

『佐々木喜善全集（1）』遠野市立博物館（昭和六一《一九八六》）

5-C　赤坂憲雄『遠野／物語考』宝島社（一九九四）・ちくま学芸文庫（一九九八）

5-D　石井正巳『柳田國男と遠野物語』三弥井書店（二〇〇三）

6-A　遠野市編集委員会『遠野市史 第一巻』遠野市刊（一九七四）より第五章『早池峰山と妙泉寺』p10

6-B　遠野市立博物館編集『早池峰山妙泉寺文書　遠野の信仰・学問・文化の基礎文献』遠野市教育文化財団刊（一九八四）より第一篇五『閉伊郡遠野東岳開基』六『遠野御坂早池峯山神主始闍備前守由緒書』p10

7-A　本田安次『本田安次著作集』・第五巻『日本の伝統芸能　神楽V・山伏神楽・番学』錦正社（一九九四）のp12。

7-B　村山修一『山伏の歴史』十一『修験道と陰陽道と芸能・神楽系統の山伏芸能』塙選書-71（昭和四五《一九七〇》）

本田安次が上梓した『山伏神楽・番学』には、本田が訪ねた当時の大償神社の別当佐々木直人と彼の収集した資料の提供を受けたことが記されている。また、村山修一『山伏の歴史』には、佐々木を継いで「大償」と地域神楽の自己発現に励んだ山本清志の存在を示す記述がある。

8-A　和歌森太郎（一九一五《大正四年》～一九七七《昭和五二》）『山伏』中公新書（一九六四）、『修験道史研究』河出書房（一九四三）絶版。

8-B　五来重（一九〇八《明治四一》～一九九三《平成五》）『山の宗教・修験道案内』角川書店（一九九一）
8-C　宮家準（一九三三～）『日本の民俗宗教』講談社（一九九四）、『修験道』講談社（二〇〇一）
9　ネパールのヒマラヤ山麓の町ポカラの早朝、民宿から通りを眺めていると、戸口の前の掃除を終えた女たちが、山に向って手を合わせ、拝礼していた。ひとりだけではなく、各戸口の掃除を終えた女たちが、遥かな山脈（やまなみ）の頂にむかって、列をなして拝んでいた。小さな感動に襲われた。日本だけではなく、山岳の国ネパールに、おなじ習慣、おなじ感性を持つ人びとがいたのだ。
10　聞き書きの話者は、鎌津田キサミで、岳神楽を継承する相模坊の隠居だった。平成二(一九九〇)年二月、八十三歳だった。三年後に他界している。
彼女は、相模坊に生まれ、神楽の名人といわれた林之輔を父に、一人娘だったので條助を養子に迎えた。條助は、昭和四〇年代に岳神楽の代表を務めた。
11　松元昭『「駅馬」から「葉山へ」』郷土誌葉山・第八号／葉山郷土史研究会編著
12　網野善彦『日本中世の百姓と職能民』平凡社（二〇〇三）
13　金野啓史『唐桑のハヤマ信仰』常民文化13号（一九九〇）
14　（注12を参照しつつ）網野善彦『日本中世に何が起きたか』洋泉社（二〇一二）
15　藻谷浩介・NHK広島取材班『里山資本主義』角川新書（二〇一三）
藻谷浩介・地域エコノミスト、一九六四年山口県生まれ。平成大合併前の約三千二百市町村のすべて、海外百九か国を私費で訪問し、地域特性を多面的に把握する。二〇〇〇年ごろから地域振興や人口問題に関して精力的に研究、執筆、講演を行う。ニュースサイト毎日新聞・経済プレミアで「新型コロナの地政学」など連載中。著書に「デフレの正体」「里山資本主義」ほか多数。国内の鉄道（鉄軌道）全線を完乗した鉄道マニアでもある（フリー百科事典『ウィキペディア(Wikipedia)』参照)。
16　宮家準『霊山と日本人』講談社学術文庫（二〇一六）
17　桃崎有一朗『武士の起源を解きあかす』ちくま新書（二〇一八）

18-A　『大迫町史・産業編』大迫町（一九八五）
18-B　二〇〇六（平成一八）年、広域合併で花巻市になった大迫は、隣接する花巻、小山田、東和、石鳥谷などの町村とおなじ行政のもとに営むことになった。
18-C　柳田國男は、最後の著書『海上の道』（『定本柳田國男集・第一巻』筑摩書房）で、稲作は、中国の長江下流域から南西諸島を経由して日本に伝播されたとする説を唱えている。柳田説は、石田英一郎、可児弘明、安田喜憲、梅原猛などの民俗に関心を寄せる学者たちに支持された。佐々木高明が提唱した照葉樹林文化論も柳田の南方経由説の強い影響を受けている。
18-D　佐藤洋一郎『稲の日本史』角川選書（二〇〇二）によると、風張遺跡（八戸）から発見された二八〇〇年前の米粒は食料ではなく貢物として遠くから贈られてきた。それは「熱帯ジャポニカ（陸稲）」であり、「温帯ジャポニカ（水稲）」は、弥生時代頃に水田耕作技術を持った人々が朝鮮半島から日本列島に持ってきた」と述べている。
佐藤洋一郎『米の日本史』中公新書（二〇二〇）
安田喜憲『稲作漁撈文明……長江文明から弥生文化へ』雄山閣（二〇〇九）
19　インド古代の王国マガダについては、日本で最もよく知られたインドロジストのひとりである中村元《はじめ》の『インド古代史・上』中村元選集第五巻・春秋社（一九六六）に記述されている。中村元には、もう一書『古代インド』講談社学術文庫（二〇〇四）がある。
この一巻は、『世界の歴史第五巻ガンジスの歴史』講談社（一九九七）を底本にしている。
20　前掲書、中村元『古代インド』講談社学術文庫（二〇〇四）
21-A　「法道」は、個人名ではなく僧侶グループだったのではないかということは、すでに記した。仏教という視点からは未分化で、やや道教に傾いた、インド宗教の古ヒンドゥ・バラモン教などが混淆した呪的な要素を蓄えたものではなかっただろうか。宗教的な感覚は異質だが、役の行者伝説に酷似している。蛇足ながら付け加えれば、日本で醸成される過程で「法道」の宗教思想は純化されてきた、といえるのだ。
「法道」の飛び鉢奇跡の挿話には、二例の伝承がある。ひとつは、はじめての来日の際、播磨灘に船でやってきた法道は船上で飛び鉢を見せたというものだ。もうひとつは、播州に定着し、宗教活動をおこなう途次、琵琶湖に赴き、船上から飛び鉢の奇跡が起こった、という挿話だ。そのとき空を飛んだ米は、租税として納められるものだった。そのうちの一俵が地に落ち、後日談になる。

21-B　Kenneth Morgan『The RELIGION of THE HINDUS』MOTILAL BANASIDASS（一九五三）

22　五来重『山の宗教』角川選書（一九九一）には各地の開山伝承が網羅されている。開山と山岳信仰が一体のものとして伝承されていることが述べられていて、いわゆる山岳信仰、山伏信仰が各地に伝えられていることを如実に知ることになる。

23　森嘉兵衛『遠野市史』遠野市史編修委員会（一九七四）

24　『早池峰山妙泉寺文書』遠野市教育文化振興財団（一九八四）

25-A　中村元・三枝充悳《さいぐさみつよし》共著『バウッダ［仏教］』小学館（一九八七）
中村元（一九一二《大正元》～一九九九《平成一一》）、三枝充悳（一九二三《大正一二》～二〇一〇《平成二二》）

25-B　西郷信綱（一九一六《大正五》～二〇〇八《平成二〇》）『古代人と夢』人文書院（一九七二）、『神話と国家・古代論集』平凡社選書（一九七七）

25-C　宮家準『役の行者と修験道の歴史』吉川弘文堂（二〇〇〇）

25-D　銭谷武平『役行者ものがたり』人文書院（一九九一）、銭谷武平『役行者伝記集成』東方出版（一九九四）、銭谷武平『役行者伝の謎』東方出版（一九九六）

25-E　藤巻一保『役小角読本』原書房（二〇一五）

25-F　坪内逍遥『戯曲・役の小角』岩波書店（一九五二）

26-A　小角に触れた書物は、すでに挙げた『続日本書紀』（七九七年）『日本霊異記』（八二二年）に続いて、平安時代には大江匡房が編著した『本朝神仙伝』。そして『今昔物語』『扶桑記』などがあり、鎌倉時代には『水鏡』『古今著聞集』などがある。南北朝期には、高僧文観によるとされる『金峰山秘密伝』、室町時代には『行者本記』がある。

26-B　役行者に従った前鬼に関しては、宮家準・編『山の祭りと芸能（上）』所載の武見李子『前鬼山の伝承と行場』

平河出版社（一九八四）に詳しい。
27-A　菊池照雄『山深き遠野の里の物語せよ』梟社・新泉社発行（一九八九）
27-B　始閤一族の出自を検索すると、伊豆山権現に辿りつく。静岡県熱海市の郊外「走湯山」中腹に鎮座している。もともと古代からの神仏習合の修験道場だったが、明治以降は、伊豆山神社と呼称され、山内の寺院般若院と分離された（ノート3）。山内には、伊豆に配流された役の小角を祀り、修験者の信仰を集めていたであろうことが想像できる。「走湯」は湧湯を意味し、山内の数か所に源泉を発見できる。
始閤家は、この地を出自とし、伊豆山権現を奉戴する一家一門で、遠野・来内に定着したといわれている。早池峰三姉妹伝承、遠野早池峰神社の成り立ちなど、地域の伝説的言説の多くに関わった始閤家を知る手掛かりを得ることができる。始閤家がやってきた遠野・来内には、分社である伊豆山神社が現存している。
28-A　「アニミズム」とは、従来、精霊、霊魂主義とも訳されて、荒唐無稽で非科学的な思念と受け取られてきた。「高度なアニミズム」という表現での概念は〝信仰〟という立場から見直したとき、現在まで語られることなく黙過されてきた精神の営みの発見につながり、生活者が持つべき信仰としての意味と実効を見出す議論に発展している。本書でたびたび触れている〝ヤマ〟や〝水〟への信仰などは、素朴で未熟な信仰性に見えるが、実は、深く長い歴史に培われた思念なのである。
28-B　東北大学出身の安田喜憲は、以下に挙げた著書において、キリスト教やイスラム教などの一神教的な思考に対して〝精霊〟や〝霊魂〟の本来を見直す「高度なアニミズム」を主張して、あらたな宗教観を展開している。安田は、地理学を修め、その後、環境考古学という新たな地平に自らの研究を進めた研究者である。多作な彼の仕事を列挙すると、『一神教の闇――アニミズムの復権』ちくま新書（二〇〇六）、『蛇と十字架――東西の風土と宗教』人文書院（一九九四）、『日本文化の風土〈改訂版〉』朝倉書店（二〇一一）、『文明の精神「森の民」と「家畜の民」』古今書院（二〇一八）、『稲作漁撈文明　長江文明から弥生文化へ』雄山閣（二〇〇九）などがある。いうまでもなく、高度アニミズムについて、さまざまな角度から述べている。
29　〝山伏神楽〟という呼称は、本文では、この後にもたびたび登場する。アカデミック（学術的）なテクニカル・ターム（術語）としてすでに「定着」している、という主張もあるが、検討を促されている。本文にあるように、本田安次に「山伏神楽」という表現を伝えたのは、大償神楽の佐々木直人であった。大償、岳の両派が所属する大迫町では、〝早池峰神楽〟と表記し、両派の存在をその内容としている（『大迫町史　教育・文化編』）。

佐々木直人は、大償神楽の中心人物で、当時、大償神楽座の代表だった。佐々木氏は、小学校教師を経て視学官を務め、大償神社の別当でもあった。神楽座の代表としては、人望を集め、神楽の紹介者として大きく貢献した。本田が、昭和のはじめ、早池峰神楽探訪の最初に訪ねた人物だったことは本文に述べた。
30　日本は、明治開国後、西欧勢力に伍した国力を身につけたと誇示すべく、早くも明治二七（一八九四）年、日清戦争に連合国の一員として参画している。
日本にとっての「戦争の近代史」のはじまりである。

| | |
|---|---|
| 1 | 日露戦争　明治三七（一九〇四）年 |
| 2 | 第一次世界大戦　大正三（一九一四）年 |
| 3 | 満州事変　昭和六（一九三一）年一五戦争の端緒を開くことになった |
| 4 | 日中戦争　昭和一二（一九三七）年 |
| 5 | 第二次世界大戦　昭和一六（一九四一）年 |
| 6 | 日中戦争から第二次世界大戦へは、戦時体制のまま突入している<br>そして昭和二〇（一九四五）年、敗戦になった |

31　本田安次は、はじめて鎌津田林之介とことばを交わしたとき、その強い訛りを聞き取れず「幾度か首をかしげつつも遅くまで翁の談に聞き入った」（『山伏神楽と番楽・採訪記』）と、記している。昭和初年、現地の人びとが、どのような存在であったかを知ることができる。早池峰神楽の重要な担い手が、現代から遠望すると、一地方の無名の存在で

あることを、忌憚なく語っている。
32　本田安次が訪問、宿泊し、文書を写しとったのは、大償神社の別当家だったとおもわれる。大償神社は、現在は立派に修復、改修されているが、もともとは〝村社〟の趣で小さな社だった。別当佐々木家は、その神社を降った隣接地にあり、炉のある板の間が、神楽を演じ、来訪者をもてなす空間だった。
33　本書での本田安次については、以下の本田著書を参照、参考にしている。
『陸前浜乃法印神楽』私家版（一九三四）
『山伏神楽・番楽』斎藤報恩会（一九四二）
『能及狂言考』丸岡出版社（一九四三）
『翁 そのほか 能及狂言考之弐』明善堂書店（一九五八）。
なお、本田安次著作集『日本の傳統芸能』I～V・錦正社による再編集、採録を併用している。
34　〝新山〟という呼称は、本文にも触れたが、早池峰山を指している。早池峰神社を新山神社と呼ぶこともある。平成以後の現代、夏の祭礼やその他、もっとも活発な活動をしている大迫町岳に所在する〝早池峰神社〟を例に挙げると、大償流の愛好家たちや神楽座の人びとにもこの呼称、「新山神社」を使う人たちがいる。というのは、早池峰山の登攀口である川原の坊は、薬師岳を降った道筋と向かい合っており、古くは薬草が豊富で遠野市と近接する薬師岳を信仰する人びとが多かったと伝えられている。大償から薬師岳へは、早池峰神社の所在する岳集落を通らずに登攀できた、と伝えている。薬師岳が旧来の信仰対象であったことから、早池峰山を新山と呼んだということである。
早池峰神社は、大同二年（八〇七）、藤原鎌足の子孫、兵部卿成房が早池峰山頂に祠を建立したのが始まりといわれている。現行の岳に所在する社殿は、藩政時代に南部利直の庇護のもとで建立された、と伝えられている。現存する本殿は内陣柱を中心とした軸組や、軒回りの彫刻・装飾などに慶長期の手法が残されている。岩手県の有形文化財に指定されている。また、盛岡藩の東の鎮山とされた早池峰山の祈願所として、岳妙泉寺が整備された。

慶長一五年（一六一〇）から三年をかけて、岳妙泉寺の奥宮として造営されたのが新山堂（現・早池峰神社）で、慶長以後二度ほど修復された。内陣柱を中心とした軸組や、軒回りの彫刻・装飾などにも慶長期の堅実な手法が残されている。

ということは、現・早池峰神社は、本来、いまは廃絶された妙泉寺に付属する早池峰山遥拝所だった。明治以降、廃仏毀釈運動の高まりのうちに、神社として成り立ったと想像できる。また、岳集落以外の早池峰登攀口を持つ大迫大償、現在の宮古市、遠野市などに加えて、周辺地域の人びとのなかに、早池峰山、早池峰神社を新山、新山神社と呼んでいるのは、このような歴史的背景があるからだと推察できる。

すでに述べてきたように、早池峰山の周囲の南、東、北には〝妙泉寺〟跡を見出すことができ、早池峰遥拝所、神社跡、あるいはその痕跡を見出すことができる。早池峰登拝との関連を知ることができる。

35　一九九〇年代に故人になった岳神楽の代表だった小国誠吉によると、前日の夕刻までに岳に入った登山希望の人びと、早池峰信者の人びとは、夕食の後、寝所で仮眠をとり、夜中に起きて、その家の主とともに提灯を下げて登山に赴いたという。主は、岳神楽の一員でもあった。明け方、山頂でご来光を拝し、奥宮のセオリツヒメを拝して、下山した。そのすべてを岳の主が先達した。往時は、岳集落から登山口の川原の坊まで、ほぼ二キロの道のりを徒歩でむかった。主家に昼前に戻ると、休憩の後、大迫への夕方のバスに乗って、帰路をとった。昭和後半期まで、このような習慣が日常化していた。

岳集落での宿泊をする家は、訪問者がやってくる各地域によって、概ね決まっていた。岳集落は、各家が「坊」を名乗っていると伝えられているが、本文第２章４、５に筆者の見解が叙述されている。

# 第2章　〝ヤマ〟信仰が生みだすもの

## 1　中・近世期の湧水と〝ヤマ〟信仰

花巻市の太田は、郊外の旧街道に面した田園地帯にある。花巻太田清水寺の開基は、すでに触れたように大同二（八〇七）年と伝えられている。

江戸幕府が開かれた時代、南部藩の統治がはじまった。当時の花巻太田（後述）は、物資の集積した市場を擁する流通経済の拠点地だった。その後、南部氏のもとで市場は市内に設営され、太田は現在のような田園地帯に変貌したと伝えられている。

花巻太田清水寺は、開基と伝えられる坂上田村麻呂に因んだ大同年間は「伝説」として擱《お》くとして、中世、室町期には、その存在を確認することができる。応永五（一三九八）年、京都聖護院より御法印、すなわち宗門による第一位の僧侶としての認定を受けている。同年、初代養官坊秀先によって開創された。

時代は、半世紀に及ぶ南北朝（一三三六〜一三九二年）の直後ということになる。歴史の通説では、すでに、室町時代（一三三六〜一五七三年）に入っている。

ノート3

## 各地の清水寺

京都音羽山、そして花巻太田の清水寺、どちらも清冽な湧水の地で、水への信仰が衰えない。また、京都音羽、花巻太田、ともに坂上田村麻呂の存在が大きく関与している。

京都清水寺は、観音聖地である音羽山で狩りをすることを戒められた田村麻呂が、十一面観音を本尊として一寺を建立したと伝えられている。

また、田村麻呂が東北鎮護に赴いた戦陣で、隠し持った十一面観音像に祈願し、勝利を得たと伝えられている。東北花巻の清水寺も、その創建は田村麻呂の東北征討に因んで「大同」年間と伝承されている。「大同」が田村麻呂を共有する縁起譚になっているのだ。

花巻清水寺は、本書の目的である〝早池峰神楽〟にも関わるので、一項を設けて後述することになる（第2章2（3）時は、応仁、〝戦国〟騒乱の時節）。

京都音羽山清水寺と奈良長谷寺

京都でもっとも多くの観光客を集める音羽山清水寺は、ひとりの仙人が草庵を結んでいたことにはじまる。そこへ清泉をもとめてやってきた修行僧に、仙人は、観音像を彫塑することを命じ、姿を消してしまった。修行僧は、千手観音像を刻して音羽の聖地を守護した。

草庵を結び、音羽の森と水を守ると発心したのは、先に述べた仙人だったと伝えている。仙人とは道教の用語で、ここでも整えられた宗派仏教がゆきわたる以前、自然信仰が支配していたことを伺わせる。かならずしも修験とはいえないが、修行が森林や山岳に入り、山と水を守るということは原初的な発想のもとにおこなわれていた。山に籠もり、山を守ることが、里の人びとの暮らしを保ち、人びとの生産活動を推進することだ、と認識していた。

そこに身体まるごとを捧げていたのが〝仙人〟となるのである。平安時代以降の世を捨てた隠棲者とは、ま

ノート3

ったく違っていた。仙人は山間に隠棲する「世捨て人」ではなかった。

京都音羽山清水寺が多くの参詣客を呼び込む最大の要因は、本堂に付設する大きな舞台であろう。音羽山の崖に建てられた十一面観音を祀る本堂に連なる大舞台は、遥かに京都市街を眺望するに任せ、壮大である。舞台では、能や舞踊がたびたび奉納されてきた。京都の眺望を背後にして、本堂に鎮座する十一面観音に捧げ、奉納されたのだ。

舞台の付設された壮大な本堂は、「舞台造り」あるいは「懸《かけ》造り」と称されている。

この建築様式「舞台造り」には、お手本がある。

奈良長谷寺には大悲閣と称する観音堂があって十一面観音を奉持している。長谷寺の創建は朱鳥元（六八六）年、道明上人によって成されたと伝えられている。その後、神亀四（七二七）年、十一面観音像を彫塑した徳道上人によって、大悲閣が建立されている。観音信仰に基づく寺院は、徳道上人の時代に成立したといえる。

長谷寺は、真言宗豊山派の総本山であり正式な呼称を「豊山《ぶざん》神楽院」といい舞台造りを擁するにふさわしい名号になっている。山の中腹に張りだした舞台は奈良の町を遠望する壮大な光景を持っている。「舞台」は神楽院を称するにふさわしい呼称であり、あたかも市井の生活と神の所在地を結ぶ「神楽」の在り処を象徴しているようでもある。

全国の清水寺は、この舞台本堂に準じていて、奈良長谷寺、そして京都音羽山が模範の建築様式になっている。音羽山清水寺には、すでに記した田村麻呂にまつわる伝承が相乗して歴史に刻印される存在になっている。

寺院の創建は、宝亀九（七七八）年、仏僧賢心によると伝承されている。その後、延暦一七（七九八）年、坂上田村麻呂は本堂、ならびに舞台を大改築し、清冽な湧水に因んで「清水寺」と名付けた。「歴史」と記したが、これらは清水寺に伝えられた伝承で、実証されるものではない。寺伝は、編年体で綴られていて、歴史的事実と見紛うが、必ずしもそうだとはいえない。

近世になって、江戸時代・寛永一〇（一六三三）年に大改造がおこなわれ、再建されている。この時代の記録は史実である。清水寺は、たびたび火災に見舞われ、十度に及んだ。大改造、再建は、火災に要因があった

### ノート3

といえる。

京都音羽山清水寺は、強力な観音信仰、地蔵、毘沙門信仰を背景に田村麻呂の東北遠征を守護した。

やがて、京都音羽は日本の三大清水寺の筆頭と称えられるようになる。他の二寺は、兵庫県平木の社《やしろ》町の播磨清水寺、岩手県花巻の太田清水寺である。花巻の太田清水寺に替えて、大阪天王寺の有栖山清水寺を入れる場合もある。

実は、清水寺は全国に存在している。その多くは、湧水の地であり、非常に古い歴史を誇っている。教義仏教の宗派が整序される以前の古態のまま「水」の聖地として信仰されていた。

三大清水寺と標榜された三寺は、それぞれが強力な地域信者に支えられ、聖水の思想と水を育む御山に抱かれて所在している。さらに東北鎮護に活躍した坂上田村麻呂の伝説的な伝承が存在している。

#### 島根県安来と大阪天王寺の清水寺

すでに述べてきたように「清水寺」は全国に分布している。ここでは、島根県安来の清水と大阪天王寺の清光院清水とを取り上げて、それぞれの清水信仰のあり方を捉えてみることにする。

島根県安来《やすぎ》市清水町の瑞光山清水寺は用明天皇二（五八七）年創建と伝えられている。大同元（八〇六）年、平城天皇の勅旨で再建された。もとは神仏混淆の寺院であった。慈覚大師円仁が唐からの帰国の途次立ち寄った承和一四（八四七）年、安来清水寺は天台宗に帰依した。京都に因んだ大同年間の挿話とその後の円仁による天台宗への帰依譚が、関心を呼ぶものになっている。

また、大阪天王寺に所在する有栖山《ありすさん》清光院《せいこういん》清水寺《きよみずでら》は、もとは、有栖寺《うすじ》と呼ばれていた。境内の谷には玉出《たまで》の滝がある。大阪市で唯一の天然の滝で、地域の人びとの崇敬を聚《あつ》めている。現在でも熱心な信者は、滝行をおこなっている。また従前は、滝の水を聖水として飲用する習慣もあった。現在は、飲用を禁止されている。滝は、四天王寺金堂の地下にあると伝えられている伝説の池、青龍の池から地下を通して

ノート3

流れてきている、と人口に膾炙している。

本堂は、寛永一七（一六四〇）年、延海阿闍梨《えんかいあじゃり》によって中興された。京都清水を模して建立された舞台造りで、本尊は、同様に京都から迎えた千手観音である。この頃、すでに述べたように京都清水寺は、たびたびの火災に遭っている。天王寺清水寺は、もともと京都の影響下にあって、火災と関連があるといえる。大阪天王寺が京都へ救済の手を差し延べた、と推察して誤りではない。

天王寺は、現在では都市化されて景観を変えているが、小高い丘上にあって、大阪湾まで見渡せた。有栖山清光院清水寺は、京都清水寺の強い影響のもとで、四天王寺などの地域文化を崇敬する人びとに支えられてきた歴史を湛えている。

安来の清水寺は、大化の改新の半世紀以前に創建の伝承がある。

また、天王寺清水は、聖徳太子が開いたとされる大阪四天王寺の「和宗」に属している。「和宗」は、天台宗のひとつの流派で大阪四天王寺を流祖としている。

各地の清水寺は、述べてきたように「聖水」への信仰も現代に至るまで強く継承されている。各寺とも、古代からの自然信仰にその素因を求めながら、継承のあり方は、それぞれの道を歩んでいる。清水寺は、多様な歴史を生きてきたのである。

寺院としては、天台、真言の宗派仏教の台頭、江戸期の「旦那寺」制度、明治初期の神仏分離、そして第二次世界大戦後の仏教低迷時代など、多くの困難を克服してきた歴史がある。その有為転変には必ずしも首肯できるものばかりではない。しかし、深遠な生命力は現代に至っても衰えることなく、おおむね隆盛を誇っている。そこには、人間の命にかかわる「水」への信仰が脈打っている、といえる。

播州清水寺が三大清水寺のひとつに数えられているが、他とは違った特異な伝承が伝えられている。インドから渡来した〝法道〟一党が開いたという伝承があり、「法道寺」を名乗っている。播州清水寺の存在をあきらかにすることによって、山岳信仰、修験などに目を開かされることになる。

## 2 背景としての歴史

南北朝から室町幕府時代への移行は、けして速やかに平和裡に進んではいなかった。

後醍醐天皇は、建武新政を唱えたために隠岐に流されていたが、元弘三（一三三三）年、吉野に帰還し南朝を建てた。後醍醐が隠岐に流罪となっていたのは、ほぼ一年間だった。吉野への帰還には、新田義貞、足利尊氏などの武家たちの支援があった。

足利尊氏は、鎌倉倒幕の主要人物のひとりだった。

京都では、後醍醐が流された直後、元弘二年・正慶元年（一三三二）年(注1)、光厳天皇が即位した。歴史では〝京都〟を北朝と呼んでいる。吉野の後醍醐と並立した。ふたりの天皇が存在する半世紀、五六年間を、中国の故事に則って〝南北朝〟と呼称するようになった。明治時代には〝吉野時代〟と称する風潮が主流になった。

後醍醐が隠岐から帰還したことが、南北朝のひとつの区切りになるとおもわれた。だが、南北それぞれにふたりの天皇が存在するという異常な事態は解消されなかった。

後醍醐は、鎌倉幕府の武士政権に異議を唱え、天皇権力の再興を意図していた。しかしながら、すでに強力な力をつけた武家階層は、後醍醐の政治的意図を認めることはなかった。足利尊氏は、後醍醐が吉野へ帰還した当時は、すでに彼と離反していた。後醍醐は、新田義貞に尊氏討伐を下命している。義貞は、尊氏との戦いに敗れ、足利尊氏は強力な勢力になって室町幕府に君臨した。

武士の支援を仰いだ南朝は、後醍醐が吉野に留まり天皇親政を意図していると、見抜いた足利尊氏をはじめとする武士階層は、後醍醐に反旗をひるがえし、叛《そむ》いてしまった。結局、彼ら武士階級に足元を掬われたのだ。

京都のいわゆる北朝は、台頭してきた足利家と寄り添い、後醍醐のように皇統権力を主張することはなかった。皇統が南北に存在する時代、すでに足利家は「室町武家一門」を形成していた。室町時代ははじまっていたのだ。

京都北朝は、足利家の武家幕府に寄り添った。皇統皇権は、北朝第六代の後小松天皇で終止符を打つ。南朝四代の後亀山天皇が譲位したのである。

鎌倉にはじまった武士幕府は、南北・室町を通して、天皇王権の復興を望むものではなかった。後醍醐天皇の強烈な天皇王権の再来への試みは、時代の流れに逆行することだった。叶うことはなかったのだ。

## (1) 変貌する「社会」

室町幕府の開闢と南北朝時代の終焉は、社会を変貌に導いた。その兆しは、すでに鎌倉幕府崩壊の以前、一三三〇年代からはじまっていた。

鎌倉中、後期から社会の変貌は、疑いもなく進行していた。農村は、それまでの律令以来の村落組織を変容させていた。血脈に因んだ一家一門によって構成されていた集落は、地域豪族のもとに束ねられるようになった。地域性を強め〝惣〟あるいは〝惣村〟と呼ばれる体制に変わってきていた。米をはじめとする農業生産力の向上が、地域の連帯を強め、商業活動である〝市場《しじょう》〟との直接的な関係を促した。未分化ながら流通機構が成立しつつあった。鎌倉幕府の崩壊から室町時代における支配階級の脆弱さが生みだしたことでもあった。飽かずに内乱を続ける南北朝廷と地方豪族、武士階層は、それぞれがばらばらで統一性を欠いていた。それぞれの統治能力の弱さが起因していたといえる。

都市には、バサラと呼ばれた、傾《かたぶ》いた風体の、出自をあきらかにしない者たちの横行が風俗になった。地方では、幕府にも朝廷にも添わない〝悪党〟と称される武士団が活動していた。土豪、豪族でありながら主を持たない武士集団だった。彼らは、強力な武力を蓄えていた。後に、後醍醐天皇に忠誠を誓い尊氏に敗れた楠木正成《まさしげ》と子息正行《まさつら》などの一党も「悪党」だった。明治、大正、昭和前半期にもてはやされた忠君愛国の士は、主のない地方豪族だったのだ（注17）。

絢爛の世に、華やいだ人びともいた。

「田楽《でんがく》」は平安末期から「田ごと」、すなわち収穫を願う人びとによる予祝芸として広く伝播されていた。田圃の作業を儀礼芸能化したものだった。やがて〝田楽師〟と呼ばれる集団が、村落を巡って演じ歩くようになった。職能化された田楽は、鎌倉時代を経て南北朝時代の混迷のもとで、より芸能色を強めた「猿楽」に高められた。猿楽を演じたのは芸能を生業とする人びとだった。彼らは、すでに消滅していた「散楽《さんがく》」にあった曲芸的な所作も採りいれて、滑稽で、しかし技芸者としてすぐれた技量を備えていた。旅する芸能者たちだった。

芸能の職能化は、技芸を愛でる人びとを養い、育て、それまでの社会とは一変した構造をもたらした。社会の底辺は拡大され、人びとは至高の味を楽しんだ。衝撃的な変貌だった。

南朝の敗北とともに歴史の視野から消えた後醍醐は、その全盛時代を通して、笛を嗜み雅楽を奏する〝趣味人〟だった。彼の笛に乗って雅楽「羅《ら》（蘭《らん》）陵王《りょうおう》」が奏でられたと伝わっている。琵琶の演奏に興じたとも伝えられている。

後醍醐は、自ら社会の底辺の拡大を実践した〝天皇〟だった。芸能や行商を職能として生きる術《すべ》とした一所不住の輩は、鄙賤《ひせん》の民とされていた。芸能者たちを尊び、その芸を愛する天皇は、敗北し、その地位を遂われようとも、変貌した社会の底辺を生きる人びとにとって〝人気者〟だったのである。

社会の底辺に沈みこんだ人びとに愛好され、精神的共感を与えた〝天皇〟は、皇権力を発揮する存在から癒しと充足を与える存在に変わっていった。

猿楽を巡演する芸能者たちのなかから観阿弥、世阿弥（一三六三〜・推定）の父子が現れる。彼らは、春日大社に属する〝大和猿楽四座《やまとさるがくしざ》〟を出自として、やがては「能楽」の大成者として歴史を変える存在になる。

## （2）あたらしい仏教〝禅〟の出現と文化

足利義満の寵愛を受けたと伝えられる能の大成者世阿弥と父観阿弥は、「夢幻能」の創始者でもある。あの世とこの世を往き通う物語は、斬新で衝撃的だった。なによりも洗練された音楽性と、その楽とともに謡い語られる〝韻〟を踏んだ緊張感に満ちた言語に、観客は驚嘆と讃辞を贈った。

観阿弥、世阿弥父子の活躍の背景には、中国から渡来した〝禅〟思想の台頭があった。

世阿弥を支えた思想性は、仏教教義であり、当時、日本に到来した、最先端の〝禅〟（注2）だった。

南北朝から足利時代にかけての混乱期、すでに述べてきたように、度重なる権力争いと内乱、バサラや悪党などが跋扈していた。世相風俗が乱れる一方で、経済活動は活発になり、その活況は従来の比ではなかった。あらたな市場経済に生きる人びと、あらたな世界観を享受させられた人びとは、忙殺され、渇いていた。

世相風俗の乱れは、そうした社会の変貌に影響されていた。権力をあやつる朝廷や武家をはじめ、市場を駆ける商人、職人、地方の村落、海浜や山間に生きる者たちなど、身分を問わず、人びとの精神は渇いていた。癒しを求めていたのだ。

新宗教だった「禅」は、社会の変貌に応える〝文化〟としての存在になったのだ。禅、そして禅宗は、天台、真言のように顕教、密教の区別なく、大乗仏教の一翼にあり、「座禅」することが唯一の救済と修行であると唱えた。

禅はまた、茶の湯を〝道〟として嗜む様式を創始した。茶道は、寺院、とくに禅宗寺院、禅僧によってはじめられ、いうなれば精神の「渇いた」人びとを癒し、浸透していった。

一定の秩序によって進められる精緻なおこないは、約束事を踏み外すことを許さない緊張のうちに安らぎをもたらした。

茶室には、ひと枝の一輪を花園と森を見立てる象徴の美を供する「華道」の道が開かれた。

芸能は、その文化の多くの部分にかかわりながら、これも揺るぎない位置を獲得していった。文化は、ひとつの分野のみに存在するのではなく、全人的な実在を表現していくのだ。

猿楽、能を愛する者が、茶をたしなみ、花を愛で、そして時代を生きたのである。

別の視座から眺望すれば、後醍醐は、彼の意図した〝趣味〟を遥かに越えて、彼自身を文化英雄に仕立て上げた。敗北した後醍醐に、人びとが示す親愛、共感は、やがて戦乱に明け暮れることになる室町時代というあたらしい価値観をはらんだ時代の産物でもあった。繰り返すことになるが、それは彼自身の思想性や意図するところではなかった。底辺の拡大した文化と「芸能の力」がそこに潜んでいる。楽の演奏や茶事、華道、そして宗教もまた、「芸の道」の一様式なのである。練達と熟練は、道を楽しむ方途であり、そこでの禁欲性こそ文化を支えるものなのである。

おなじ時代には日蓮とその宗派日蓮宗が勃興している。日蓮法華教《ほけきょう》と通称された。広く知られているように、鎌倉時代に日本人の日蓮上人が創始した仏教宗派である。日蓮宗と禅宗は、すでに述べてきた戦乱と混迷の世に成立しながら、それぞれ支持者、信者を別にしている。

禅宗は、公家、士分など国人《こくにん》とされた人士、また、国衙《こくが》の役人、在地領主などを主たる信者にしているが、日蓮宗は商人、職人、そして多くの農業民、百姓《ひゃくせい》、さらに漁民、山間民などが信者に加わっていた。

日蓮宗は、創始された鎌倉時代から遠く時代を経た江戸時代末期から昭和までの近代に強固な宗派として勢力を持った。多くは新興宗教の色合いを深めていたが、信者たちの精神性は、ある意味では大乗、小乗といった日本仏教の思想を逸脱した集団性や組織論を発揮している（第1章　注2）。

（3）時は、応仁、〝戦国〟騒乱の時節……花巻清水寺

京都聖護院は、天台宗系の修験宗門で、おなじ天台修験宗の当山派とは一線を画している。現代の花巻太田の清水寺は、天台宗門を名乗っていて、聖護院派に属し、本山を、滋賀県大津市の園城寺《おんじょうじ》としている。

花巻清水寺は、宗派としての教義仏教とは一線を画している。宗門に帰属しているが、天台宗の〝寺院〟ではない。

現在の住職である清水光文師は「修験です」と明確に自らを主張している。修験道が、明治初期、神仏分離の時代に天台宗に帰属した歴史を現代にまでひき受けているといえる。明治初年の時代、修験宗は禁止され、宗派として存在しないことになっているのだ。

そして、応仁の乱（応仁元～文明九《一四六七～七七》年）から織豊時代を経て江戸時代に至る激動の歴史を、花巻清水寺は、ようやく組織化の進んだ講中《こうじゅう》とともに、静かに的確に刻んでいくことになる。

花巻清水寺は、聖水とそれを発する里山を信仰の基盤としている。

全国に散在する〝清水寺〟の三大寺院のひとつになっているが、その信仰の根幹には、山と森への原初的な信仰が存在していて、山と水を結ぶ地域社会の人びとが支持し崇敬して協賛してきた歴史がある。

近世、宗派仏教である天台の浸潤にまかせて、修験宗の一派として宗門にその身を寄せることになったが、地域、そして講中の人びとには、修験・山伏の喧伝より以前に、山と水への信仰が強く所在していたのだ（ノート3）。

江戸時代の中、後期、花巻清水寺は整備された。現在のひそやかで荘厳な境内の配置と建造物の原形は、江戸期に完成されたものといえる。しかし、火事などによる災害にたびたび襲われ、昭和に至るまで、何度か、改築がおこなわれている。山内の配置と建物には最新の心配りがされて、信仰の質実が変化した現在でも静かな威厳を保っている。

観音堂には、十一面観音像が安置され「清水護寺」の額が掲げられている。最後の南部藩主、南部利剛《としひさ》の書である。

十一面観音像は、慈覚大師の作と伝えられていて、胎内には秘仏であり本尊である「一寸八分」の観音像が納められている。最後の開帳は、昭和三（一九二八）年だった。

その前年にあたる昭和二（一九二七）年、十一面観音像の安座式が挙行され、白衣の女性巡礼者二千五百名が行列行進をおこなったと伝えられている。

太田清水寺でもっともよく知られ、そのたたずまいを愛でられているのが二層の山門である。

腐朽がはげしく倒壊の危険にあった山門は、昭和初年、改築工事をおこなった。近隣をはじめ、当国三十三所霊場の信者、講中などが寄り集まって、寄進、協力をした。昭和三（一九二八）年に落慶法要がおこなわれた。札所は『補陀落三十三か所』と称して、花巻近隣に伝播している。太田清水寺は、その一番目とされていて巡礼者たちの崇敬を集めている。

一層は仁王門である。二層には、当国三十三所の観音像が納められている。最後の改修は平成一九（二〇〇七）年で、屋根の銅版葺きをおこなっている。

明治元（一八六八）年、神仏分離令が発せられ、急激に廃仏毀釈運動が全国規模で活発化する。明治五（一八七二）年、教部省が設置され、修験宗の廃止が決まっている。修験者は、天台、真言のいずれかの宗派に帰属しなければならなくなった。

明治五（一八七三）年以降、神道は、一直線に国教化の道を歩み、宗派仏教はかろうじて生存の方途を与えられたが、修験宗は民俗に身を置いて、神道、仏教とは距離を隔てた存在になった。

その激動のもとでも花巻太田の清水寺は、従来にも増して着実な活動をおこなっていた。

清水寺の参詣人、宿泊者、道者の動向は、詳しい記録が存在している(注3)。

明治元年の神仏分離令、そして廃仏毀釈運動の全国的な激化などによって、花巻太田の清水寺も少なからず影響を被ったとおもわれる。

慶応元（一八六五）年には千百人の道者、宿泊巡礼者の参詣を仰いでいたが、明治元年、明治四年には激減している。しかし、不屈の回復をみせたのは明治九年で、慶応元年の水準にもどしている。

太田清水寺の境内には、湧水の井戸があり、慈眼水堂と名付けられ目病みに効能があるといわれている。信奉者も多くあって、聖水をいただく人びとが来訪する。眼病は、農業だけでなく、山林や漁労生活者にとっては、年齢とともに深刻な災いをもたらしている。清浄な水は、人びとに薬効を与えるという説得力を持ちうるのであろう。聖水で目洗いすることが、年齢を重ねた眼精疲労の鬱屈を晴らす手立てにもなっているのであろう。境内には、他に二か所の湧水があり、人びとは折に触れて採取に訪ねてくる。地域の人びとと清水寺との絆が成りたっている。

太田清水寺は、旧南部藩の和賀《わが》、稗貫、紫波の旧三郡を中心に、南部藩沿岸の大船渡など、さらに旧伊達藩栗原郡などが信仰圏になっている。

江戸期から現代まで寺院として維持し、守護する活動は、たゆまず続けられている。

太田清水寺は、ヤマがもたらす水への信仰、そして目薬としての湧水慈眼水堂といったヤマと森への原初的で力強い信仰が支えてきた。修験道以前の民俗的思想がすべてに優先して、清水信仰を支えてきたのだ。

ノート4

## 東北の列藩・伊達、佐竹・久保田、庄内・米沢、そして南部

坂上田村麻呂による東北討伐の時代に蒼氓（国民）として承認された蝦夷・俘囚は、すでに六〇〇年代から七〇〇年代には、全国各地に派遣、分散されていた。田村麻呂の東北討伐に先駆けてのことだった。文字通り「俘囚」であった。その後、中世になると磐石の行政体制に支配されるようになる。

南部、伊達、佐竹・久保田の諸藩は、北部東北に強力な体制を形成し、東北全体を統治した。その統治組織は、それぞれの藩がそれぞれの地域性を堅持して、徳川幕藩体制の終焉まで維持された。

各藩は、もともと北東北を出自にしているわけではなく、それぞれが出身の在地から福島・会津を通過して定着している。さまざまな意味合いで、福島・会津は北東北への通過点だった。各藩は、こうした地政上の条件を利して、東北の歴史文化を育んできたのだ。

## （4）伊達氏とその藩

伊達氏は、源頼朝の要請を受けて奥州藤原四代の泰衡《やすひら》討伐の遠征に派遣され、勲功を収めた。平安最末期の文治五（一一八九）年だった。その論功によって、頼朝から現在の県庁所在地である福島市の旧信夫《しのぶ》郡に領地を賜った。伊達朝宗という姓名を与えられ、頼朝の非嫡の娘と結ばれた。伊達は、武士の世である鎌倉時代に決定的な登場をしたのだ。同時に、現在の福島県各地に割拠していた一門は〝伊達〟を名乗って東北の大勢力として位置することになった。十家に及ぶ一門であった。

その後、織田・豊臣時代、当主は十七代目政宗になった。この織豊時代こそ、伊達家にとって吉凶が交錯する重要な〝時節〟だった。

秀吉に疎まれた政宗は、曲折の後、仙台に赴き定着する。関白に疎まれた「負」の環境を「正」に置き換えたのだ。仙台開城は、慶長八（一六〇三）年だった。

仙台伊達は、幕末の戊辰戦争に際して会津が提唱した奥羽越列藩同盟の核心的役割を担った。伊達は、会津救済を企てた、といってもいいのだ。

会津に加担したかのような伊達の働きは、しかし藩内に瑕疵を残した。多くの伊達藩士が北海道へ逃亡したのだ。結果、伊達家は北海道にも存在した。北海道・伊達市に棲みついた藩士たちは、開拓団として農業に勤しんだ。戊辰戦争をきっかけに、幕末から明治にかけて、仙台伊達は北海道の全域に飛び地として領地を拡大していた。

平安末期以来、鎌倉時代を生きた武人の精神は絶えてはいなかった。また、本来の出自である福島・信夫、会津を忘れることはなかった。秀吉、家康は仙台に対してこのような精神性を見逃すことなく、警戒心を解くことはなかった。秀吉、家康は、ともに政宗の庶長子の伊達秀宗を人質として預かり、やがては四国愛媛・宇和島に伊達十万石を建てている。伊達権力の分散を画していたといえる。

仙台伊達は、豊臣・家康によるいうなれば厳しい監視の時代を耐え抜いて、北東北では並ぶもののない権力と信望を獲得していった。仙台伊達は、独特の地方性を発揮して、それは現代に至っても受け継がれている。

### (5) 佐竹氏・久保田氏と秋田藩

佐竹氏は、現在の秋田県秋田市に城閣を構え、日本海側に勢力を誇示していた。近世に勢力を誇ったその城址の一帯は、現在も地域の人びとに尊ばれている。

佐竹氏は、もともと常陸太田、現在の水戸市に清和源氏の流れを汲む常陸源氏として存在していた。すでに平安末期には、福島北部の通称奥七郡といわれた地域で勢力を誇示し、支配体制を敷いていた。当時、兵員は五十四万五千余を擁していたと伝えられている。

鎌倉時代には、平氏に与して頼朝に対決し、あるいは急激に勢力を伸ばしてきた伊達政宗と闘ったりした。江戸幕府が成立する関ヶ原の戦いが予感される時代だった。徳川をはじめ、上杉、前田、島津、そして豊臣などの主たる武将たちに引けを取らない豪族としての権勢を誇っていた。

しかし、地方豪族たちの集合体である奥七郡内部では統一を欠き、やがて佐竹家としての力量は、衰えてきた。関ヶ原の戦いにも、奥七郡内部の意見対立が露呈してまとまらず、中立を保って、戦いに参画できなかった。

その二年後、慶長七(一六〇二)年、佐竹家は、家康の膝下に赴いた。しかし、徳川家康は、五十五万もの兵員を無傷のまま温存している佐竹一党に警戒を緩めず、出羽・秋田・仙北への移封を企てた。佐竹家の秋田の時代がはじまったのだ。結果としては、それが佐竹家存続の命運を助け、佐竹一門の繁栄を呼ぶことになった。

徳川体制の江戸期、元禄時代、佐竹家は、後継者を失って、一門の豪族を立て久保田藩を名乗った。その後、幕末から明治にかけて佐竹藩の名跡をとりもどしている。

## （6）庄内藩・米沢藩・南部藩

庄内と米沢の両藩は、現在の山形県を領有していた。

### ［庄内藩］

庄内藩は鶴岡市を中心に庄内地方、米沢藩は出羽・米沢地方を領して住み分けていた。

庄内は酒井家が、米沢は上杉家が概ね藩主を務めた。

庄内藩は、関ヶ原の戦後、移転してきた。酒井忠勝が藩主だった。酒井家は、もともと信濃・松代藩から転じてきた。江戸期を通して幕府による転封がなかった稀有な藩である。危機的な状況はたびたびあったのだが、免れてきた。ひとえに藩士、そして庄内地場に所在していた領民たちの強い地域愛に支えられてきた。

天保時代、全国的な飢饉に際して、そのもっとも過酷だったといわれる四年、庄内藩も存亡にかかわる危機に襲われる。死骸の肉を食うというような末期的状況が各地に起こっていた。

庄内は、藩政の大改革を企て、ようやく危機を脱した。その後、天保末期に至って、幕府は「三方領地替」を提起した。しかし領民たちは、団結してこの施策を拒み、地域と自らの立場を死守した。領民たちは、天保一二（一八四一）年、江戸幕府に直訴した。まさに命を賭けた所業だった。

三方領地替は、一部の幕府役人たちの理解によって免れたが、かわりに、当時としては大事業だった印旛沼掘割工事を申しつけられた。領民たちは、過酷な難事を克服して庄内藩を護り通した。

一八六八年、庄内藩は、戊辰戦争に際して、奥羽越列藩同盟の中心的な存在になり、新政府軍に抵抗した。背後には、山林王と称された地域の有力者で素封家「本間」の存在があった。

### [米沢藩]

米沢藩は伊達家の拠点地のひとつだった旧会津、福島市信夫郡を出自にしている。関ヶ原の戦後、米沢地方に移封された。すでに述べた伊達十家の一角を担っていたといえるのだ。出羽・米沢への移封は、狭小な城下町に多くの家臣を擁して、限りなく困難な藩政を突き付けられた。

上杉景勝《かげかつ》、直江兼続《かねつぐ》というふたりの奮闘によって、出羽・米沢転封後の一六〇〇年代の貧困と困苦を凌いできた。

明和四（一七六七）年、鷹山が上杉家の養子になり家督を得て藩政に登場し米沢藩は劇的に変貌する。上杉鷹山の大倹約政策がはじまったのだ。家臣団の制度的改革、財政の立て直し、地場産業の振興などに加えて、教育、そして当時としては画期的な福祉政策などを推進した。高齢に達した家臣、領民に区別なく「一人扶持《いちにんぶち》」を与える施策だ。教育機関の充実とともに「米沢」に棲むことの意義を与えたのだ。

「大倹約」は引き締めるだけではなく、いうなれば藩政の総合化を企図していたのだ。それは、領民たちの賛意を獲得した。苦しくとも藩に協力するという気風は、揺るぎないものになった。

一八六八年、戊辰戦争において、米沢藩も奥羽越列藩同盟の中心的存在として活躍した。すでに上杉鷹山の時代は遥かな過去になっていたが、その精神は家中、領民のものになっていたのだ。敗北とともに明治を迎えても、人びとの米沢への強烈な帰属意識は、失われることはなかった。

### [南部藩]

現在の岩手県は、南部藩として存在していた。南部藩は、江戸時代初期からその末期まで、岩手県全域と宮城、北海道（松前）、秋田などの一部を領有していた。三陸沿岸地方から、内陸・秋田、山形の一部に及ぶ広大な地域を治めていたのだ。

南部一族は、甲斐の巨摩郡、現在の山梨県南部町に清和源氏の流れを祖として、登場している。古くは、甲斐源氏と称された。その後、平安時代の末期に会津に現れている。

文治五（一一八九）年、奥州平泉への攻撃に加担し、南北朝の時代から大勢力化している。しかし鎌倉時代末期、南部は、政権幕府とのやりとりに統一性を欠き、南部家自体の存在基盤が揺らいていた。

やがて一三〇〇年代、南北朝の戦乱の時代に勢力を蓄え、南部は福島を離れ、北東北に現れ、地盤を確立するに至った。伝説的な存在である南部三郎光行の所業などが語り継がれている。ようやく甲斐源氏と称された南部家の東北統治時代がはじまったのだ。

江戸前期には南部盛岡藩が成立している。初代藩祖は、南部信直だった。江戸前期の当初は陸奥糠部《ぬかぶ》郡に至る。この時代に「九ケ部四門制《くかのぶしかどのせい》」が敷かれ、南部家の勢力が青森南部から岩手全域に及んだ。四門《しかど》とは、この地方の東西南北に「門」が設えられたことに因んでおり、現在も残る地名である一戸《いちのへ》から九戸《くのへ》までの呼称は、南部勢力が浸潤していった過程によって名乗られたとも伝えられている。

その後、盛岡城を築き、城下町を形成した。花巻は、その時代、南部盛岡藩の支配下にあった。

## （7）東北列藩の中・近世

大化の改新、その後の坂上田村麻呂の東征によって北東北は、京都、そして鎌倉の行政支配力のもとに社会、政治体制を形成されてきた。

平安末期から鎌倉時代にかけて、ほとんどの豪族勢力、あるいは武士・大名勢力が東北への定着をはたしている。律令皇権体制から武家が形成する幕府権力の時代へと移っていったのだ。北東北の人びとにとっては、いかにもゆっくりとではあった。しかし人びとは、そうした時代の変遷をもっとも強く烈しく目の当たりしたともいえるのである。

米作は、縄文時代晩期からはじまっていたと、最近の研究は報告している。大化の改新以降の土地改革を、北東北の農民は切実に理解し、受け入れてきた。鎌倉から室町の時代、北東北は、日本でもっとも米作生産力のある地方になった（第1章 注18）。

米農業が生産地への強いこだわりを生み、農民のあり方を規定してきた。農地は、替え難い郷土になったのだ。農民たちは、鎌倉以降、幕府大名たちの行政支配を受けてきたが、しかし彼らの根底には、自らの土地と米作を守る、真摯で真剣な営みがあった。すべては土地とともに生きる勤しみに支えられていた。

ときに、幕閣や大名たちの無理解や理不尽を止《とど》めて自らの正当を主張した。それが、この地方の幕藩体制を維持することに繋がった。すでにみてきたように、織豊時代、あるいは幕末戊辰戦争など、時代の節目を護ってきたのは、農業民たちだった。

彼らは、彼らの生活様式、宗教感覚、共同体に生きてきたのだ。列藩各藩に権力を発揮した者たちは、地域の人びとの「地場の思想」に乗って、権力を行使していたのだ。

## 3　地域からの発信

「早池峰神楽」という呼称は、「岳神楽」と「大償神楽」とを総称している。正確には昭和五八（一九八三）年に大迫町が「町史」をまとめるにあたって、岳・大償の神楽集団を「早池峰神楽」と総称することを提唱し、普遍化したものだ。岳神楽、大償神楽、という呼称は、早池峰神楽という総称のもとに、唱えられた。

すでに述べてきたように岳、大償のそれぞれは「親神楽」として大迫町に所在し、現在の花巻市、そして盛岡市、北上市など広範な地域に「弟子神楽」あるいは「弟子の弟子・孫神楽」を育んでいる。

岳、大償はもとより、地域に散在する弟子座は〝口伝〟によって伝承されている。早池峰神楽を標榜する「座」のすべては口承によっている。舞の身体的な技術、演目の成りたちなど、その精神性、信仰のあり方にいたるまで、すべてにわたって口承で伝えられている。

しかし、その口伝を補足するかのように、いくつかの〝文献〟を見出すことができる。

「石鳩岡《いしはとおか》神楽」は、現在の花巻市小山田に所在する岳神楽の弟子座である。また、大償神楽は、すでに触れてきたように流派の〝親〟である。

ふたつの流派のそれぞれに、文書が残されている。岳流では〝文書〟を残すことはしないにも関わらず、弟子である石鳩岡座には、あたかも神楽びとへの「手引き」のような形で残っている。また、大償には、すでに記述した早池峰神楽の発見者である本田安次の来訪時に整えられ、あるいはそれ以後に書き起こされ、あるいは記述された文書がある。間接的な意味を含めて、本田来訪がもたらした文献といえる。

（1）弟子座からの発現

早池峰岳神楽の弟子座のひとつが東和町小山田石鳩岡にある。この座は、現代に至って岳流の弟子として活発な活動をしている。

岳流石鳩岡神楽座には、同伴する菅原盛一郎（明治三九～昭和四九《一九〇六～一九七四》年）がいた。菅原は石鳩岡座の在地である小山田に生れ、戦中は技術者として台湾の高雄で過ごした。帰国したその後は、ひたすら地域に生きた。町会議員を昭和二二年から十二年間にわたって務め、町村の各戸に有線放送を配備した。昭和四四（一九六九）年、菅原は一書を著している。『日本之芸能　早池峰流山伏神楽』と題されている（注5）。菅原は、在地の神楽である石鳩岡座と同伴していた。生れ在所の人間として当然といえば当然だが、石鳩岡神楽と岳流を慈しんでいた。

昭和三七（一九六二）年、大阪で開かれた東北物産展に石鳩岡座が招かれ上演した。その折、同行していた菅原は、観客のひとりから質問を受けた。

「岳神楽は五拍子、大償神楽は七拍子、というのはどういうことか？」菅原は、答えられなかった。帰郷後、神楽文献の渉猟と〝探索〟がはじまった。

まず菅原が取り組んだのは、口承で伝えられている詞章、「舎文《しゃもん》・言い立て」を文字化することだった。訛りと当て込みで意味不明な朗誦にまかせていた舎文を、理解可能な文章へ導いた。しかも、大償系、岳系、両流の文章化に挑んだ。もとより、ふたつの流派を比較、検索する意図があった。これだけでも容易な仕事ではなかった。

大阪公演の翌年、昭和三八（一九六三）年、菅原は『山伏神楽早池峰岳流石鳩岡神楽新編神楽読本』を上梓し、昭和四〇（一九六五）年には『早池峰岳流新編神謡誌』を発刊している。これら二冊は、現在も石鳩岡座の「舎文・言い立て」の手引きになっている。

広く知られている菅原の著書『日本之芸能 早池峰流 山伏神楽』は、前二冊をまとめ、拡充した内容になっている。

この著は、大きく二部構成になっている。前半は、彼の在所であり同伴した小山田石鳩岡神楽座を視座の中心に、岳流の親座である「岳神楽」はもとより、千刈田《せんがりだ》、胡四王、丹内《たんない》などの弟子座、孫弟子座を視野に納めて詳述している。

後半は『日本之芸能 大償野口流山伏神楽』と題し〝野口斎部《いんべ》流秘伝神楽本記〟と副題がついて「大償流」を詳述している。大償流をはじめ、四反田《したんだ》神楽、晴山神楽などに触れ、岳流との比較、論及がおこなわれている。

菅原にこうした採集と収集、論及を促した動機は、大阪での観客からの質問に加えて、本田安次の仕事が念頭にあったに違いない。地場からの自己主張が、彼にとって必要不可欠で切実な問題意識だったのだ。本田の仕事は、刺激であり突き動かす動機にもなったのだ。

岳流の弟子である石鳩岡座と同伴していた菅原にとって、「岳流」をより深く理解し、石鳩岡の活動を保証する論理的背景をつかむことが、喫緊の問題意識だったことは想像に難くない。そしてやがて、調査が進むにつれて、大償流を掌握しなければならない地点に至る。

この書が時代を越えて無視できないのは、読める「舎文・言い立て」を書き記していることとともに、神楽を演じ、関わる人びと以外にも、手に取ることを可能にしたことにある。

また、一定の教育を施されて入座する現代の若い神楽びとへの説得力は、計り知れないものがある。すでに、彼らの知的欲求に応えることができる「書き残された神楽遺文」になっている。

## （2）〝大償〟から『神楽とともに』

大償に佐々木隆という舞い手がいる。名手と評判の人物だ。その舞の「キレの良さ」、身体造形の見事さは、誰もが認めている。舞の手立ては、もはや神楽の領域を離れて、固有の「美技」を確立しているともいえる。彼がまとめた一書『神楽とともに』は、示唆に富んでいる（注6）。

佐々木は、当初、神楽について文章で表現することの難しさに戸惑った。しかし『孫への伝言』という語らいにしたら、祖父から父から、稽古と、神楽生活を通じて叩き込まれた『神楽への思い』が、走馬灯のように甦ってきた」と、この書を書き記す動機と意図を述懐している。

幼少の頃からの、主として祖父による神楽稽古とその生活を、つぶさに語っている。同時に、祖父をはじめ流派の人びとに語り伝えられた「大償神楽」の〝創始と歴史譚〟は、他の追随を許さないものがある。芸能の伝承のあり方を伝えて、貴重である。

大償神楽座に伝えられた伝承記録の多くは焼失したといわれているが、田中神社の神主に伝授された『神楽秘伝書』（長享二《一四八八》年）が残っている。岳神楽には文禄四（一五九五）年の銘がある権現頭（獅子頭）がある。「これらをもって神楽の起源とするには無理がある」が「能大成以前の古い形態を伝承する稀に見る芸能（佐々木、前掲書）」と評価され、昭和五一（一九七六）年、国（文化庁）指定民俗文化財に選定されている。文化庁による重文指定は、この年、規定を改変され、早池峰神楽はその最初の指定になった。

「大償と岳神楽は山伏によって語り、演じ継がれてきたのでご『山伏神楽』といわれてきたが、早池峰信仰の広がりの中で、共に奉納神楽として伝えられてきたことから二つを総称して『早池峰神楽』（国指定の名称）と呼ばれている」と簡潔、簡明に説明している（『早池峰神楽　国が名付けた「大償・岳」の総称』）。

大償と岳を、本書では、すでに双分の関係と位置付ける蓋然性について指摘している。佐々木は、さらに、大償、岳を〝国〟が早池峰神楽と総称していること、そして、それぞれを〝山伏神楽〟と称する、と断定している。「山伏が語り、演じ」てきた「神楽」と断定していることには、異論もあるはずだ。

「大償神楽の山の神の面は口を開いた『阿＝あ』に対し、岳の面は口を閉じた『吽＝うん』というように表裏一体の関係にある。そこで兄弟神楽ともいわれている。」

大償と岳神楽を〝阿吽〟の関係と述べる佐々木隆の所見は、すでに多くの人びとによって広く語られていることだ。佐々木は加えて「表裏一体」「兄弟神楽」などと両流を位置付け、注目すべきは、大償に「表舞」が伝承され、岳流には「裏舞」が伝わっていて、大償が「兄」であり、岳が「弟」であると記している。岳・大償の内実を語って、自身の存在証明ともいうべき主張にしている。「真言を唱え、印を結び、九字を切り、六三を踏む厳しい修験の道を極めた時代のこと」なので、「今の私たちが、容易に理解できることではない」とも述懐している。

また、おなじ段では、烈しい怒気を含んだ見解が述べられている。岩波映画社の記録映画『早池峰の賦』で、すでに先代となった大償、岳の代表が、その現役時代、阿吽の「阿」が先か、それとも「吽」か、といいあっている場面が編集されている。「まったく、恥ずかしい限りである。出来ることなら、あの場面は、削除して欲しいとさえ思う」と怒っている。

（3）五拍子、七拍子

岳流は「弟」という大償神楽の重鎮である佐々木隆は、双方の違いを、どう認識しているのだろうか。

「大償神楽は七拍子で、舞いが優雅。岳神楽は五拍子で勇壮」といわれる。早池峰神楽を紹介する各種の本にも、そう記述されている。この論議を、まず受け入れている。その上で、「だが、その根拠ははっきりしない。なぜ七拍子なのか、五拍子なのか——子どものときから大償神楽に携わってきた私も、分からないまま過ごしてきた」。率直である。そして、二十代の後半に至って、佐々木家の本家で神楽が催された折に、その「翁舞」の太鼓を「楽屋に潜んで」聞いていたとき、「五拍子、七拍子はこれだ！ 百パーセント間違いない」と「啓示」とでもいうような劇的体験を持った。

「単調な拍子が七つ続いて変調が入り、『七つ・変調・七つ・変調』を繰り返しているのである。『七拍子とは、このことか』そう思うと、体の震えが止まらなかった」。続けて「七拍子の『七の数』を掴むタイミングは太鼓の音。縁絡《ふちがら》みは全体のリズムを保ちながら音を繋ぐのが役目。音にも強弱があって、強は力強く右手で打つ。これを『力撥《ばち》』という。これに対し弱く打ち返す音が『返し撥』。」

佐々木の言説は早池峰神楽と太鼓打ちの所作に関わっている。読み解きを求められているといえる。佐々木の記述に従って、本文を参照しながら読み解くことにする。

縁絡み……早池峰神楽の太鼓の胴と皮は、紐で絞められている。その胴を覆う大振り。

　革の縁を叩くことをいっている。間をとっている。

　演奏の変わり目に、舞い手の所作を観察しながら、縁を打って、間を整える。

ときには舞い手が装束を変えるときに、縁を打って、間をとることもある。

力　撥……右手の撥で、力強く打つ。早池峰太鼓の特徴的な烈しい格調と韻律が発揮される。

返し撥……主として左手の撥で、力撥に追従し、あるいは、間をとり次の力撥を誘導する。曲の流れを創りだす。

打ち手（胴鼓《どうこ》）は、舞い手の所作、仕草を捉え、その動きに従い、ときに舞の速度を溜めこみ、曲想を高める。

返し撥は、胴鼓の演出力を験《ため》し、曲全体を支配する手立てになる。

なお、佐々木が「変調」といっているのは、太鼓打ちが太鼓とともに「掛け声」をかけるが、これは「神歌」であり、聞き取りにくい「意味不明」の詞章で、これとともに太鼓は、変調すると、佐々木は記している。

早池峰神楽では、太鼓打ちが詞章を唱え、ときには舞い手と問答をしたりする。太鼓が唱える「神歌」は、たしかに観客には聞き取りにくいが、意味はけして不明ではなく、上演の場所、たとえば個人の家（宿神楽）、あるいは祭礼の場（寺社の舞台）などによって、それぞれに意味が込められている。繰り返すが、太鼓の響きのなかでおこなわれる胴鼓による詞章は、観客には聞き取りにくいことはたしかだ。

佐々木隆は、七拍子と広く伝えられている大償流の舞曲に対して、勇壮で荒舞と呼ばれる烈しい曲想を得意とする岳流について、自らの流派との比較を述べている。

岳流の上演の折、「『翁の舞』の囃子を確かめなければ――」の一念で「楽屋裏の暗がりに潜んだ。」そして「拍子とリズムを追った。」「思った通り、単調な拍子が五つ刻まれて変調が加わり『五つ・変調・五つ・変調』を繰り返しているではないか――」「『七拍子、五拍子はこれだ！』そう確信した。でも自ら公表するのを控え、五十余年もの間、私の胸だけに収めてきた」

（4）ネギは禰宜？ 葱？

佐々木隆は半世紀の間、胸に秘めていた「七拍子と五拍子」を、あるとき、述懐することになる。彼が参加したある神楽上演会でのことだったと吐露している。

いくつかの疑問が、ただちに襲ってくる。なぜ、五十年も秘さなければならなかったのか。なぜ、上演会での観客の質問に応えて、いかにも容易に明らかにしたのか。

ひとつには、佐々木隆という神楽集団における存在が、大きく、しかも重鎮として位置付けられるようになり、その発言の重みが変わってきた、聞く耳を持つ者たちが多数になった、ということがあるのだろう。そして、もうひとつは、大償流神楽の〝特質〟とでもいう流派のあり方に関わっているのではないか。

佐々木隆は、「馬鹿でも総領じいちゃ孫だ」と周囲から尊ばれながら育った。〝一族の総領の孫〟というほどの意味であろう。身体は弱く、ひ弱だったと記している（『私の生い立ち　神楽拍子の中での暮らし』）。

「たがし（隆）、猿の踊りっこ教えるからな」と、祖父は孫に稽古をはじめた。『三番叟《さんばそう》』だ、と「知らされたのは余程経って」からだった。「神楽びとの身体作りに舞わされることも分かった」という。

「一九三八（昭和一三）年の暮れ、大償神社のお年越し祭（旧暦一二月一五日）が初舞台だった。大償神社の別当家で、おなじ佐々木姓の「大本家」（次項詳述）での宿神楽だった。

三番叟のあとは『鶏舞』を稽古した（「けいこ法『口伝』基本会得の家訓で習う」）。

祖父の発する口太鼓（口拍子ともいった）に「身の振り」をつけて習得した。祖父がまず教え、それから神楽仲間の稽古に参加したようだ。

昭和一〇年過ぎの当時、稽古はほぼ毎晩だった。その後、神楽仲間の家で輪番となり、週に二、三回、集まっておこなうようになった。

「三番叟」にはじまって「鶏舞」に進む稽古と継承は、岳流を含め、多くの神楽びとが告白している。幼年時の身軽な身体性を駆使した動きを発揮する「三番叟」からはじめられ、禁欲的で象徴化された厳しい身体性を求められる「鶏舞」へ進む道筋は、歴史に培われた伝承法といえるのだ。

「小学生の頃」宿神楽に赴いた折「さあネギ殿、たくさんおあがり」と食事が供された。なぜ「ネギ(葱?)なのか、とても不思議だった」が、もてなしが嬉しく、理由を聞くこともなく食事会に臨んだ。「それが野菜の葱ではなく、神官の禰宜と知ったのは、ずっと後になってから」のことだった。「大償神社の別当家の一族に生れた私は、後継ぎとして育てられた。幼いとはいえ『禰宜殿』なのである。」

その後、「『八幡舞』から暫くして番楽系の種目に進み、やがて荒舞系から神舞・女舞という具合に習得(『幼いころ 禰宜と葱を勘違い』)」してきたという。上演時には、数番の出演を受け持っていた。

祖父が手解きし、父は実演の場で演者として〝芸〟の凄さ、厳しさを見せつけて、佐々木隆という神楽びとを養い育ててきたことが、この書の隅々に行き渡っていて、理解を促している。祖父、父、本人と、ここですでに三代にわたる伝承の実際が語られている。伝承は、ひとつの家族のなかで、おこなわれてきたのだ。幼少の頃から、祖父や父のあり方に尊敬と崇敬を以て接している(注4)。

現代、週に二、三度の合同稽古が神楽びとの家を輪番で巡っておこなわれていることは、すでに記した。佐々木の述懐によって、古くからの伝承は、継承された大家族の内でおこなわれていたことが窺える。

大償神楽の様式性は、意識されることなく伝承され、そこに生きることになんの疑義を持つことなく受け入れられている。その生き方は、美しいとさえいえる。と同時に、佐々木隆という演者の演技には、彼自身が養った〝個性〟もまた、見出すことができる。佐々木隆の演技は、すっきりとした上半身、腕、ならびに手の仕草の切れの良さなど、神楽の様式性を越えた美的感覚に満ちている。その良し悪しを問うことは論外として、神楽びと・佐々木隆の存在感を見出すことは、充分にできる。

佐々木隆は伝統と信仰を守り続ける平泉・毛越寺の「延年の舞」に言及し、称賛している。また、大償流ばかりではなく、岳流の弟子などにも心を配り、出来る限り観賞し、理解したいと記している（『暗示と道具先人の知恵と工夫』）。自らを真言当山派湯殿山・早池峰山系山伏神楽の継承者と自認し、祖父や父から「神楽はタマス（魂）が踊るのだぞ」と手解きを受けた、と述べている（『神楽魂　今に甦る』）。タマスは「目には見えない霊魂のこと」と理解し、その霊魂に導かれて、無意識のうちに「舞」ができあがるのだと感得している。

佐々木隆の記述には、哲学的で信仰心に満ちた人物と拝察できる叙述を、随所に見出すことができる。「神楽は『神に奉納、大衆に奉仕』するもの、『祈る心　雑念の世界から専念の境地へ』至るのだ」という主張は、精神性を語ってあまりある。洗練された哲学と精神をたたえている。

しかし、視点を変えると、奉仕される大衆にとっての（早池峰）山とそこから発する水、すなわち米作のための灌漑用水の恵みを恃む現世利益に基づく精霊崇拝（アニミズム）を見出すことはできない。近年、〝精霊〟や〝霊魂〟の本来を見直す高度なアニミズムが孕む根源的な信仰性の深さを論ずる視座を多く発見することができる（第1章 注28）。

祖父が伝えたタマス、すなわち霊魂に導かれて〝踊る〟ことと、佐々木が述べる精霊や霊魂への信仰には、微妙な差異がある。祖父の語った〝タマス〟は、水に宿る精霊セオリツヒメであり、佐々木のいう「神に奉納、大衆に奉仕」する霊魂とは違うのではないか。佐々木は、祖父のことばから、より普遍的な哲学的止揚をはかっているのではないだろうか。彼の信仰心は、農業に水をもたらす早池峰山信仰を遥かに離れて、より一般的な宗教と信仰といった所在地を発見している、といえる。

（5）大本家・大償神社別当家に伝わる文書

手元にあるもう一冊について述べなければならない。

佐々木隆が触れた大本家、大償神社別当家に残された一巻だ。

『古文書解読　神楽問答』と題されている。

本文は毛筆で書かれた和綴の体裁で、「天保一四（一八四三）年三月写之」と裏表紙に表記がある。段落毎に引用され、それぞれに現代文の読み下しが付き、懇切な解説がなされている。本文の発行者とは別に編集の任を担ったのは佐々木敏江だと記されている（注5）。

本書は、大きく二部構成になっている。「第一部　神と仏」「第二部　神楽」と構成されている。

さらに編者による『はじめに』の項があって、本書の成り立ちが詳細に記されている。通常の「まえがき」を逸脱し、本書の成り立ちとともに詳細な解説になっている。

「はじめに」には、この書が祖父佐々木直人の収集した古文書であることを伝えている。そして、おなじ内川目村の田中神社宮司・山陰廣司宅から「昭和二十二（一九四七）年の夏頃」発見されたものと同一だ、と記している。

また、この項にはもうひとつの挿話が記述されている。大償神社の別当職の佐々木裕家の祖父佐々木直人は本田安次が大償へ調査に来た昭和六(一九三一)年、いくつかの文献を整えて迎えている。そのうちの一書が『野口三部書』で、この『神楽問答』は、そのひとつであったと記している。

『野口三部書』は、冒頭の「はじめに」によれば、『神楽問答』『神楽風物』『神楽舞手』の三書だったであろうと推察されている。『神楽問答』以外の二書は発見できなかったと編者は述べている(注6)。

野口法印は、もともと和賀郡晴山の出身と伝えられ、大償系の早池峰神楽の在所と伝えられている。大償流を親とする弟子神楽ということになる。

『神楽問答』は「若蔵」が問い「大和翁」が答えるという形式で一巻になっている。

第一部『神と仏』の本文に、編者は『唐と日本』『釈迦とは』『神と仏』『修験道』『穢れ』『五常五倫』『仏道の戒律』『神道から仏道へ』と表題を付けている。

第二部は、『神楽』と題されている。『神楽とは』『岩戸開き』『湯の花』『神前での神楽』『神楽の作法』と表題された項目が並んでいる。

一部と二部、合計三十一の分節に及んでいる。一部、二部、ともに編者が小見出しを付け表題としたのであろう。

第一部『神と仏』には信仰の尊さとそれを守ることの大切さを繰り返し説いている。信仰の尊さと遵守がすべてであるとの主張に終始している。なによりも目を惹くのは、「唐、天竺」への傾倒にはじまっていることだ(『本文一』他、第一部『釈迦とは』『神と仏』など)。

大償神社を奉戴し、別当家として従事する大本家佐々木に残された文書に「遠国天竺の親父《しんぷ》・釈迦」が語られている。実態としておこなわれている「神楽」の日常活動が、あきらかに神仏習合の思想によっていることを物語っている。

「身体《しんたい》髪膚《はっぷ》ハ受之父母　不敢毀傷ラズ　孝之始也（身体髪膚は、すべて父母より受けたもので、敢えてこれを毀損したり傷つけたりしてはならない。これが孝行のはじめのことだ）」（『本文二』）と戒めを述べ（注6）、続けて「天竺国や唐国の釈迦・孔子ハ両国の聖人といわれさせ玉ふ事なれ共、日本の天照大神の聖人には劣る事也」と結んでいる。

釈迦の教えを述べ、孔子の思想を称揚したその次には、行を変えて、日本の天照（アマテラス）に還ってくる。孔子の挿話から〝儒教〟を説き、〝仏教・釈迦〟を語ってアマテラスに至って、語られる意図が明確になる。神楽を演じ、その伝統を守ってきた人びとの強い自己主張が脈打っている。〝神楽びと〟に伝えられた一書であることを如実に示している。ここにはまた、神楽と同伴しつつ、近代日本を生き抜いてきた者の思想の遍歴がなまなましく語られている、といえる。神楽を演ずる動機と勇力《ゆうりき》の所在地を知ることができるのだ。

同時に、神楽を演ずる人びとを迎え入れた観客は、神仏習合、あるいは神仏が混淆した思想性にあった。いうなれば、「神」でも「仏」でもよかったのである。肝要なことは、田畑を潤す灌漑用水を育む山への崇敬、〝ヤマ〟を戴き、拝礼する信仰に生きられることだった。

ところが、神楽を演ずる側は、違っていた。前節、佐々木隆の言説で触れたように、宗教、あるいは信仰に関して、一般的で普遍的な思考性を持つことで演ずる自己を救済していた。

山岳への原初的な信仰（アニミズム）や〝水の恵み〟への精霊セオリツヒメ信仰を離れて、帝国主義による「国家神道」への傾斜を思想としなければならなかった。それはしかし、政治的でもあった。「身体髪膚」を重要視した日本は、やがて皇国史観、そして軍国主義に国家観を染めあげたのだ。平成時代を経た現代からは、想像だにできない。「近代日本を生き抜いてきた者の思想の遍歴」を理解しなければならないのだ。

本田安次が訪れた大償は、そうした厳しい時節だった。政治や時代状況に目をむけることなく〝芸能探査〟だけ、と限定することが、佐々木直人と本田の暗黙の了解でもあったろうことは、想像に難くない。

昭和を経て、平成を過ぎた現代、ふたりの佐々木（直人、隆）が残した文書は、大償神楽の歴史、その苦闘を余すところなく語っている。

第二部『神楽』は、神楽とはなにか、どう捉えるべきか、を説いている。その論調は、古事記やそれに類する古来の伝承によりながら、〝神楽〟が題材にする物語世界を解説している。

まず、神楽を演ずる者に焦点を当てて、アメノウズメが「神がかり」して踊ったことを記している。アメノウズメは、巫女、あるいは覡巫《かんなぎ》であり〝神〟と〝人〟を結ぶ役割を担っていたことを述べている。さらに、神楽を舞う芸能者は「神事の中心的地位から、神職の介助者の地位」に変わってきた、と文献（『神道の基礎知識と基礎問題』）を引用して述べている。

やがて、「三番叟」から「山の神」「五穀」「岩戸開き」などの演目に触れつつ、大償神楽の世界観を披瀝している。すでに述べてきたように、この書は、神楽を演ずる大償の人びとの「自己証明する（アイデンティファイ）」ことが発揮されるべく仕掛けられている。そして〝神楽〟は、したたかに生き続けてきた。

## 4　高度アニミズムと精霊セオリツヒメ

すでに述べてきたように霊峰早池峰への登攀路は、四囲の東西南北にある。それぞれに旧妙泉寺があり、早池峰神社が所在している。そして、神社の主祭神は、セオリツヒメ（瀬織津姫）である。この祭神が示唆する意味は重要である。地域の人びとがこぞって参画する信仰と現世利益を結ぶ論理が潜んでいる。高度アニミズムを合理化し、農漁業に励み勤《いそ》しんできた人びとを支えてきた思想の水脈が、滔々と流れているのだ。人びとは、現世に存在して、けして緩やかではない日ごろの営みと未来への積極性を獲得する〝思想〟を見出さなければ、生きる意味を失ってしまうことになる。人びとの危機感を救ったのは、地域伝承譚が孕む神話性と厳しい日常の営みの寄り添いだった。「〝ヤマ〟と水」の物語は、ここからはじまっている。

### (1)　祭神はセオリツヒメ

毎年の山開きの日には、岳神楽座が早池峰山頂の奥宮に神楽を奏上する。神主の「大祓の祝詞（おおはらえののりと)」があって、岳座による獅子の舞「権現舞」を奉《たてまつ》る。ようやく夏の気配を感じる五月の末か六月のはじめ頃になる。

奥宮の祭神は、セオリツヒメである。早池峰山への登攀口の四囲に所在する「神社」の祭神もセオリツヒメである。

〝水と森〟の聖山である早池峰の奥宮祭神がセオリツヒメであることは腑に落ちることだが、神社の祭神がセオリツヒメだというのは、ただちに納得できるとはいえない。セオリツヒメは〝せせらぎの妖精〟で、ヤマの象徴ともいえる神社の主祭神として祀られるのは、素直な納得を促しているとはいえない。

早池峰から発せられる「せせらぎ」が、やがて大河となり、太平洋に注いでいることは、すでに述べた。本来、セオリツヒメは、罪や科、罪禍を流れに乗せて大洋に解き放つ「神」であり、精霊である。すべてを流れとともに捨象する「荒魂（あらたま）」で「和魂（にぎたま）」に対置して荒ぶる魂を持っている、とされている。

セオリツヒメは、「古事記」「日本書紀」には登場しない〝女神〟だ。精霊とか、あるいは自然崇拝の結果として自然神、自然信仰（アニミズム）に括られる存在である。森羅万象に神の存在を見出す日本に特有の条件を持った「神的存在」といえる。

セオリツヒメが神社の祭神になっているというのは、神社の成り立ち、成立の事由がいかなるものであるかを語っている。

妙泉寺は、すでに述べてきたように早池峰山の東西南北に所在した。妙泉寺は神仏習合のもと、霊山早池峰山頂の奥社に対してヤマを遥拝、あるいは祈願する〝場〟として、それぞれの登攀口に「神社」の格をもって造営された。慶長年間（一五九六〜一六一五）のことと伝えられている。早池峰神社は、妙泉寺の境内に擁されていたのである。

造営された安土桃山時代（慶長期）の当初は、盛岡藩の〝鎮山〟とされ、「新山堂」と呼ばれ、早池峰山頂の奥宮に対して「里宮」ともいわれている。鎌倉末期から安土桃山時代にかけて、甲斐源氏の系を引く南部氏が、ようやく北東北に自国を築きあげた時期になる。

妙泉寺は、南部藩の庇護のもとで早池峰の四囲に配されたのだ。南部藩祖信直が豊臣秀吉に臣従したことによって、北東北での強大な勢力を獲得する基盤になった。信直以下の南部家後継者たちは、地場の人びとの力を吸収しながら地位を確立していった、といえるだろう。早池峰信仰と妙泉寺の造営には、そうした意図と歴史が刻まれている。

すでに記したように、早池峰山頂には、涸れることのない「泉」「開慶水」があって、やがてはせせらぎになり、大洋に注いでいる。東西南北の早池峰登攀口に設けられた妙泉寺境内に新山堂、あるいは里宮、そして早池峰神社がセオリツヒメを祭神に戴いて造営されたのは、ここに要因がある。

（2）地域伝承神話と現世利益

セオリツヒメは、伊勢神宮を流れる御手洗《みたらし》の清流である五十鈴川のせせらぎにも栖《す》んでいる。そもそも伊勢内宮の第一別宮である荒祭宮《あらまつりのみや》祭神「天照坐皇大御神荒御魂《あまてらしますすめおおみかみのあらみたま》」の別称としてセオリツヒメの名が挙がっている。天照大御神に従座する荒御魂なのである。

セオリツヒメが荒魂だという説は、伊勢神宮の荒祭に由来している、といえるだろう。すべての罪科を大洋に洗い流すという強烈な力技も、伊勢大神宮における第一別宮という「待遇」によるものといえる。和魂である天照大御神の坐にあって、荒魂としての行動力を与えられた神格なのである。

また、せせらぎの神セオリツヒメは、河川に架かる橋に因んだ女神であり、鬼女ともいわれる橋姫にまつわる伝承もある。

橋姫は、河川に架かる橋を守る女神であり、一方では嫉妬に狂う女性でもある。また、姿を消した恋人を待ち続ける健気な女性でもある。それぞれがそれぞれに絡み合って複雑な〝物語〟となり、挿話を創りだしている。『御伽草子』『異本　平家物語』『源平盛衰記』『太平記』など、さまざまなかたちで取りあげられている。

そして『源氏物語　宇治十帖』の第一帖には「橋姫」として登場している。

橋が地域を結ぶ境界にあることはもとより、橋姫が広く伝播し浸透していくことに連なっている。貞淑な女性像と嫉妬に狂ったことを隠さない女神は、ゆたかな寛容さでひとを救い、あるいは夜叉の形相で男を襲うのだ。人びとの想像力に培われた両義的な存在だ。

京都宇治の橋姫神社には、宇治橋が架けられたとき、上流の櫻谷「佐久奈度《さくなど》神社」の祭神であるセオリツヒメを勧進した、という伝えがある。古代、大化二（六四六）年のことだった、と伝えている。せせらぎの女神は橋の姫神と合体したのだ。セオリツヒメと宇治の橋姫が同一だといわれる由縁である。セオリツヒメと橋姫が混淆する嚆矢の物語といわれている。

また、能「鉄輪《かなわ》」では、シテ方（主役）の橋姫は、嫉妬に狂って鬼になり、丑の刻参りをする。清らかな流れ、せせらぎで知られる京都、貴船神社が物語の舞台になっている。

こうして荒魂であり橋姫でもあるセオリツヒメの文脈は、〝ヤマ〟の祭神として、やがて神社に鎮座する存在になる（注7）。

すでに述べたように、〝ヤマ〟早池峰の山頂には、開慶水と名付けられた泉がある。岩石に囲まれた湧水は、奇跡的に涸れることがない。泉の近くに設えられた奥宮の祭神は、セオリツヒメである。早池峰は、セオリツヒメの〝ヤマ〟なのである。早池峰登攀口に所在する早池峰神社の祭神も、当然のことながらセオリツヒメである。本来は、神仏混淆である早池峰信仰のもとで育まれた寺院妙泉寺の境内に所在した遥拝所が、早池峰神社である。

山頂の泉は、里に降ってせせらぎとなり、やがては大河となって、灌漑の役を担い、里の農事を潤している。

その農村の門口を締め太鼓を轟かせて神楽が襲ってくる。各戸は、米と鳥目《ちょうもく》を包んで捧げるのだ。太鼓と笛、そして〝ヤマ〟の象徴である黒い獅子は、里の生活に欠くことのできない「現世の利益」をもたらす文脈を抱きしめている。

セオリツヒメの坐《おわ》す〝ヤマ〟は、人びとに深く浸透し、地域を支える広がりを持っている。背景には、現世の営みを利益とする高度でしたたかな自然への信仰（高度アニミズム）が厳然と立ちあがっている。

（3）神道と神仏習合

明治元（一八六八）年になると、山岳信仰や修験道の周辺は、にわかにあわただしくなる。

明治元年に神仏分離令が発布されると、法令の改革が矢継ぎ早に修験宗団を襲った。それは、日本仏教史上、最大の危機でもあった。

朱印地、あるいは除地《のぞけち》などと称して、仏教教団、ならびに修験宗団が特権的に免税され支配していた土地を国家に返還、または還付するように命ぜられた。そればかりか、〇〇院というような称号を持つことは禁じられ、「比丘尼《びくに》」の名称もまた禁じられた。院や比丘尼は、宗教的な意味で「尊称」と見做されたのであろう。

京都聖護院を拠点する天台宗本山派と真言宗醍醐派に属する当山派は、修験宗の二大宗派を代表している。すでに述べたように修験宗は、神仏混淆の山岳信仰を礎《いしずえ》に、高貴な宮家の人びとから庶民にいたるまで広範な信者を擁していた。宮家出身者には、院を掌《つかさど》るものもいた。宮家出身の比丘尼も存在した。

同時に、仏教教義をないがしろにした怪しげな宗教行為をおこなっている、という揶揄や批判があった。しかしそれ以上に、神仏分離を制度化し、新首都東京に天皇を迎えた「あたらしい時代」の政府は、政治思想を一新していた。祭政一致を唱え、神道国教化を進め、天皇「親政」を政治権力の中心に据えたのだ。強力な単一権力の行政力は「新政府」の推進力そのものだった（注8）。

和賀地方に分布する大償を祖とする弟子神楽は「天台本山派・羽黒系法印神楽」だと佐々木隆は述べている。本文にあるように自らを真言宗当山派と称し、弟子座を天台本山派といっている（注4）。

明治四年には、矢継ぎ早な方針は着実に実行され、ほぼその全容を顕わしていた。

明治五年、「修験禁止令」が発布されるのとあたかも呼応するように「廃仏毀釈」の運動は全国規模に拡大し、寺院への攻撃は止まるところを失っていた。早池峰山四囲の妙泉寺も、この時期に失われている。

廃寺となった大迫町岳の妙泉寺では、心ある人びとによって、諸仏の像が大迫町の里に所在する「桂林寺」に運ばれ、多くが難を逃れている。諸仏の像を受け入れた「桂林寺」は禅宗で、密教的教義を離れた鎌倉時代以後の「あたらしい世の仏教」を体現していた。

修験宗の廃止と仏教弾圧に繋がった廃仏毀釈運動は、多くの山岳に培われたいわゆる「末派修験」の生命力を試すことになった。彼らは容易に自らを捨てることはなかった。里山伏、居着きの法印となって地域信者と接することになっていった。本山、当山と目された以外の膨大な山岳修験が里山伏、村の法印として彼らなりの「法灯」を護ったのだ。すでに記したように（第1章5 山の信仰と人間の生態）、全国の山岳には修験者たちが散在していた。それぞれ修行の場として、周辺の村落を巻き込みながら拠点化していた。その上、神道国教化政策によって、多くの修験が、里の法印として居着いた。大迫町にも、法印の存在があった（注9）。

## 5　早池峰神楽の二流と神道

早池峰神楽の岳、大償、二流を擁する大迫町は現在の花巻市、旧稗貫郡に所在している。平成一八（二〇〇六）年、花巻市に吸収合併された。

大迫町は、国道三九六号沿いにあり、旧釜石街道であり、遠野街道と分岐している。国道が町の中心部を貫いており、古くからの街道町で、殷賑《いんしん》を極めた地である。遠野を経て太平洋岸に連なっていて、北東には盛岡市が控えている。

柳田國男が佐々木喜善からの聞き書きをまとめた「遠野物語」は、表題の示す通り、そして佐々木の出身地でもある〝遠野〟が中心命題で語られている。当然、遠野からみた釜石街道、遠野街道が語られることになる。遠野は、太平洋沿岸と遠く秋田までを射程にした内陸を結ぶ要衝ということになる。

すでに述べたように、明治初年の修験道を巡る地域宗教状況の混乱は、やがて国家神道化を進める動静と無縁ではない。それは、すでに江戸時代からはじまっていて、およそ三百年間に及ぶ幕藩制度を縦断する〝思想〟がみえてくる。

しかし、早池峰神楽を中心に据えると、違った光景が浮かび上がってくる。大迫町と旧街道の景色を捉え、語らなければならない。

町には、神仏に拝する神社、小祠《しょうし》、寺院、遥拝所などが折り重なるように存在している。複雑で、しかし地域の人びとの敬虔な姿を反映している。そして、背後には早池峰山への揺るぎない信仰がある。ここでは、早池峰神楽と関わるそれらをあきらかにすべく腐心する。

（1）大償、岳早池峰と田中神社

大償の集落には〝大償神社〟がある。大償の神楽座は、この神社を奉戴している。神楽舞台に掲げられる幕にも「大償神社」とある。

神社の創建は、江戸期元禄時代と伝えられている。当初の別当職は、修験の幸林坊（光林坊、高林坊とも表記）といわれている（注10）。

先に挙げた佐々木裕家は、元禄時代以後、歴代、この社の別当職を、任じている。佐々木隆家は、おなじ集落で別当家の一門にある神楽びとである。隆氏が、幼少の頃「ネギ殿」と呼びかけられた。おなじ〝佐々木姓〟であることからも、一家一門であるといえる。関係の深さは充分に窺える。

そもそも佐々木家一門は、田中家が創始し、山陰家に伝播された神楽を捧持し、早池峰山への信仰もまた、深めていた。

早池峰山の頂を極めた田中兵部を開祖とする田中明神（神社）の神主は山陰家が継承している。大迫町内川目に所在する田中神社は、早池峰山頂に祀られている奥宮に対して、里宮だったと伝えられている。奥宮にはセオリツヒメが祀られている。田中神社を継ぐことは、早池峰登山の先達を勤めることでもあった。

大償には早池峰山の修験先達を勤めた山陰家から伝えられたという長享《ちょうきょう》二（一四八八）年の神楽伝授書がある。田中兵部の末裔が山陰を名乗り、その家系を受け継いで継承したと伝えられている。

山陰家は、寛保三（一七四三）年の家伝書によると、田中兵部に因んだ田中明神を祀り、崇めたとある。さらには、神供米を献上するための宮田《みやた》を所有していたという伝えもある（注9）。

そればかりか早池峰神楽のもうひとつの流派「岳」を伝承する旧妙泉寺門前の六軒を〝宿坊〟、すなわち御《お》師宿《しやど》に比肩する位置づけをおこなったのも「田中」神社の山陰神主だった、と伝えている。山陰家が、岳早池峰神社の神主として〝派遣〟されていたのは、周知の事実だった。

## （2）伝説と伝承

大償神楽の人びとと岳神楽を伝承する岳神社門前の六軒とでは、田中神社山陰氏と岳神社のあり方について、その受け入れ方について、いささかの違いがある。

〝岳集落〟の神楽を演ずる人びとが、田中神社、ならびに山蔭家の意向に与したという形跡は見出せない。明治初年頃まで妙泉寺境内の早池峰山遥拝所であった〝神社〟の〝宿坊〟だったという歴史的事実はないといえる。岳からは里になる田中神社の神主山蔭氏の意向によって〝岳宿坊〟が生れたという説は、岳集落にとっては、与《あずか》り知らぬことのようである（注10）。

現代に至ってなお、山陰家は、早池峰神社の神主として、夏の祭礼、正月の舞初めなどの行事を仕切っている。山陰家は、田中神社の神主であり、岳早池峰を兼務している。祭礼、儀礼に際して、里から早池峰登山口の岳に趨《おもむ》いてくる。

さらに一筋縄はいかない実態がある。たとえば、岳集落、すなわち岳神楽を伝承する人びとは、夏の例祭に際して、大迫の街路近く、また大償の里まで、祭を報らせる幟《のぼり》を立てる作業を担っている。岳の人びとにとっては、田中神社や山陰氏に関わる作業とは認識していないようだ。岳集落に伝わる〝歴史〟では、山陰氏の登場以前から、早池峰の祭礼は、集落の伝統行事、そのものなのだ。

すでに述べたように、遠野地方には早池峰山頂を極めたのは藤蔵という猟師だという伝承がある（第1章4遠野早池峰妙泉寺の成立と始閣一族）。

しかし別の伝承譚もある。山陰氏の祖先は、早池峰山を極めた田中兵部である。それを祀ったのが田中神社だ、という説である。

田中神社の所在する〝田中〟は「郷の直中《ただなか》」が訛ったものだと伝わり、古くは直中《ただなか》明神、やがて田中権現と称されたと伝えている。田中は、現花巻市大迫町外川目《そとかわめ》に所在する呼び慣わされた通称地名であり、田中兵部の出自の地でもある、というのだ。

後に里宮として「田中」に「移され」た、と伝えられている、ということは、猟師の田中兵部は、田中在の者ということになる。江戸初期に名字を与えられていたわけではなく、地域の名を冠していた通称ということになる。納得を促す説である。山陰氏が関与した〝田中〟がにわかに現実感を以てあきらかになる。

（3）京都・山蔭《やまかげ》神社と吉田神社

京都大学に隣接する神楽岡という地に「山蔭神社」がある。吉田神社の境内にあり、神道の一流派である吉田神道の本拠とされている。

吉田神道は、吉田兼倶《かねとも》（一四三五〜一五一一・本姓《卜部《うらべ》》・室町後期）を祖として生まれた。吉田神社は、山蔭神社の招聘によって、隣接地に所在している。そして、不可思議なことに山蔭神社は、吉田神社の末社として同地内の神楽岡にある。

山蔭神社は藤原山蔭郷の創始（八五九年）によると伝えられている。菓子をはじめ食物に関わる信仰を集めている。また、四条流の包丁式はつとに知られ、室町時代の藤原山蔭郷の時代から現代まで、その伝統的な儀礼は継承されている。

吉田神社は、山蔭神社によって創設された、という伝承と錯綜する。創設した本体が、〝末社〟になっている。しかも、山蔭神社は吉田神道の系譜にあるといえる。日本神道の一流派である吉田神道が、兼倶の時代に強力だったことをしのばせる。兼倶の強力な推進力によって、神道の一流派である〝吉田神道〟がひとつの時代、全国を席巻したことはよく知られている。

「山蔭」は、草カンムリ（艸冠）のない「山陰」と、なにがしかの関連があるものと思料せざるをえない。京都からは遠く離れた早池峰大償集落に突然、時代を経て顕れた〝山陰〟は、山岳信仰を支える存在である一門として、いうなれば再来するのである（注11）。

兼倶は、京都が壊滅的な状況に陥った応仁の乱直後、将軍足利義政の妻日野富子や土御門帝の賛同と庇護を受けて強大化した。そうした趨勢に乗じて、『諸社禰宜神主法度』を著し吉田家、吉田神社を〝本所〟と称し全国規模で神社を組織し神官の裁許をおこなった。

江戸時代、徳川幕府は『諸社禰宜神主法度』（寛文五《一六六五》年）を発布して、吉田家を神職管掌の根幹と承認した。すでに兼倶はこの世になかったが、吉田家に継がれた権威は最高期を迎えていた。

（４）江戸時代を縦断するふたりの存在

おなじ江戸期、ふたりの神道学者に注目しなければならない。

山崎闇斎《あんさい》と平田篤胤《あつたね》(注12)である。どちらも吉田神道の埒外にいる。そして、ふたりはそれぞれ時代を隔てて〝神道〟とはなにか、と問い続けた。

山崎闇斎(一六一九〜一六八二)は、江戸時代の前半期を生きた学者であり、神道と他の宗教の統一を試みた研究者である。彼は、道教、儒教、そして仏教までを射程に、それらを統合する思想を見出した。いうなれば、道、儒、仏といった外来の宗教思想を、日本の土壌と思惟での探求に勤しんだ存在といってよいだろう。

京都に生まれ、京都でその生涯を終えた。生没の地がおなじ京都というと、いかにも穏やかな学者の生涯を想像してしまう。しかし、その生き様は、けして平穏なものではなく、波乱に満ちていたといえる。十代の早い時期、仏門に入り僧侶を勤めた。父は主を失った浪人で、鍼医を生業にしていた。その後、儒教に傾き、四十歳を過ぎて江戸へ赴き、私塾を組織している。唱えられた論説と著書は、多くの人びとに影響を与えた。彼の言説を教えとする人びとは自ら「崎門学《きもん》」と呼んで、学派一門を形成した。山崎闇斎がその名称の由来だということは、すぐに理解できる。

ほぼ百年を経て、平田篤胤が登場する。

平田篤胤(一七七六〜一八四三)は、江戸後半期に活躍した神道学者で、闇斎とともに触れられなければならない存在である。

篤胤は、秋田に生れ、秋田で生涯を終えた。実父は大和田清兵衛。二十歳で故郷を出奔し、五代目市川団十郎家に住み込み、炊事から留守居まで、細々と働いた。その後、火消し組の一員になったと伝えられている。学究の道を捨てたわけではなく、厳しい生活下でも、勉学の志は保ち続けていた。二十五歳で松山藩士平田篤隠の養子になっている。中年期は、主として江戸を舞台に活動し、彼が自ら開いた私塾には多くの人びとが参集した。彼の養子は、江戸で知られた神田明神の神職になり、以後の代を継いで務めていた。

それまで、仏教や儒教に比べて、内容を問うこともなく、軽《かろ》んぜられていた〝神道〟を、再考し緻密化した。すでに平安時代には用語としての祖型を見出すことはできるが、けして積極的な意味を与えられてはいなかった〝神道〟という語彙を、いうなれば、より高みへ誘い、神への回帰を企図し、そのものの純化を試みた。

彼の理論と活動が、明治初年時の祭政一致、そして神道国教化への道を拓いた、あるいはなにほどかの影響を与えたであろう。廃仏毀釈運動への〝記憶の所産〟となったのだ。

ふたりの「神道学者」の存在をあらためて瞥見すると、江戸時代、いかに〝研究者〟というものが定着していなかったかということが分かる。明治期になって、祭政一致とともに神道国家宗教化の道が開かれたが、ふたりの思惟の遍歴など、この地点からは想像すらできない。研究者の存在そのものが稀有であったとともに、それを支える政治勢力の存在なしには、語れないことだった。

山崎、平田のふたりは、身分制度のゆきわたった時代、世間の注視を浴びる〝士分〟の出身者ではなかった。ふたりの後の学会に与えた影響力への理解とともに、学問というものが与えられていた「場」の小ささを知るのみなのだ。それが、一方では、学問する者の自由を保障していたともいえる。学者は、身分を問われることなく、その子弟たちもおなじように、学びの場では、闊達な活動が可能だった。

（5）水戸学から戊辰戦争へ

水戸光圀（一六二八〜一七〇一）という存在を忘れることはできない。水戸藩の第二代藩主であり「黄門さま」と親しまれた存在である。〝水戸〟は通称であり徳川光圀が正しい。なにより徳川御三家の一角であり、徳川幕藩体制を護り、もし後継者に不足した幕府に乞われれば、将軍職を任ずることも厭わない家系だ。

光圀は、水戸藩内で「大日本史」の編纂を提唱し、生前は、その実際を指揮した。光圀は、江戸上屋敷、あるいは下屋敷を舞台として、ときには、その編纂作業を実際に体験した。そして、やがて尊王思想に准じていくのだ。幕末期に登場した勤皇攘夷ではなかった。幕藩体制を維持発展させることに、なんらの疑いを持つことはなかった。光圀は、自らの思想性には、誠実で客観的だった。天皇を〝上《かみ》〟に戴き、徳川幕藩体制を敷くことに自らの立場を置いていた。

水戸学は、江戸前半期から明治三〇年代まで、一時中断の時期はあったが、その遠大な計画は引き継がれ継承された。光圀が提唱し、江戸末期の水戸藩士藤田幽谷、東湖の親子まで連綿と研鑽を重ねてきた。

水戸学、すなわち「大日本史」の編纂作業が、もっとも厳しく試されたのは「明治」という時代を産みだすことになった「戊辰戦争」時であったろう。

戊辰戦争は、慶応四（一八六八）年一月の「鳥羽・伏見の戦い」にそのはじまりを説くのが通常だ。おなじ年の九月八日に明治元年と改元している。戦乱は、明治二年まで続いた。「戊辰」は、慶応四年を示す干支に因んでいる。慶応末年の一月から、明治改元を経て、二年五月一八日、箱館五稜郭陥落までの一年五か月に及んだ日本史上に特筆すべき内戦になった。

二年間のうち、後半の一年は、東北にとって極めて密度が濃く、重要な〝時〟であった。しかし、実に入り組んでいて、簡単に開き、語ることのできる頁ではない。

当時、東北は「廃藩置県」の発布直前で徳川幕藩体制下にあった。大小の藩が、割拠して東北を治世していた。新政府の繰りだす政策、要求には疑義を捨てず、留意し逆らっている。やがて、会津、伊達、出羽（庄内）、そして南部などは糾合して「奥羽列藩同盟」を形成して抵抗した。後には現在の新潟県、福井県を加えて『奥羽越列藩同盟』三十一藩に発展している（ノート4）。ひとえに新政府軍・官軍が薩摩、長州連合軍だったことへの反発だった。とはいえ列藩同盟も一枚岩とはいえず、内部ではつぎつぎとあらたな問題を抱えこんでいた。たとえば、そうした混乱の下で列藩相互の齟齬と錯誤が少年白虎隊の悲劇などを生んだ。

それでもしかし、東北、奥羽としての一体感（Identification）を持つ合意は成りたった。広大な田地、森林を持つ東北地方は、薩長連合軍、すなわち明治新政権にとって「垂涎の地」だった。薩長連合軍と敵対することは、東北にとっては必然だった。

同時に、東北は、尊王思想に染めあげられていた。現在の秋田県、当時の久保田藩出身の平田篤胤を冠する尊王の思想は、強固に根付いていた。篤胤の思想は、東北全域に広まっていた、とみることができる。それは、先に触れた「水戸学」にも深く影響を与え、浸透していたのだ。

そうした戦乱の下、しかし早池峰山は静かに聳えていた。そして、神楽びとたちは、旅を続けていた。

【注】

1 一三三二年には、元弘、正慶のふたつの元号が使われている。後醍醐が流刑地隠岐から帰還して吉野に南朝を主張したとき、京都には天皇が存在し、南朝に対して北朝と呼称した。ふたつの皇統が並び立ったことになる。歴史上は、ふたつの元号が存在することになった。

2-A 禅は、南インド出身と伝えられる仏教僧ダルマ（達磨）が創始した座禅（瞑想）を本義とする仏教思想である。ボーディ・ダルマ Bhodia-Dharma と尊称されている。意訳すれば、達磨菩薩ということになる。あるいはダルマパーラ Dharmapala 達磨波羅とも呼称されている。

そのおこないを禅那（Dhyana）あるいは禅定（Samadhi）とも称する。Zen は、サンスクリット・パーリ語の Jhana ジャナの音写とされている。南インド、現在のアンドラプラデッシュ州の出身とおもわれる創始者ボーディ・ダルマは、中国にわたって仏教史を書き換える活動を残している。インドでは仏に傅《かしづ》き、悟を得るための真摯な瞑想の時、あるいはその時を持つ者が禅那であり、「座禅」がその方法の代表といえる。

禅は、仏教修行に勤しむという意味が込められている。「禅」ということば自体は古くからあって、特に「禅宗」からはじまった用語とはいえない。禅は、直接に〝禅宗〟の教義と結びつく術語ではないのだ。ヒンドゥ教でおこなわれるヨーガやジャイナ教での瞑想、シクー教など、信仰に導かれた思惟と瞑想を広く表現している。ダルマ Dharma の本来の意味は「法」ということで、古代哲学の宗教術語に使われている。

日本には、鎌倉初期に伝わった。やがて日本独自な文化土壌と精神性によって、大乗の一仏教宗派となった。臨済宗、黄檗宗、曹洞宗など、総称して〝禅宗〟として揺るぎない仏教宗派に成長した。茶華道、造仏、作庭などに鎌倉、室町時代の新しい潮流を生みだし、日本文化の礎となる文化様式を供した。

また、庶民の間では玩具の起き上がり小法師の「達磨」であり「達磨大師」とも称されて親しまれている。よく知られているように、日本各地には、達磨市や祭礼が散在し、人びとは大ぶりな張子の達磨に目を書き入れて大願成就の願いを託す習慣がある。

蛇足を加えれば、アンドラプラデッシュにはナーガルジュナ・コンデと称する森がある。ナーガルジュナNagarjunaは、日本では〝龍樹〟と意訳されている。

「龍樹」は、インドに生まれ、中国に渡り、仏典の翻訳、解題講義などに功績を残した。後に、その業績が中国に留学した日本仏徒に伝わり、聖僧のひとりとして八流の日本仏教の宗派から崇められている。コンデはサンスクリット、ヒンディの〝森〟という意味で、龍樹が思索した森とされ、現代に至っても、遺跡となって残っている。

すでに述べた法道、そして龍樹と、達磨に連なるインド仏教とのつながりは、古代から日本人の生活に染み込んでいるのである。

2-B　Dr. G.S. Dikshit (Edited by Dr. Srinivasa Havanur)『SOUTH INDIA An Expedition into the Past』Pragati graphics Bengalulu（二〇一一）

2-C　P. Gururaja Bhat, Dr. Gururaja Bhat『History and Culture of South India Volume 1.』Memorial Trust,Udupi（二〇一〇）

2-D　特筆すべきは、鈴木大拙（一八七〇～一九六六）が明治、大正、昭和と活躍し、海外への禅宗、あるいは仏教思想の紹介に努めたことだ。

著作：『鈴木大拙全集』全32巻 岩波書店（一九六八～一九七一）・増補新版、全四〇巻（一九九九～二〇〇三）

研究書 久松真一・山口益・古田紹欽編『鈴木大拙――人と思想』岩波書店（一九七一）

3-A　花巻音羽山の清水寺を中心にした古文書の解読、講中・信者の動向などを読解した『清水寺研究』叢書が出版されている。一九九九年から二〇〇一年まで、年一輯、三巻が上梓されており、第一巻は「清水寺研究会」の編集、二、三巻は「古刹文書研究会」となっている。一巻を版出してから組織化がおこなわれたものと拝察できる。毎号、十余人の研究者が、論文、報告などを記述している。

3-B　嶋二郎『清水寺研究二号』「明治維新前後の道者宿泊と清水寺観音信仰」（二〇〇四）

4-A　佐々木隆『神楽とともに』岩手県文化財愛護協会編

4-B　佐々木隆には、もうひとつの〝顔〟がある。長く地方公務員を勤めあげ、定年前には大迫町収入役を任じた。神楽びととして上演に参加しつつ、職をまっとうするのは、並大抵ではない日頃の精進、努力を要したことと拝察できる。
5-A　菅原盛一郎『日本之芸能　早池峰流山伏神楽』東和町教育委員会（一九六九）
菅原盛一郎は、家の屋号「田賀盛」をもじって「菅盛」と通称されていたが、その活動から「東和のエジソン」と渾名されていたという。小さなバイクを駆って、町村落をまわり、神楽の所在地を追い、神楽びとを訪ねて談話を採集した。また、数多くの図版を残し、旺盛に写真を撮った。それらはすべて、彼の著書に反映されている。時代を経た現代、彼自身が描いた神楽座の推定分布図、「鳥兜」などの原寸図版など、貴重な記録になっている。
5-B　参考文献として、森尻純夫『「弟子座」の形成』民俗芸能研究・第11号（一九九〇）
6-A　発行佐々木裕・編集佐々木敏江『古文書解読　神楽問答』私家版（二〇一一）。本文にも記したが、佐々木裕、ならびに編者佐々木敏江は『はじめに』の項で、本田著『山伏神楽番学』に記載された「『野口（のぐち）三部書』のひとつと思われ」る、と述べている。編者の佐々木敏江は「古文書解読は、高梁玲子さん」によると記している。
6-B　「身体髪膚」は、身体とその隅々、髪の毛から肌まで、という意味と捉える。本来、身体髪膚は、中国十三経のひとつ「孝教」にある言説で、最高道徳を語り治国の根本を説く表現として遣われている。孝教には、孔子が弟子「曽子《そうし》」に、問答の解答として与えた論述として伝えられている。『神楽問答第一部』本文二では、その曽子が若輩である「小学」に説いたという説話になっている。すでに記したように、そもそも本書は、儒教の祖・孔子が、弟子の曽子との問答に擬えた体裁になっている。
また「身体髪膚」は、教育勅語にも通底する謂《い》いで、正式には『教育ニ関スル勅語』と命名され、明治二三（一八九〇）年に発布されている。〝勅語〟とは、天皇自らが発する条例、もしくは条文のことであり、通称『教育勅語』は、明治天皇が発した日本の軍国主義を支えた国民道徳の規範であり、学校教育において生徒、父兄（国民）に強制化された指針でもあった。明治二三年のおなじ年、大日本帝国議会が招集され、前年の二二年には、帝国憲法、すなわち旧憲法（欽定憲法）が施行されている。
7　古事記、日本書紀に先行する「ホツマツタヱ」という書があるといわれている。この書では、アマテラスは男神アマテルになっており、橋姫、あるいはセオリツヒメは、その「大后」ということになっている。この書は、江戸時代に写本が発見されたと伝えられているが、多くの研究者はこの書「ホツマツタヱ」に信頼をおかず、偽書である、と主張している。

8 「院」号や比丘尼は、ふたつの理由から禁止されたとおもわれる。

ひとつは、院号を与えられる神仏習合の教団には、宮家出身者が出家して、それなりの地位を与えられていた。教団にとって宮家出身者の存在は、教団の社会的地位を誇るものだった。比丘尼も同様だった。しかし新政府にとっては、祭政一致を唱え神仏分離を図る上で、認めがたい存在であった。神仏が混淆した宗派を容認することは不可能だったのだ。

もうひとつは、信者の求めに応じて、比丘尼を「さ庭（清庭・斎庭・沙庭）」として、神と人間の仲介をし、呪詛、加持、祈祷、祈願などをおこなうことが、神道を国家神道とする権力的意思にそぐわなかった。排除の対象になったのだ。

9 大償集落の向かい側の森に廃屋がある。居住していたのは「野口法印」と呼ばれた〝修験者〟だったと伝えられている。野口法印は、ある出来事によって晴山から逃奔し、大償に居着いたといわれている。

遠野六郷の一所である晴山出身で、神楽に深い関心を寄せ、自らもいくつかの報告文書を残した菊池一成は、「岩手日日新聞」に神楽について連載をしている。『八、思い出の晴山神楽（平成三《一九九一》年五月二三日所載）』と題された一文には晴山から大償に至った「野口法印」について詳述している。

菊池一成は、この連載の前、自家版の冊子を出版していた。また、冊子を出版する以前に、そこに記されたことのほとんどを、筆者森尻に語っていた。神楽に関する貴重な情報として、逐一、記憶に留めている。菊池一成は、敢えて分校中学の社会科教師に任官して、早池峰神楽をこよなく愛し、バイクを駆って、自らあちこちの座を訪ね歩いた。特に石鳩岡神楽の代表だった一ノ倉保との交情は深く、不変なものであった。また、一成は、注5に記述した菅原盛一郎の母方の甥にあたる。

10 熊野三山、伊勢神宮、そして神奈川県大山の阿夫利神社（大山神社、祭神・大山祇命オオヤマツミノミコト）などには、御師（おし・おんし）と称される宿坊が存在している。それぞれが、それぞれの信者と講中を組織している。

大償、岳の早池峰神楽二流に関して、過去、極めて曖昧な記述も多数存在しているが、早池峰門際の岳六軒に、御師、あるいは宿坊の様態を見出すのは無理がある、といわなければならない。すでに述べてきたように、たしかに岳に伝わる伝承には、宿泊客を先導して早池峰山に登頂、奥宮に参拝した、という事実はある。

11 『大迫町史〈教育文化編〉』大迫町（一九八三）第四章第一節「生活と文化」、第三節「信仰と寺社」、第五節「学術・著作・情報」、ならびにその他、同章第五節「岳神楽」「大償神楽」などの項を参照している。

12-A 山崎闇斎（元和四《一六一九》〜天和二《一六八二》）、本地垂迹説を離れ、儒・道・神の統合化を企図した。『闢異《へきい》』では、仏教を批判し、儒教を称揚した。その他『大家商量集』（一六五四）、『孝教外伝』（一六五六）など著作多数。

12-B 平田篤胤（安永五《一七七九》〜天保一四《一八四三》）、神道への回帰、神道の純化を説いた。著書は、『仙境異聞』（一八二二）、『霊能真柱（たまのみはしら）』（一八一二）、『古史成文』（一八一一）など、百冊に及ぶといわれている。山崎闇斎、平田篤胤ともに本文にあるように、私塾を運営しており、多くの著書は、その講義録である。

# 第3章　早池峰神楽、その上演

早池峰神楽は、活発に上演活動をおこなっている。

地域の人びとは、喝采《かっさい》とともにその舞台を楽しんでいる。絶大な人気を誇っているのだ。

早池峰神楽の上演には、ふた通りある。ひとつは、村落を訪ね、各戸の玄関である土間で権現舞（獅子舞）や山の神舞を舞って、一升の米となにがしかの謝礼を得る。

ふたつ目は「宿《やど》神楽」と称して、旅する村落の一戸から「所望（依頼）」を受けて徹宵《てっしょう》、上演する。

どちらも村落を訪ねることへの諒解を得ている。実は、神楽の愛好者たちが村落を形成している地域だ。多くは、弟子座、あるいは孫弟子座を育み、擁する地域でもある。

「旅する神楽座」は、受けいれられる地域性が強固にあることを知り抜いているのだ。そこに弟子座を養い育み、そして弟子座は、孫弟子座を生むのである。

こうした地域性は、親座との間で、衣装、トリモノ（小道具）、面などを供給したり交換したりする。さらに、弟子たちは、親座から舞い踊りの教授を受けたりするのだ。

弟子や孫弟子の存在を保証し、認めているのは、霊峰早池峰への深い崇敬と信仰である。旅する地域と神楽を結んでいるのは、聳える早池峰山とその導く流れ、水にある。すでに触れたように（第2章4 高度アニミズムと精霊セオリツヒメ）、農業地域の灌漑は、早池峰山によってもたらされる、と信じられている。

また、〝ヤマ〟の頂の存在は、「山あて」と称して、海での漁の道標《みちしるべ》になっている。漁労の人びとは、船の航路と漁場を遥かに臨む山の頂を目安に定めている。

人びとが信じている〝ヤマ〟への深い信仰心は、現世利益にも通底しているのだ。

舞台、幕、トリモノ（小道具）、装束、そして面や演出の各項を再発見するとともに、観客と演者の過去と現在を検証し、あきらかにすることが求められている。

## 1　旅する芸能

昭和の半ば頃まで、早池峰神楽は、寒冷地である東北地域に秋が深まる季節から、年を越えて旧正月の農閑期、春の遅い北国にようやくその訪《おとず》れの気配を感じる時節の村落を巡り歩いた。

なによりも村落の人びとは、烈しく響く太鼓に魅せられ、玄関土間に侵入した黒い獅子が舞う「権現舞」を迎える。さらには、機会を得て神楽座の一行を家内に招き入れ、徹宵、「山の神」や「翁」、「三番叟」などの舞に、心躍らせ、ときめくのだ。近隣と縁戚の人びとが、土間はおろか庭先にまで寄り集って味わうのだ。

通常は、戸口を這入《はい》った土間で獅子の舞「権現舞」をおこなう。地域の神社や宿に招かれる上演の際も、演奏はおなじ編成で、地域は旅する彼らの来訪を、村中に鳴り響く楽の音《ね》によって、知ることになる。いまだ冬寒に籠る村落は、けたたましい演奏に覚醒させられるのだ。

旅する芸能集団と受け入れる地域の人びとには、観る者と演ずる者の抜きがたい関係が成立している。その緊縛は、現代に至っても変わることなく歴史を育んでいる。

旅の地域には弟子神楽座が育まれ、その弟子が孫弟子を生んだ。そして、黒い獅子、権現を〝ヤマ〟の象徴として、早池峰山への信仰とともに崇敬を止めないのである。

## (1) 道行く者たちの太鼓の響き

往年、第二次大戦終局後の数年間は、早池峰神楽座が村落を訪れる旅はおこなわれていた。それが変容を遂げたのは、戦後社会が成熟し、日本が高度成長にむかって邁進しはじめた時代だったといえる。農村の変貌は、従来通りの「神楽の旅」を許さなかった。村落は、変質せざるをえない季節を迎えていたのだ。米作中心の農家は、ゆっくりと兼業へと歩んでいた。沿岸漁業者たちは、遠洋へと旅立っていった。

それでも神楽びとたちは、自らを恃《たの》み、舞い踊り、楽を奏することをやり続けていた。神楽びとたちは、職能としての自らを捨てることはなかったのだ。

現代では、徒歩で大迫(町)の在所から村落を巡る旅は消滅した。ひとつの旅が、およそ一か月に及ぶような仕儀は、現代では存在しない。神楽びとたちは、それぞれ、自動車で目的の村落へ赴くのだ。日帰りが、充分可能なのだ。各戸の門口での権現舞も、所望による徹宵の上演も、自動車に分乗して訪問する。長期に旅することはなくなっているのだ。

## (2) 旅と芸能

早池峰神楽の旅は、現在の岩手、青森、そして宮城県を跨ぐ地方に及んでいる。旧南部藩であり、旧伊達支藩、旧津軽(南部)支藩にわたっている。

冬の農閑期の数か月、雪に閉ざされた村落の戸口を押し開けて、〝権現〟と称する黒い獅子を、頭上にかざして侵入してくる。

地域の村落は、無法ともいえる黒い獅子の侵入を、畏敬をもって迎えている。そればかりか米と心付けの金印を捧げている。早池峰山への崇敬と信仰が地域の人びとを支えているのだ。往年、第二次大戦以前までは、神楽座の旅は、ときに一か月に及んだ。徹宵の「宿神楽」が明け、あるいは各戸の土間、玄関を訪ねた後、数か所に分かれて宿を得た、と伝えている。もともと大迫の「親座」の所在地で、早池峰山頂を極めた折に求めた「宿」の返礼として決められていた。現在では、「親座」の地は、民宿を営んでいることが多く、受け入れは容易になっている。

早池峰の神楽びとたちは、旅の輩、道々の者として特別視され、尊敬されている。芸道を以て旅をしている、と人びとは認識しているのだ。

ノート５

### 〝道〟と呼ばれる〝領域〟

本来、学問や芸能にはじまり、やがて蹈鞴《たたら》、鍛冶、山師（鉱山師）など、職人技能を〝諸道〟と称した。職人諸道のそれぞれに秀でた人びとを特別な存在としていた。平安時代の初期にはすでに組織化されて、それぞれの地域の多くの人びとに膾炙されていた。

〝道〟とは、もともと専門領域、技能、技術などを意味する表現であったのだ。その〝道〟に「旅する」という意味が重なって、定住地をあきらかにしない「巧《たく》みの者たち」に化合したといえる。巫、巫女、猿楽芸人、舞人、鋳物師《いもじ》、鍛冶など職能に秀でた旅する者たちを言いあらわした「表現」になったのだ。

やがて近世、織豊時代以降になると博徒や馬借、遊女なども加えられた。「道の輩」とは、一芸に秀で、職能として身を立てる旅する者たちを総称したのである。技量を蓄えた職業人（Profession）であり、趣味的な好事家（Amateur）ではなく、職（Ability Occupation）として成立している存在だ。

神楽びともまた職能者として畏敬され、それに応える技芸を身に備えて観る者の眼前に現れたのだ。

（3）宿《やど》神楽

早池峰の旅の一座は、早朝、あるいは昼前に集落に到着すると、まず一軒一軒の門口で獅子の舞い（『権現舞』）を演じる。夕刻、集落の世話人の家に集合すると、ひと休みの後、所望（要請）された家を訪ね、徹宵、つまり払暁《ふつぎょう》まで神楽を演ずる。宿神楽と称している。

徹宵の神楽は、多くの演目が上演される。後述する〝幕引かず〟と称する十数番の演目を演ずる。観客からの所望があれば、いくつかの演目を加える。

しらじらと夜明けを迎えると、朝食を戴いて後、神楽座の一行は、それぞれに分散して、あらかじめ宿泊を決めてあった〝贔屓《ひいき》〟の家にむかう。神楽びとたちの長い一日が終わるのだ。

後述する東和町石鳩岡集落には、このような働きをする岳神楽座が、数軒に分かれて、ほぼ一か月滞在したという。岳座の旅の拠点としての重要な役割であり、それが石鳩岡に岳流の弟子座を育むことに連なってもいたのだ。

## 2 神楽の上演と様式

「旅する神楽座」がその対象とする村落は、多くが地域の住宅建築である「曲がり屋」の土間玄関、あるいは板場の一室を上演の舞台としてきた。舞台の広さ、楽屋の設え《しつら》、楽人の位置など、発見された昭和初年から現代まで変わることなく継承されている。とはいいながら、現代では地域の会館や集会場が多くなっている。

いわゆる「曲がり屋」は現代風の住宅に建て替えられ、伝統的な「舞台」の「間」を失ったのである。

それでも、舞台の広さや神楽びとたちの装束、楽人の奏楽など、様式性は失われることなく、維持されている。すなわち、舞と楽との緊密性は、失われていないのである。

（1）舞台・幕

舞台は、二間四方（約三・六メートル四方）の四角形で板の間である。

本田安次の著述（山伏神楽・番学『三、舞台・楽屋』本田安次著作集第五巻・錦生社）には、曲がり屋の一室に舞台が設置され、観客は、三方から演技を観賞されるだろう図解が認《したた》められている。しかも、岳、大償をはじめ、各地の弟子座も網羅されている。

平成を経て令和の現代でも、この設定は、生きている。神社に設えられた神楽殿も、概ねは、この大きさを保っている。

俯瞰の舞台構造図

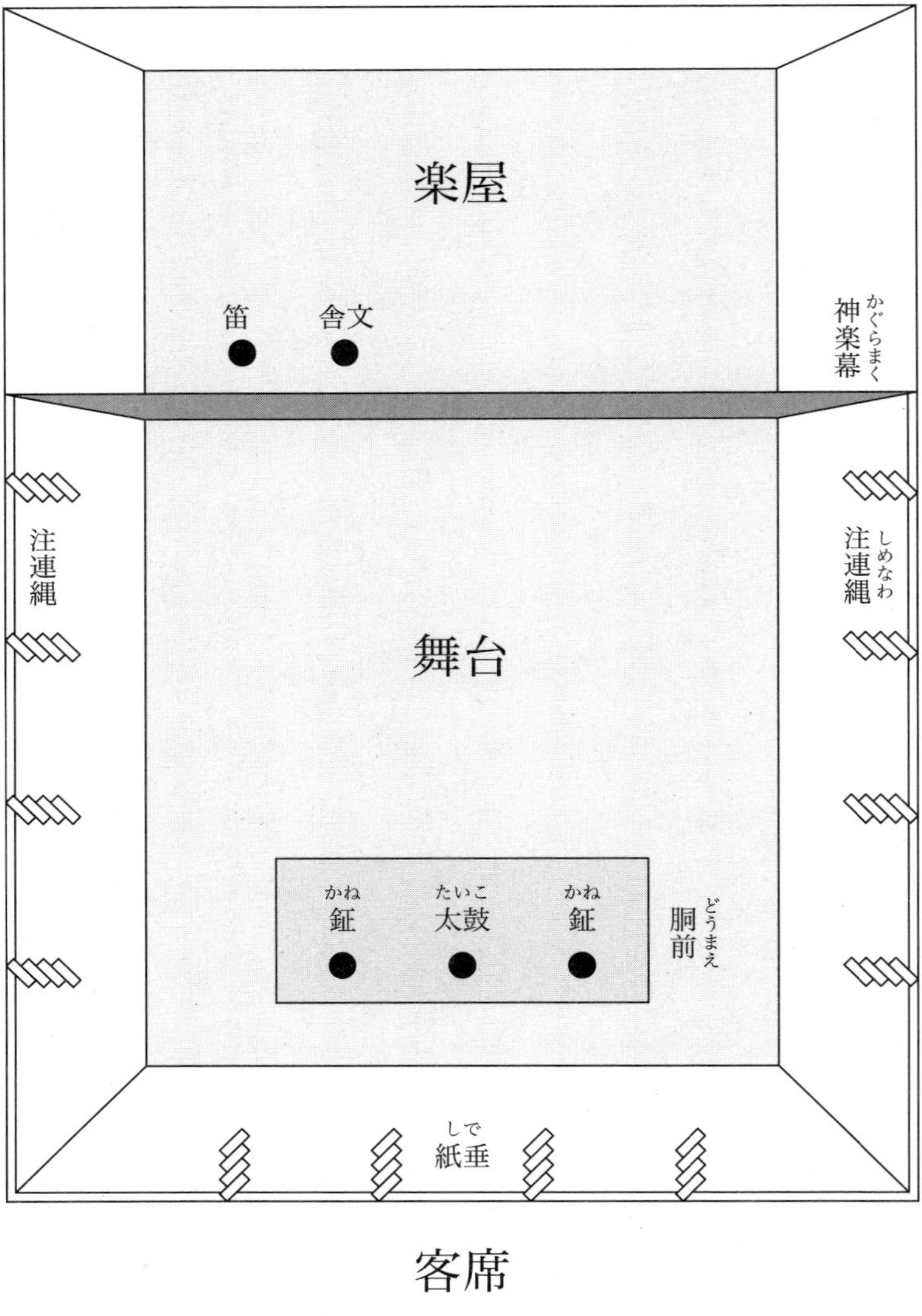

ノート６

## 歌舞劇ヤクシャガーナとその舞台

南インド、カルナータカ州を中心に「ヤクシャガーナ」と呼ばれる歌舞劇がある。二十座ほどの職能劇団がある。この地方をまわり歩く芸能である。招かれた一座は、宵の口からしらじらと明ける朝まで、神話や英雄譚を演じている（森尻純夫『歌舞劇ヤクシャガーナ』而立書房二〇一六年）。

ヤクシャガーナの舞台の大きさは、ほぼ早池峰神楽に匹敵する。三メートル四方の舞台に幕が施されている。客席は、三方から取り囲むように設置されている。長鼓の打ち手と語り謡う楽人が舞台奥に座を占める。そして舞台には大きな衣装を着けた四、五人の登場人物が演技する。狭い空間で、こすれあうように演技するのだ。

ヤクシャガーナは、早池峰神楽とおなじように〝旅する芸能〟である。舞台の設定は、場所を選ばずに成り立つ必要に駆られている。間口・奥行きの小さな空間であることが要求される。そして、狭い空間でこすれあうように演者が舞台上にあらわれるのは、観客に、演者の仕草、動作を、集中力を以て見つめることを求めているからである。訴求力が求められ、それが物語の進行に緊張感を与え続けることになる。一見、雑駁に見えながら、実は演技とその推移に集中力を持ち続けて欲しい、それが、歌舞伎に見られる〝見得〟にも連なる演技姿態であり、様式になっているのだ。幅の広い奥行きのない舞台では、集中力は生れないし、散漫になってしまうのである。幅広の舞台は、細部への注視が行き届かず、見落としが多くなるのだ（注１）。

（2）演奏楽器

舞台上には、大きな締め太鼓が真ん中に位置する（注2）。左右にふたりの手平鉦《てがびらね》（チャッパ）が座る。舞台奥、正面に張られた神楽幕にむかって、観客には背を見せて位置づいている。そして観客からは見えない幕内からの篠笛（横笛）、という構成だ。笛は、幕内で奏され姿を表わすことはない。

幕は、太鼓、チャッパ（手平鉦・銅拍子）とむかいあっている。舞い手の登退場は、すべて、幕を押しあげておこなわれる。幕には、奉戴する神社の名が縦書きで大書されている。たとえば、岳神楽は「早池峰神社」、大償神楽は「大償神社」と記されている。左右に、岳は阿吽の鶴、大償は神社紋が施されている。

岳の「阿吽の鶴」は、南部藩を表徴する紋様であり、江戸期に南部藩の許可を得て染めつけられた、と伝わっている。旧・妙泉寺の一角にあった早池峰遥拝所の門前に所在する岳神楽座は、南部藩の認可を得ていたといわれ、支援を享《う》けていた。

大償座が大償神社を奉戴する意を込めているのは、当然のことで、どちらも花巻市大迫町に所在している。大迫町は戦前、戦後、そして近年の平成一八（二〇〇六）年と、幾度となく併合、合併など、変遷を重ねてきた。大迫町の拡充と花巻市への併合などを経て現在がある、といえる。二流は、おなじ行政区に固定されている。

（3）装束

もっとも特徴的なのは、すべての演目で「鳥兜《とりかぶと》」と「烏帽子《えぼし》」を頭に戴くことである。被《かぶ》るのだ。和紙を張り合わせ、充分な強度を保ち、頻用に耐えるように設えられている。張り合わせる和紙を漉《す》くことから作業ははじまっている。もともとこのふたつは旅の地域「庭」である小山田地域で作られ、提供されてきた。紙は、現在では東和町矢沢の近くで漉かれている。

衣装は、演目「翁」や「三番叟」では、麻で織った鎌倉時代からといわれている「水衣《みずごろも》」に似通った上着を付ける。「千早《ちはや》」と言い慣わしている。「水衣」は、外仕事に赴く男たちが着けた上着で、作業着、労働着である。後に、鎌倉から桃山時代になると「能」は〝絹〟で「狂言」は〝麻〟で仕立てる衣装になった。主として漁夫、樵、ワキ方の僧侶などの役柄が着用する。時代が降ると、絹か木綿で織られ、早池峰神楽に見られるような麻の手織りは見出せなくなる。一見すると、直衣《のうし》、あるいは雑袍《ざつほう》、すなわち狩衣《かりぎぬ》を変形させた平安時代以来の装いに見える。しかし、細部は違っている。「能、狂言」の衣装を発祥として、現代では、神楽のために整えられた装い、ということができる。

集落の道を往くと、機織りの音が聞こえることが、たびたびある。嫁の仕事だ。絹の以前に、麻を日常の用にしていたことが、感得できる。「旅する芸能者」である神楽衆に提供される衣装も、家内で手織られたに違いない。

神楽衆は、水色の着物に袴というのが、いわば「素」の出で立ちだ。そのうえに、「翁」や「三番叟」などの「式」を重んずる舞では、すでに述べた麻布の「千早」と呼んでいる上着を着ける。近年では、木綿で織られているものが増えてきている。その他では、特に神楽のために整えられたものはない。

日常で使用され得るものを援用して役柄の衣装にしている。和装が日常生活から遠のいた現代では、めずらしく感ずるものも多いが、すべては日常に用いられるものを転用している。たとえば、武人を演ずる際に陣羽織を羽織《はお》り、女性を演ずるのに長髪の「髪文字《かもじ》」を着け、赤く大振りなしごき帯（前帯）を身に巻いたりする。若い女性のための、あたらしい着物を神楽衆に託して、上演時に身に着けてもらう、という習慣がある。神楽衆が身に着けて舞うことで、女性の将来の健康、長寿が約束されるのである。

## (4)面とトリモノ〝小道具〟

早池峰神楽は、ほかの多くの神楽とおなじように仮面の芸能である。

観客は、登場する面を見て、なんの舞かを瞬時に理解する。面は〝神〟を表徴している。いわゆる「直面《ひためん》」と称する面を着けない舞が、例外的にある。代表的なのが「鶏舞《とりまい》」である。

面の数は、演目に登場する役柄の数にほぼ匹敵している。出演者のほぼ全員が面をつける、と想定してよい。現行、各座ともに約二十の演目が上演可能な状態だ。

演組は上演の場に立ち会って、はじめて組まれる。

面の作り手は、座の近くに所在している。座の内部にいる、といってもいい存在になっている。岳・大償の二流親座、そしてそれぞれの弟子座、孫弟子座の面は、微妙に違っている。その細部にわたたって知悉していることが大切な要件になり、座に近接し、あるいは内部としている存在が、求められているのである。

材とするのは、桐や朴《ほお》の木で、細工が容易でやわらかな肌触りが好まれている。塗料は漆で、胡粉《ごふん》で溶いた白い肌色、濃い臙脂《えんじ》(「山の神」)、あるいは黒(「三番叟」ほか)などに塗りあげている。

能、狂言のように面を「おもて」と呼んで、神格化することはない。扱いは、極めて乱暴で、舞台上で取り外すときなど、脱いだ面を投げだすこともある。〝神〟を演ずるために用いるのだが、面そのものを神格化することはないのだ。面は、この神楽に特徴的な演出法との関わりがある。

そもそも「トリモノ」とは、神楽などで一般的に表現されている「舞い手の持ちもの」のことだ。簡明にいえば、手に持つ〝道具〟である。早池峰神楽座の人びとは、トリモノという呼称は使っていない。〝道具〟といういい方が、より的確であろう。それらを表徴的に示したり、取り替え引き替えしたりして演じる。たとえば、「幣束《へいそく》」や「扇」「太刀」などである。

面とトリモノは、不可分の関係性がある。しばしば〝神〟を表徴する面とそれに伴うトリモノがある。

早池峰神楽でもっとも特徴的なのは「鈴木」と称される鈴のついた幣である。先端の尖った三寸ばかりの棒に、力紙《ちからかみ》と称する短い幣を付け、小さな鈴をふたつ施したものだ。他の多くの神楽では〝鈴〟と称した鳴りものである。神社の殿内で、巫女が降りたてる鈴の音が耳について覚えているひとも多いだろう。

早池峰神楽の〝鈴木〟は神の降臨を願い、報せる鈴の音であるが、同時にもうひとつ、神への注視、神への敬承などを表徴する道具になっている。

神格として変化した演者のお互いを指し示し、あるいは神の降臨を告辞し、ときに聖空間の一地点を示したりする。

扇は観る者への注視を高めるために、幣束は観客を神的空間へ誘うものとして、刀は邪を祓う武器であり、弓と矢は、特に番楽風な「八幡舞」で使われるのが知られている。「八幡舞」は、別名を「小弓舞」と称していて、文字通り「弓矢」をトリモノにしていることを表現している（第3章　4参照）。

トリモノは、象徴と具象を行き来する道具であり、演技の質実を高揚させる道具なのである。象徴と具象が交錯する〝意味〟を、観客は、またたく間に理解し、演目それぞれの文脈を縦横に楽しんでいる。

加えれば、岳・大償の両系統にともに所在する「宵神楽」「宿神楽」などと称される伝統的な「上演形式」の在り方が根本にある。

現代では、招かれた「宿」で徹宵、演ずることは極めて稀になっている。通常、地域会館や公共の場を設定されることが多い。というのも、馬小屋を併設した「曲がり屋」が消滅したことで、宿を設定することを躊躇《ためら》うようになった。薪を焚く台所を失った現代の家屋では宿神楽をおこなうことは困難なのだ。ただし、新築の家を祝う「新宅祝い」と称する神楽の上演は、例外である。家屋の建築様式は「一世代家族」のために改められても、新築の「家」とその安全、繁栄を願う人びとの想い、祈願の心意は衰えることなく、存在している。神楽びとの出番だ。岳、大償の神楽びとたちは、要請を受けて、時日を違えることなく、上演の場に到着する。神楽びとたちの機動力を保証しているのは、彼らが日常の「足」として確保している「自動車」である。当日に赴き、その日のうちに戻り帰るのである。

（5）登退場と演出

舞台奥に張られた幕が神楽座を表記していることは、すでに述べた。同時に、〝ヤマ〟を表徴し、この世との境界を示すものでもある。

神楽には、幕を捲って、面を付けた演者が、幕内（楽屋）からの謡《うた》に乗って、つぎつぎと現われる場面がある。当然、面は〝神がみ〟を表徴している。演目に従った〝神がみ〟が現われるのだ。幕内が境界を隔てた〝他界〟であることを如実に語っている。言い換えれば、幕内は〝神的聖空間〟なのである。おなじく幕内で謡われる章句（シャモン・沙門）は、観客に、それぞれの神がみを紹介し、その顕れを讃えるものだ。観客は、すでにここで思惟の飛躍を求められる。

面を付けた神は、神楽座の演者であり「神」とともに「遊ぶ」自らを物語に参入させなければならない。これだけでも、充分に躍動的（Dynamicダイナミック）で「神を遊ばせ」、観る者とともに、いっしょに遊ぶ場は、成立している。

太鼓、あるいは、その打ち手を「胴鼓《どうこ》」とも呼んで、演者への演出の役目を担っている。さらには、舞台全体の進行を担い、支配力を発揮している。

胴鼓は、演者の舞い振りを導き、曲の流れに従って緩急を左右していくのだ。物語の展開そのものが、胴鼓に託されているともいえる。胴鼓は、演者の個人的な〝癖〟までも自家薬籠中のものとしている。癖が楽曲の流れに障害を与えることなく、むしろ味わいとなって立ち顕れるように導くのを〝任〟としているともいえるのだ。胴鼓は、しばしば座内で「お師匠さん」と呼びかけられている。常に指導力を求められる存在なのだ。

胴鼓のもうひとつの役割は、幕内からの謡（シャモン）に応じて、面を施した演者に替って、問答のような科白のやり取りをすることである。胴鼓は、幕外と幕内の〝境〟を表徴する役割を担い、観客は幕が持つ役割をあらためて知ることになる。

すでに述べたように、幕には、座が奉戴する神社の名が染め抜かれている。神楽びとは、同時に、幕が早池峰の山を表徴していることを観客に伝えている。胴鼓に導かれる物語は、早池峰山の聖性を紐解《ひもと》いていると伝えているのだ。

〝ヤマ〟から神楽の場に降り来る神がみは、物語の場で胴鼓に導かれ、幕内の謡（シャモン）に乗って顕れるのだ。幕は、この世と神の棲む場を分けているというのである。

〝物語〟を語り終えると、面を外して舞う。通常、四人の舞になる。面に仮託された〝聖性〟を外し、神楽びとたる自らを主張する。そこには、その巧まざる展開と種明かしは実にあざやかである。観客は、面を外した四人の舞を「人足舞」と呼んでいる。

直線的に、面に表徴された神がみに聖性を求めるのではなく、あくまでも観客は、演者を見据える。演者の紡ぎだす物語を見つめるのだ。観客は一夕の神楽の主催者であり、提供者である。

観客・演者（旅の者）・そして〝ヤマ〟から降ってくる神がみの三者が織りなす躍動を享受する。こうした〝あり方〟を、しばしば『二重の演出』と名付ける研究者もいる。しかし、より積極的な視座を開かなければならない。

観客は、神楽の演者がやってきた道筋を知っている。そもそも、神楽座を迎え、演舞の場所を与えたのは、地域で座を迎えた人びとだ。そればかりか、深更はおろか、払暁に及ぶに至れば、酒食をもてなし、宿を与える。通常は、神楽座の十数人は、数軒に分宿する。しかも、神楽座の旅をよく知悉していて、毎年、おなじ日に「神楽集い（神楽寄せ）」を企図する。

（6）謡（うた・沙門・シャモン・サモン）と科白

「しゃもん」や「さもん」は、〝沙門〟が示唆しているように〝Shaman シャーマン〟を語源としている。シャーマンは、平安時代の末期に顕れたとする神道者に由来している。呪術を具とし、託宣を業とする下層の宗教者だった。

〝神道〟は、明治初年、祭政一致が唱えられてから、澎湃《ほうはい》と全国的に起こった廃仏毀釈運動に乗じた〝国家〟事業の先端に立った。〝神道〟は「国家」を支える宗教理論になったのだ。

本来、平安時代末期に唱えられた神道は、そういうものではなかった。いうなれば、民間信仰のひとつにすぎなかった。シャーマンが転じた〝沙門〟は、山岳を駆ける修験者であり、あるいは中国で発生し、儒教、仏教と習合した道教の道士を表わした用語だ。

そのシャーマンが発する謡として、早池峰神楽で呼び習わされたのが〝沙門・シャモン〟である。だからといって荒唐無稽な言動であるとはいえない。むしろ、民俗において多大な信頼と崇敬を保ってきたが故に、現代に至るまで、尊重されてきているのである。

修験者、あるいは神道者の発する「ことば」として、〝沙門・シャモン〟と呼んだのだ。発せられることば、すなわち謡と人物が同義に位置されたのだ。さらに、演技者である神楽びとたちが、観客からは見えない幕内から謡にして観客に問いかけるという芸態に、驚嘆するばかりだ。神楽座員は、「演ずるひと」であり、修験者でも道者でもないのだ。

ここで気付くのは、明治初年にはじまった〝国家神道〟への歴史的なうねりは、早池峰にとって、実は、関わりが希薄だったのではないか、ということだ。早池峰が懐にしていた〝ヤマ〟への崇敬と〝水〟を讃える現世利益への思惟は、国家が振りかざす歴史とは、無縁だったということなのではないか。それ故に、現代まで生き延びることができた。

幕内からの言質を〝シャモン〟と呼び習わした〝民俗〟の逞《たくま》しさとしたたかさには舌を巻くばかりである。仮面劇である早池峰神楽には、もうひとつ発せられる「ことば群」がある。シャモンは能狂言でいえば〝名乗り〟といってよいが、一方で禅宗における「問答」に該当するような対話がある。

呼び立てられた仮面の神と幕内のシャモンが、そして、ときには太鼓を打つ胴鼓とが対話するのである。語られる問答は、〝科白〟と言い換えて、演者の存在をあきらかにすることができる。早池峰神楽座の人びとは、すでに述べたように、修験者でも道者でもなく「演技者」なのである。

## 3 〝ヤマ〟そして「獅子」と「権現」

獅子は、前三世紀、アショカ王時代のインドに伝播した。おそらくアラビアなどの中近東から伝えられたのだろう。前二世紀には中国に伝わり、その後、朝鮮半島を経て六〇〇年代（六一二年）、百済人「味摩之《みまし》」によって日本へ渡来した。一般には、「北伝」仏教渡来の時代といわれている。聖徳太子の時代であり、仏教に帰依する民意のもとで、奈良へ伝えられた〝獅子〟は、若者や子どもたちに浸透し、その〝舞〟の稽古が盛んになった。

勝宝四（七五二）年、東大寺の大仏開眼供養に獅子の舞劇がおこなわれたと伝えられ、伎楽の獅子の舞だったといわれている。いわゆる「南伝」仏教が伝来した時期に合致している（注3）。

この大仏開眼供養をきっかけに、全国規模で〝獅子舞〟が流行することになる。一二世紀中頃には、津々浦々に伝播した。現代、約八千の事例が数えられるという。

当初、インドや中国では、ライオンを擬していた。獅子は、幻獣である。日本に伝わると〝ヤマ〟の神として〝猪〟や〝羚羊《かもしか》〟に擬《なぞら》えられ、やがては神社の門前に鎮座する狛犬《こまいぬ》になった。

神社の入り口の狛犬が〝境界〟を表現していることはすぐに理解できる。

南インドの一四世紀、ハンピー遺跡群には、階段に施された「獅子」を見出すことができる。インドにも、幻獣獅子が境界を示唆する思念があったとおもわれる。聖空間である神殿への階段は、境界なのである。

幻獣獅子は、仏教発祥のインドをはじめ、中国、朝鮮半島、そして東南アジアに広く伝播している。それぞれの宗教感性と環境に習合しながら、伝来の仏教と共存してきた。

早池峰神楽の黒い獅子は、〝ヤマ〟を象徴している、と地域では語り伝えている。聖なる〝ヤマ〟・他界と、この世を結ぶ役割を担っている。獅子は、聖なる空間とこの世を隔てる境界を掌《つかさど》る任を身に収めているのだ。

（1）「権現舞」

早池峰神楽の獅子は、艶やかな黒塗りである。精製漆《せいせいうるし》で仕上げてある。年を経ると、くすんで艶を失うが、時代を超越した趣を湛えて信頼感を増すことになる。頭は、幣を想わせる紙で覆われている。地域で〝力紙〟と呼ぶ幣帛《へいはく》と同種のものだ。弟子座では、その紙に五色の採色がされている場合が多い。五行を表わしている。早池峰の信仰が、神仏習合であることを示唆している。

早池峰神楽の地方では、獅子舞を「権現舞」と呼んでいるが、仮《かり》（権）の姿で〝世に顕《あらわ》（現）れる〟という意味が込められている。獅子、そして獅子舞（権現舞）は、早池峰山への信仰とともに、連綿と歴史を紡いできた。

すでに述べてきたように、古代、仏教の伝来時から存在し、東大寺大仏開眼の時代以降、各地で舞い踊られてきた。

さらに、獅子の舞である「権現舞」は神楽上演に際して、数多くの番組を終えて、最後の演目になる。一夕の集いは、払暁に至ることもある。そして、仄《ほの》明るくなった舞台の最後に登場するのが、獅子、「権現」である。

権現舞を以て、一夜の「神楽集い（神楽寄せ）」を終えるのである。

権現舞は、観客からは見えない幕内からの笛の音ではじまる。観客の多くは、笛の音がながれると、終演を悟るのである。一瞬の間もなく、太鼓と手平金の演奏がはじまる。

間もなく、ひとりの演者が、幕を捲《まく》って現われ、舞台際に設えられた祭壇に飾られた権現を抱えあげ、掲げる。自らが登場した幕にむかって権現を掲げるのだ。観客には、背をむけることになる。

つぎに登場した鉢巻きに袴姿の舞い手が、権現に相対するように幕の前で、舞い踊る。通常「下舞《したまい》」と呼んでいる。「下舞」の演者は、幕を背にして、権現にむかって舞い踊る。あたかも舞台上で掲げられた「権現」にむかって舞っているようだ。閉じた扇をトリモノにしている。やがて、権現を戴くと、幌を被る。権現を掲げていた演者は、幌の「尾」の部分を掴んで、舞いに合わせ、その動きに応じて、権現を自在に〝遊ばせる〟。「尾」を掴む演者を「シコドリ」と称している。

「下舞」を終え、幌を被った演者は、権現を翳《かざ》して舞うのである。権現は、生き、鼓動し、人びと（観客）の眼前に顕れることになる。もっとも特徴的な烈しい「歯噛み」を伴った舞い踊りは、観客に権現の立ち顕れを見せつける。下舞を経て権現に変化した舞い手は、〝ヤマ〟の表徴である権現そのものになるのである。その立ち震える姿態、そして烈しい歯噛みが権現の様相を表現してあまりある。

〝ヤマ〟を表徴する権現は、〝ヤマ〟の主をおもわせ、〝ヤマ〟を駆ける修験者を想起させる。また、中国からやってきた道教の影響を感得することができる。三〇〇年代に葛洪《かっこう》によって著されたといわれる『抱朴子《ほうぼくし》』を貫く思想を読み取ることができる（注4）。

〝ヤマ〟には、仏教より以前に道教の思惟が漂っていたのである。修験に生きるものが〝ヤマ〟を修練の場としたことは、理解できることだ。だが、それが即座に「山伏神楽」という命名に結ばれるという説は、いささか短絡的だ。早池峰神楽の地方では、山岳信仰への現世的で、強い民俗的な思想が、〝国家の力〟を凌いで存在していたとみるのが正しい理解なのだ。

終章に至って「三五《さんご》あげ」と称する羽織袴の人物が登場する。三五あげは、観客のなかから舞台上へ所望(希望)のあった人びとを誘う。権現の前に呼び立てられるのは「みどり子《ご》」たちだ。本来は、その年に生をうけた嬰児が母親に抱《いだ》かれて権現の祝福を受ける儀礼だ。現代での多くの場合、神楽を主催した宿の主や老齢の人びと、主賓と目される人物などが、権現の前に立って祝福を受ける。そして、差し上げられた権現の幌を潜り抜ける。権現は、目礼する「みどり子」のひとりひとりを歯噛みし、みどり子たちは、舞台を降りる。

権現舞は、他のすべての演目とは違っている。儀礼的であるとともに、人びとと〝ヤマ〟の信仰を直接結びつける特異な趣《おもむき》を湛えている。

### (2) 時代を生きる文脈

現代では、米中心の農業から多様な生産に変わってきたために、神楽びとたちの「旅」は変貌してきている。現代の村落では、冬季、雪に閉ざされて籠る生活自体が失われている。土地を耕す専業農家、あるいは沿岸の収獲だけに頼る漁業、山林を整備し生活の資を恃《たの》む林業などは失われ、地域の人びとの多くは、都市化され工業生産に従事する給与生活者に転換した。

一九八〇年代になると、多くの農村で限界集落が出現し、住民は老齢化を迎えた。神楽びとたちの旅も、当然ながら徒歩で向かうことはなく、交通手段は変わった。自動車による日帰りが通常で、長期の旅は消滅した。

「とおり」「まわり」と表現した村落の門打ちも年毎に減少している。

岳神楽座では、二〇一九年には定期の門打ち巡演はなくなっているのが現実だ。迎える村落は高齢化し、加えて人口が減少、門打ちの対象になる戸数が減っているのだ。平成末年には岳神楽座の村落での「宿神楽」は、実質的には消滅した。定期的に神楽座を迎える村落の体制が崩壊してしまったのだ。大償神楽座でも同じような状態で「まわり神楽」と称する門打ちだけが、従来に比べれば、迎え入れる町も村も減少したが、ようやく保たれている。

だからといって、神楽を敬愛し神楽びとを崇敬する人びとの心意が、失われたわけではない。変わらずに保たれている。地域社寺の祭礼や家の祝事に神楽を招く習慣は、変わることなく受け継がれている。戸口を訪問することはなくなっても、社寺の祭礼や戸主や主婦の還暦を祝う行事、歳祝い（厄歳祓い）などには、家計を分けた一族身内が郷里の本家に集まって、神楽を呼び、祝事をおこなう。地域では「神楽寄せ」と呼ぶこともある。

また、神楽座の側も時代の変容を受け止めて、もともと与えられた「霞《かすみ》」、すなわち古くからの伝播地域の要請に快く応じて、一座を率いて参上している。加えて、近年では関東、関西や、その他の地域からの招請に応えることに逡巡せず、足を延ばしている。それどころか、昭和末期からは、アジア、欧州各国からの要請にも応えて活発に活動している。

しかし、なんといっても基本にあるのは、地域の村落なのである。神楽の歴史が育んできた「文脈」を、地域の人びとは、いちじるしく変容した現代生活でも、その精神を保持し、受け継いでいる。それが〝神楽びとたち〟に、誇り高く生きる職能意識を与え続けてきたのだ。

### （３）早池峰神楽・双分組織としての二流

大迫町には早池峰神楽の始祖的存在である神楽「座」がふたつある。早池峰山への登攀口にあたる岳集落に所在する一座と、大迫の町外れの大償集落に所在するものだ。

ふたつの座を早池峰神楽として同根にあるものと認識し、双分な存在と捉えるという主張がある。双分制とは、象徴・民族人類学の用語だが、普遍化された一般論では社会的に二分化された現象を表現している。双分組織ともいって、同種の根源性を持ちながらふたつに分かれ、ときに対立し、ときにお互いを容認しあう事例を称している（注５）。

岳と大償の神楽は、双分組織に則っているともいえるが、内容的な検証を待っているものでもある。もっとも緻密に語られなければならないのは、早池峰という高度で原初的な山岳信仰を保有しながら、制度化されたかのように窺える山伏信仰、山伏修験道との関わりである。先学本田安次に早池峰神楽の存在を知らせるとともに、「山伏神楽」という呼称を伝達した人物を特定している。さらに「山伏神楽」という呼称は、強力な伝播力を発揮して、広く浸透している。おなじ地域に所在している南部神楽、大乗神楽などに対応する〝早池峰神楽〟の通称として「山伏神楽」は普及している（第２章３（２）〝大償から〟『神楽とともに』に詳述）。

大償神楽の舞い手である佐々木隆氏は同書に著している。「孫への伝言という語らいにしたら、……」という、祖父から父に教えられた〝神楽〟を伝える役割を担えると、本書の執筆への動機を記している。「思い出」の記であるとともに、舞い人が育ってきた道筋と神楽の背景を、かつてない詳細さで伝えている。

岳、大償を「流」と唱えた。いうまでもなく、一般に膾炙された言い様である。人びとは、流派としての岳、大償と認識している。双分であることは、地域の観客が、自明に承認しているのである。

一般には、大償流は「女舞」などの優雅な舞い振りが、そして岳流は勇壮な「荒舞」が特徴とされている。大償は七拍子、岳は五拍子、という音楽性の違いが、舞い振りを表徴している。

岳と大償は、「阿吽《あうん》」の関係にあるといわれている。後述する「山の神舞」における面の形を通して語られる。また、岳の早池峰神社に現存する獅子頭は、文禄四（一五九五）年の銘があり、大償の修験先達だったとされる山陰家の伝文書は長享二（一四八八）年のものだと伝えられている。文書は早池峰を開いたとされる田中兵部から山陰家に伝えられたものだといわれている。どちらも岳、大償の成立年に大きく関与しているということができるが、同時に精緻な検討を促しているともいえる。

## 4　演目とその種別

早池峰神楽には、およそ七十に及ぶ演目があると伝えられている。現行では、常時、二十ほどの演目が準備されている。座の一行は、上演の場に参上し、その場に立って、番組を組み立てるのが通常である。「所望」と言い習わしている主催者や観客側からの要望がある場合は例外になる。座は「所望」を断ることはなく、応じて、上演している。

演目の上演には、いくつかの決まりごとがあって、二〇二〇年代に至ってもきちんと守られている。演目とその種類は、厳格に種別されている。もっとも重要な式舞、そして神舞、座舞と種別され、他に狂言が催される場合がある（注6）。荒舞、女舞（巫《み》《神》女《こ》舞）、番楽《ばんがく》舞などと、より細分化して呼称する場合もある。

式舞と神舞の演目のそれぞれには「裏舞《うらまい》」と称する〝表《おもて》〟に対して物語性を変異し噛み砕いた〝裏〟の舞を準備している。表の演目に対して、必ずしも対応した演目とはいえないが、同数の裏の存在がある。それらに「座舞」や「狂言舞」を加えた徹宵の饗宴が、早池峰神楽を形成しているといえるのだ。

神楽宿を任じた家に招かれた朝までの上演では、式舞の表、裏、十二番を舞うことを「幕引かず」と称している。幕引かずのためには、前後二度にわたる食事と祝意と慰労の酒の時間が必要になる。神舞の巫女舞「天女」などを経て、座舞の荒舞、そして狂言が演ぜられる頃合いには、うっすらと夜明けを迎えることになる。

早池峰神楽は、「ネリ」と「クズシ」によって構成されている。いわゆる術語に該当する語彙だ。舞の態様をネリとクズシのみで表現するといってもいい。

また、演順は厳しく定められていて、番組上演はかならず式舞からはじまる。式舞六番の演順も厳格に守られている。たとえば式六舞を三演目に省略することがあっても、その演順は式六番に定められた順番を守っている（次項『式舞（式六番）』参照）。

上演の最後、番組の終わりには、黒い獅子の「権現舞」がおこなわれていることはすでに述べた。〝ヤマ〟、すなわち早池峰山が仮（かり・権）の姿に化身して顕れた、と人びとは畏敬している。獅子の登場によって、終演を知るのだ。〝ヤマ〟の仮の姿としての権現の顕れを迎えることが、地域の人びとによる神への慰撫がまっとうされたことを認識する。そして自らの〝生と生活〟が、神がみとともにあり、それが自らへの誇りを呼び覚ますことになっているのだ。神楽上演の深遠な意味がここにある。

この章の著述にあたって、かねて収集していた以下の文献を参照している。（1）、（2）、（3）の三巻は、手書きで、それぞれの座に伝承され、書き写されて伝わった文書である。（4）、（5）、（6）は、公刊された研究書である。

（1）岳神楽言立集
（2）早池峰嶽流山伏神楽言立・石鳩岡神楽
（3）神楽證傳・鴨沢神楽
（4）菅原盛一郎編『日本之芸能 早池峰流 山伏神楽』（一九六九）
（5）西郷信綱『古事記注釈』一～五巻・ちくま文庫（二〇〇五）
（6）松村武雄『日本神話の研究』一～五巻・培風館（一九五四～一九五八）

（1）式舞（式六番）

早池峰神楽のもっとも重要でもっとも数多く演ぜられるのが、式舞である。式舞は、六演目で構成されていて、通常「式六番」と表現されている。岳、大償、ともに表式舞は、六番である。

式六番は、省略されて番組化されることがある。たとえば、一覧表の（1）、（3）、（5）と演ぜられて、神舞や座舞に受け継げられることがある。そうした場合、演順は一番目に「鶏舞」、二番目に「三番叟」、三番目に「山の神舞」と演じ継がれる。番組化は、一から六までの順番を、けして変えることなく遵守される。

| 演順 | 演目の呼称 | 伝承された舞の物語 |
|---|---|---|
| 1 | 鶏　舞 | イザナギ・イザナミを象徴した開闢の舞で夫婦和合、子孫繁栄を寿《ことほ》ぐ |
| 2 | 翁　舞 | アメノコヤネノミコト(岳)、アメノトコタチノミコト(大償)の舞と伝えている |
| 3 | 三番叟 | イザナギ・イザナミの不憫な子ヒルコの誕生と超人的な成長物語 |
| 4 | 八幡舞 | 二神・直面の舞。ホムダワケノミコト・ホムヤワケノミコト、兄弟の舞 |
| 5 | 山の神舞 | オオヤマツミノミコトの舞。山と農事を結ぶ最重要な舞とされている |
| 6 | 岩戸開舞 | アマテラスオオミカミの岩屋籠りを材にした日本神話物語 |

**鶏舞《とりまい》**　招待された上演に際して「打ち鳴らし」と称する演奏を演目に先駆けておこなうことがある。正式には「御神楽《みかぐら》」と呼称する。ほんの数分の演奏だが、神々の降臨を願って上演の〝場〟を清め、結界し、聖性を高める。特に大償流では、演目上演前の頻度が高い。岳流では早池峰神社での儀式などの節目に際して奏されることが多い。岳流では、「打ち鳴らし」の最初の部分が「鶏舞」の導入部になっている。「打ち鳴らし」と「鶏舞」は、同一な出自を語っている。鶏舞は、もとより儀礼的要素が強い演目で〝打ち鳴らし〟は、その重厚な演技と重なり合って意味を付与されているといえる。

鶏舞は、直面《ひためん》（面を装着しない）で、男女、雌雄一対の鶏を模した舞い振りに終始している。鳥兜《とりかぶと》を着け、しかも一番初めの演目であるところから、日本神話のイザナギ、イザナミの舞と擬《なぞら》えることが一般に流布している。鶏が、信仰や山、転じて物事の開闢《かいびゃく》を掌《つかさど》るのは普遍的に知られているし、理解し易い〝喩え〟になっている。創世神話のイザナギ、イザナミの夫婦神に喩えられるのは、芸能論として象徴主義を発揮しているといえる。〝産む力〟を蓄えた雌雄の鶏は、〝はじまりの意味〟をたたえているともいえるのだ。

「鶏舞」は、その舞に早池峰神楽の規範、あるいは見本となるべき要素を蓄えている。格調高い演技なのだ。

岳流では、雄鶏が、大償では雌鶏が先に登場する。幕を押しあげて先に登場した雄、あるいは雌鶏は、つぎに従って登場する鶏を、誘い待つような〝風〟をみせる（P172舞台図参照）。腰を沈め、背筋を伸ばして、常態にはない姿かたちをつくっている。けして楽な態勢ではなく、厳しくも辛い身体性だ。手には、鈴（鈴木）と扇を持ち、腰を沈めたまま、三方拝をおこなう。舞であるとともに儀礼的な要素が強く与えられている。三方から観る観客にむけて、登場した挨拶を投げたように見えながら、実は、演者である自らの示威でもあることを示唆している。観客に阿《おもね》るというような意図は、微塵も感じられない。

こうした前半部の舞を、演者たちは「ネリ」と呼んでいる。緩やかで細やかで、大らかでもある。雌雄の鶏が戯れるさまを、すでに述べた「象徴的」な様相をたたえて舞っていく。鶏でありながら、それ以上の意味が付与されている。当然、象徴的な意味を付与された現象は、抽象的になり、具象を離れていく。雌雄の鶏の睦まじく遊ぶさまは、捨象され具象を離れた象徴的な仕草に終始している。それが鶏舞のネリであり、観客への説得力を増大している。すでに観客は、理解力を蓄えていて、そうした鶏の登場を、緊張感とともに迎え入れるのである。観客へのこのような了解圏に遊ぶことが、早池峰神楽の醍醐味なのである。それは、〝様式〟に近づいているともいえるのだ。あくまでも様式になってしまわずに、限りなく近づく途上にあるのだ。その地点で、観客を遊ばせてくれている。

ひとたび「クズシ」になると、様相は一変する。腰を限界まで落とした雌雄は、鈴木を振りたてながら、お互いの身体を交錯させ、舞台を半円状に巡る。早調子になった「囃子」に乗って、観る目には、軽やかに演ぜられる。雌雄の鶏の睦まじいさまを実写しているかのような動きである。観客は、ネリに味わった緊張感から解放されて、安堵する。ほっとした気持ちの安らぎを得て、たちまちのうちに終局を迎える。雌雄の片方が、幕内に戻り、追うようにもう一羽が幕内へ飛び這入る。あっけなく切り落とすような終わりだ。「鶏舞」に、通常は謡い語られる詞章（舎文）はない。説明的な言語は、この舞にはふさわしくない、ということだろう。

象徴と抽象を行き交い、力動感に満ちた舞い振りこそが、早池峰神楽の根源的な規範に近づき、見本(Modeling)となるべき演目になっている。

**翁舞《おきなまい》**　もっとも語られなければならないのは、早池峰神楽では「翁」と「三番叟」が分離した演目になっているということである。「能」における演目構成とは違っている。現在、上演されている「能」では、「三番叟」は「翁舞」に挿入する形で構成されている。早池峰神楽では、「翁舞」は、「翁の舞」だけである。

早池峰では、まず「幕だし」と呼ばれる場面がある。幕の上から扇だけがでて、幕内から唱えられる舎文（しゃもん・詞章）とともに揺らぎながら演目の内容を知らせる。

〽松を訪（尋）ぬる老いの身の、松を訪（尋）ぬる老いの身の、二葉《ふたば》の松を訪（尋）ぬるに、……。

舎文は、翁は旅する訪問神であることを示唆している。老いたる身で訪（尋）ねてきた、というのである。具体的には「祭の場」である神楽がおこなわれる「此処《ここ》」にやってきたということだ。神楽は「神遊び」の場であり、老いたる神が夫婦和合の象徴である「双葉の松葉」を求めてやってきたということだ。結果として地域の人びと全体に寿ぎを与える使徒であると宣している。観客の人びとともに長寿延年、天下泰平、国土安寧を寿ぎ、五穀豊穣を祈念する。

早池峰神楽では、通常「舎文」と言い慣わしている詞章は、現行の能楽では「謡」と称している。歌舞劇である能の重要な歌唱を担っているのだが、同時に「謡」は、独立した分野でもある（注7）。

現行能では、翁の謡を「神歌（かみうた・しんか）」と称して、他の演目のように謡曲がそのまま能として成りたっているわけではない。極端にいえば、「翁」という演目は、それ自体では成立していないのだ。

〝とうとうたらり、たらりら。たらりあがりら、……〟と、神歌は意味不明な詞章ではじめられる。シテである老神は、直面《ひためん》で、やがてワキ方「千歳《せんざい》」の登場によって「面迎え」と称される場面に転換し、劇的な進行に発展する。通常、狂言方が演ずる「三番叟」へと進む。世阿弥が構成に関わったとされている舞台は、劇的な時（Moment）を刻んでゆくのだ。

老翁（老神）という存在が、劇的な文脈を孕みつつ、観客に説得力をもたらしていたことが理解できる。言い換えれば、劇的構成を企んだことが、旅する訪問神（老翁）という文脈を踏襲して劇作法（Dramaturgy）を獲得した、といえる。老いの力、その聖性を使い、利用した、ともいえるのだ（注8）。

早池峰神楽の翁は、至極単純で、くっきりとした輪郭を持っている。世阿弥が携わったと伝えられる現行能での「翁」は、「三番叟」を内包している。早池峰神楽の「翁」は、〝世阿弥〟以前の舞い振りを演じているといえる。それは、世阿弥によって大成される以前の、そして観阿弥、世阿弥親子がもともと従事していた翁猿楽、あるいは大和猿楽の系をもっとももよく表現しているのではなかろうか。

また、別の視点からいえば、猿楽は、〝旅する芸能〟であったろう、と多くの論者が述べている。早池峰神楽に共通すると、想像を巡らすことができる。早池峰が旅する芸能であることは、すでに述べた。

それは古式と芸能が特有に保つ豊潤をたたえているといえるのだ。

**三番叟《さんばそう》**　もっとも広く世に知られている演目といえる。「翁舞」の項で、すでに述べた能をはじめ、歌舞伎、舞踊、そして各地の民俗芸能に存在している。それぞれが、それぞれの形態や演じ方を保って現代に至っている。

早池峰の近隣で、多くの信奉者を擁する平泉町中尊寺白山神社の「延年の祭」にも「古実《こじつ》式《しき》三番《さんば》」と称された「三番叟」がある。「延年」は毛越寺常行堂《じょうこうどう》での仏教色の強い祭礼もあり、白山神社の初夏の祭にも挙行されている。三番叟には「三番目の演目」という意味が込められている。「三番三」と表記されることもある。そして「父尉《ちちのじょう》（白尉）」「翁」に次ぐものだったと伝えられている。早池峰神楽では、鶏舞、翁舞に次いでいて、三番目の地位を保っている。早池峰の舎文には「三番猿王《さんばさるおう》、……」とある。三番叟が「猿楽師」によって舞われたことの名残である。一番、二番は、「呪師《じゅし》」と呼ばれた社寺に所属する舞い人がおこない、「三番叟」は「猿楽師」が演じたといわれている。

呪師は、呪術師でもあって、儀礼的で占星、加持祈祷など、呪的な力を持つ者で、畏敬された存在である。猿楽師が最も注目を集め、衆目にもてはやされた〝芸〟は、「呪師走り《じゅしばしり》」といわれる呪術的な走り芸だった。翁猿楽、そのものを「呪師走り」と呼称した時代もあった、と伝えている。

現行の能では狂言師によって間《あい》狂言としておこなわれる「三番叟」は、猿楽、田楽が息づいていた時代には、本来、五穀豊穣を祈願し、儀式性の強い「田事《たごと》」で、観る者たちの切実な願望と祈願が込められていたのである。「地固め」「種まき」など、農事にまつわる所作と舞が豊穣を願う人びとの願いを担っていた。実行する田楽師、あるいは猿楽師は祝儀芸能の職能人だったのだ（注9）。

観世流宗家・八世観世鐵之丞（故人）は、能に登場する「三番叟」について「もともとは五穀豊穣を祈る農村行事であり、翁は集落の長の象徴、千歳は若者の象徴、三番叟は農民の象徴である」といっている。

また、大治《だいじ》元（一一二六）年の著と伝えられている『法華五部九巻書』序品第一に、父叟《ちちのじょう》は仏を、翁は文殊を、三番は弥勒をかたどる、という仏教的解説がある。平安時代後期にはこのような思考が成立していたとされているが、この書の大治元年著作の年次には疑問が多いといわれている。

早池峰神楽の「三番叟」には別種の物語が強調されている。

鶏舞をイザナギ・イザナミの夫婦神に擬《なぞら》えた物語に連なって、身体不全で生まれた皇子ヒルコノミコトが、やがて闊達な行動力を発揮するのだ、という筋立てを伝えている。

早池峰神楽の「三番叟」は、烈しく回転、跳躍し、ときに軽妙な所作を交えて、常に、観る者たちの喝采を浴びている。

鈴（鈴木）を振りつつ、身を屈め、跳ぶように円を描きつつ移動、また、片足での疾行、跳《と》び躍《おど》りなど、すべてが、非日常の身体性を発揮している。楽に乗っての展開は、迫力と速度感にみちていて、まるで目前を疾走するように舞われる。翁が老体を舞ったのに対して、次いで登場した「三番叟」は、いかにも若く力強く、活力が全身にみなぎっている。

大償神楽の佐々木隆は、「幼くして『三番叟』を皮切りに『鳥舞』『八幡舞』の順に習わされ、……」と述懐している（注10）。視点を転じると、岳神楽でも「三番叟」の伝承は、若い舞い人に授けられ、神楽修業の登竜門になっていることが、その伝聞に知ることができる。書かれた記述のない岳神楽では、故人を含めた古老たちの発言が残っているのみなのである（注11）。

書いて伝えないこと、芸能に込められたものだけが子孫に伝えるべきこと、という思念は、芸能という「演ぜられて、消えてしまう」事象では、ひとつの重要な要件なのかもしれない。芸能のあれこれを語るのは、常に、観客の側に位置する者たちにあり、演者ではないのだ。

**八幡舞**　「はちまんさま」と呼びならわす社《やしろ》は、全国、どこの町や村にもある。八幡宮（神社）は、四万社を越え、日本の神社の半数を越えているといわれている。

八幡の祭神は、応神天皇で、和名諡号《しごう》はホムダワケである。地域それぞれに特徴を持った八幡は、しかし、主祭神には応神ホムダワケを仰ぎ祀っている。

たとえば神奈川県鎌倉に鎮座する「鶴岡八幡宮」は、源頼義、頼朝の父子に因み、地域の名を冠し、鎮座している。祭神ホムダワケ、応神天皇は、源氏の守護神として崇敬を集めている。ホンダワケ、応神、そして八幡がどのように習合、合体したかは、歴史的時期を含めて定かではない。

前方後円墳の代表格であり、広大な規模を誇る応神天皇陵は、古墳時代と区分される当時の文化を象徴する存在でもある。全国に散在する前方後円墳は、日本固有の墳墓であることは、知られた事実だ。

応神は、『日本書紀』ではホムダノスメラノミコト（誉田天皇）、『古事記』ではホムダワケノミコト（品田和気命）、あるいはオオトモワケノミコト（大鞆和気命）と呼称されている。記紀に登場するホムダホワケ、ホムダノスメラと応神は、もとより八幡と習合し合一する因みを持っていなかった。奈良時代から平安前期、すでに伝説になっていた〝応神天皇〟に「八幡」の称号が与えられた。

八幡信仰には、桓武平氏、清和源氏の熱い支持が寄せられた。武士の世が開かれる鎌倉、室町時代、そして江戸時代まで武士階層からの信仰は絶えることなく注がれてきた。奈良、平安の当初から神仏習合による「八幡大菩薩」という呼びかけは強固にあり、戦勝を誓う祈願と加護は神仏にわたっていた。八幡信仰は、日本史上はじめての〝神仏習合思想〟に則っているといわれている。また、「弓矢八幡」は、大菩薩への祈願、加護を恃《たの》む誓言として発する表現だ。武士の飛び道具として象徴的な戦略こそが「弓矢八幡」だったのだ。

八幡は八本の旗を意味し、応神の母后とされる神功皇后が、皇子を孕もった身を挺して三韓の戦いに臨み、勝利したことに機縁している。応神の母后神功皇后は、八幡の総本社、北九州の宇佐八幡（宮・神宮）に、出陣に際して勝敗の占星を依頼したと伝えられている。八幡の総本社である宇佐では、神官の上位に誣覡《ふげき》が存在していたという伝承がある。

いずれにしても、神功も応神も伝説上の存在で、実在を疑う研究者が多数であることを付言しておかなければならない。

早池峰神楽の「八幡舞」は、後に応神天皇になるホムダワケと、その異母弟による舞と伝えられている。「八幡舞」には、トリモノのひとつとして「弓矢」を持って舞う場面がある。鈴木や扇、刀とおなじように神楽の舞いによって「弓矢」を讃称する。得物《えもの》である「武器」を讃美、称揚するのである。

そして特に、八幡舞だけは弓と矢をトリモノのひとつとして採り持つ舞になっている。弓矢が八幡信仰にとって特別な意味を持つことは、前段に記した。弓矢を自在に操る者が、「武士」であり、平安末期から鎌倉時代にかけて出現した「あらたな人びと」であることもすでに述べた（第2章2　背景としての歴史（1）変貌する「社会」）。あらたな人びとはあらたな権力を持った人びとでもあった。それまでは宮廷宮家の警護係であり、宮びとたちに伺候する雇用人だった〝侍〟は、武力を糧に権力を得たのだ。雅《みやび》な宮廷文化におさまることなく、武力を以て権力を克ちとったのだ。

彼らの行動の一挙手一投足は、漁民、農民、そして山民《さんみん》には、奇妙で面白く写った。自然とそこに育まれる生命を身近なものとし、いうなれば自然界の生態系に同伴する人びとにとって「武」に生きる人間たちは、別種としてしか認識できなかった。

扇を翳《かざ》し、遙《はるか》を窺《うかが》い、片足を挙げて身体を傾け、その窮屈なまま腰を落として回転する。小枝に糸を張った小さな弓が小道具で、舞い手のふたりは、その弓で戦いを再現し、観客に見せつける。それは、観客の想像力を掻き立て、充足させる。同時に、異質の人びとになりきった演者の動作、仕草は、軽やかで滑稽な味わいを湛えてもいるのである。そこから発せられる微笑みこそが観客が望んだものであり、舞い手のふたりは、ひたすらその期待に応えるのだ。

いわゆる武士舞、あるいは番楽舞である。武士舞が持つ観客との距離感は、実は、真摯で真剣なものなのだ。演者、舞い手は別種の人間を表現することに腐心するのだ。演者、舞い手は、観客との対面に全精力を傾ける。その姿が、奇妙で滑稽でもあるのだ。

「八幡舞」は、あたらしく世に登場した別種の人間を演ずるひとつの〝分野〟になっている。早池峰神楽における自己増殖とみることができるのだ。

**山の神舞**　早池峰は、森と水を恵与する〝ヤマ〟、という思念が地域の人びとにゆきわたっている。早池峰山信仰の根幹をなしている〝思想〟だといえる。

山頂の湧水を早池峰の森が大きく育み、やがてせせらぎとなって、里に降る。さらに灌漑のための川になる。大洋に注ぐ河は、森の所産である養分を蓄えて漁業を潤すのだ。そればかりか、山は漁労の人びとの目印になって、羅針の役割をする。「山当て」と称し、遥かに早池峰の頂を遠望して航路をとるのだ。山頂の奥宮の祭神がセオリツヒメであることは、すでに述べた。せせらぎの精霊が、〝ヤマ〟の奥宮の主祭神なのだ。

〝ヤマ〟と地域の人びとの生活は、緊密に結ばれている。地域の人びとは、循環する生態系に寄り添っている。

そうした循環を促し、司《つかさど》っているのは「山の神」なのである。地域の農山漁労の人びとは、山の神の支配に身を任せ、生きる術《すべ》を預けている。〝ヤマ〟の恵与をもっともよく知り、その現世利益を理解している人びとは、ヤマと山の神への崇敬を失うことはないのである。

集落に太鼓を響かせ、笛を奏でて神楽の一行がやってくる。酷寒の冬である。野良での「稼ぎ」などおもいも及ばない季節だ。人びとは、戸口に神楽を迎える。三宝に米一升と包んだ鳥目を乗せて、謝礼にする。黒い獅子の舞とともに、乞えば「山の神舞」が演ぜられる。後述するが、折に触れた宿神楽を催すに際しても、山の神舞は外すことのできない演目だ。

山の神は、イザナギ、イザナミの間に生を受けたオオヤマツミとして登場している。『古事記』や『日本書紀』に記述されている。しかし、天上に坐《おわ》す神格ではない。異次元の天上に坐す神ではない。この世の何処かに潜んでいるのだ。

人里を外れた森の入り口、あるいは山への駆けあがりに、小さな祠を、たびたび発見する。それが「山の神」の祠堂《しどう》であると地域では伝えている。ときには供物を捧げてある。あきらかに、近隣の誰かが、定期的な参詣、拝礼に訪れていることが分かる。神道や仏教の極めはなく、民間に流布した〝信仰〟である。だからといって、けして緩いものではなく、深く強い信仰心によって保たれているのだ。教義に導かれた仏教、神道にはない、強靭な地域の人びとによる崇敬と信仰がここには流れている。

地域によっては、人びとは、山の神の小さな祠堂を、先祖霊を祀るものだと伝えている。人里を外れた〝ヤマ〟の駆けあがりに先祖の霊魂が宿っているというのである。多くの山岳地方では、死者の魂は、森に赴き、宿ると伝えられている。

幣束《へいそく》をつけた馬で森を彷徨し、再生の魂を賜るというおこないは、広く普遍的に存在している。集落にあたらしい生命が誕生するとき、馬の背の幣束が小刻みに揺れる。森に宿した魂が、集落に戻り還った兆しだ、と人びとは信じたのだ。あらたな生命が家族に齎《もたら》された、と轡《くつわ》を取るひとは確信する。生態系の循環は、人間の生と死にも関わると、人びとは捉えている（注12）。

農事が米作りに傾いた鎌倉末期、人びとは森の仕事をやめた。米は、上納され、武士や貴族の生活を維持した。農事の人びとは、専ら米作に従事し、それまで兼業していた〝山仕事〟や〝海浜の仕事〟をやらなくなった。というより、米作りに専心するあまり、森や山の仕事をする余裕を失ったといった方が、正確だ。そして、米作に勤しむ人びとは、〝山の神〟が、春になると田に降りきて、米の作柄を護り、冬には山へ戻っていく、という神話を生みだした。〝ヤマ〟の仕事は、山民だけのものになり、海浜の仕事は、海の民だけのものになっていった。米は、換金生産物として、流通機構の中心的な産物になった。日本産業の近代化のはじまりであると同時に、人びとを分業化し、専門職化するための先制打でもあった。米を生産することが〝農業〟の中心課題になった。山や海浜の仕事は、農業人の及ばざるところになった。米を貨幣の対価として、流通機構に身を任せれば、本来、手の届く山や海浜は、別業の人びとに委ねれば事足りる、ということになる。

〝山の神〟は、こうした歴史を逞しく生きた。そして、〝ヤマ〟がすべての淵源であることを人びとは忘れなかった。忘れることができなかったのだ。

早池峰は「森と水の〝ヤマ〟」といわれてきた。山頂に湧くその流れは、里に降ってせせらぎとなり、農作業には欠かせない灌漑の川となる。やがて、腐葉土を育んで、大洋に注ぐ大河となって沿岸を潤すと、海浜の漁労を促すことになる。人びとは、そのすべてを掌《つかさど》るのが、山の神であると知悉している。山への信仰、せせらぎの精霊セオリツヒメへの信仰は、重層しながら地域に浸透しているのである（注13）。

神楽に登場する山の神は、それなりに威厳を保ちながら、しかし愛嬌のある面《おもて》で、擬人化されている。大償流では口を開き、岳では「への字」に結んでいる。阿（あ）と吽（うん）になっていると伝えている。

早池峰神楽は、山の神を擬人化し、目に見える存在にしたのである。可視化された山の神が眼前したとき、〝ヤマ〟の恵与をもたらす神は、自らの生活を支えるすべてを預けることのできる存在になるのだ。灌漑を生みだす流れ、暢茂《ちょうも》（草木が繁茂すること）し、ひとの手が及ぶのを待つ森、そして日頃の暮らしを支える漁獲をもたらす沿海岸、それらを司る〝神〟が、いま此処《ここ》にいる。神楽びとが演じている山の神だ。

**岩戸開舞《いわとびらきのまい》**　誰もが知っている『古事記』『日本書紀』のアマテラスオオミカミが岩屋に籠った挿話である。岩屋に隠れた原因は、アマテラスオオミカミの弟スサノオノミコトの乱行だった。

物語は、スサノオノミコトの乱暴狼藉を忌避したアマテラスオオミカミが洞窟に隠れてしまうことからはじまっている。アマテラスオオミカミが支配するひかりがこの世から消え、暗く沈んだ闇の世界がやってくる。岩屋の前に集まった神々は、籠ったアマテラスオオミカミの気を惹くように、さまざまな試みをおこなう。アメノウズメノミコトによる滑稽、洒脱な舞に、神々はさんざめき、笑い転げ、アマテラスオオミカミは、閉じられた岩屋に少しの隙間をつくって外のざわめきを窺う。それを逃さず、力自慢のタヂカラオノミコトが岩屋の扉を押し広げる。神々は、アマテラスオオミカミを迎え、世にひかりが戻った。

早池峰神楽では、挿話は詞章、舎文で運ばれて、上演の場では、長い語りと謡が展開する。国文学者・西郷信綱が論じ、解析するような、現代に伝えられている『古事記』、『日本書紀』の叙述、文体、そして言語感覚からは離れている（注14）。

早池峰神楽に構成された物語は、和魂（にぎたま）であるアマテラスオオミカミの存在を強調している。そして、やがて荒ぶる神スサノオノミコトとの対立、追放へと導かれることになる。このような文脈は、昭和中頃までの戦前の教育の場では、当然ごととして与えられていた。言い換えれば、そうした教育を受けた人びとは、アマテラスオオミカミを天皇家の始祖として理解し、国家の〝歴史〟に発展させる〝文脈〟を身に纏《まと》っていたのである。

日本神話への理解、「記紀」への知識は、実は、一九四五年の敗戦の日を一線として「価値観」を変えたわけではなかった。たしかに、天皇の歴史を説き、日本神道によって成り立つ社会体制は崩壊、変容した。しかし、日本人は「記紀」を見捨てることはなかった。見捨てることはできなかったといってもよい。

初等教育の場では、それまでの天皇家を中心においた〝歴史書〟としてではなく、古典文学、あるいは「神話文学」として「記紀」を教授した。生き残った国家主義者も戦後民主主義を積極的に受け入れた人びとも、日本国家像を投影するものは「記紀」と認識することに大きな異議を唱えることはできなかった。なによりも、他になかったからであった。アマテラスオオミカミとスサノオノミコトの物語は、生きながらえたのだ。徳川江戸体制から明治ご一新への転換を生きた物語は、有史以来初の敗戦という経験を凌いだことになる。

岩戸に籠るアマテラスオオミカミの物語は、国家主義、あるいは戦後民主主義を通過して、なお、生命力を失うことなく、人びとの潜んだ意識と価値に染みついていたのだ。

早池峰神楽の「岩戸開舞」は、「記紀」を潜ませる人びとの、いうなれば気分の思想を呼び覚まし、再生する活力を秘めて眼前するのだ。

（2）式六番の成立とその「世界観」

すでに述べてきたように「式六番」は、早池峰神楽のもっとも重要で、大切な演目である。早池峰神楽が持つ〝力〟のすべてがここに注ぎこまれている、といっても過言ではない。

神楽の上演に際して、式舞を演ずることなく進行することはない。たとえば六番をすべておこなわなくても、三番、二番に省略したとしても、演順を守りつつ「式舞」からはじめる。演順をいかに守るかについては、すでに述べた。

神楽の拠点地である大迫町では、例年、七月末日と八月一日の早池峰神社祭礼には大償神楽と岳神楽が上演され、その他、同町内、あるいは、ときには他地域の座も参加して盛大におこなわれる。東和町に所在する岳流の系譜にある石鳩岡神楽は、例年、座をあげて奉納にやってくる。

多くの観客が、大迫町内はもとより、岩手県内各地から、そして東京や他地方、海外からも遠来し、神社の神楽殿を取り囲むのだ。

昭和三〇年代までは、早池峰神社の例祭に神楽は上演されなかったと伝えられている。神社に神楽殿もなかった。昭和四〇年代半ば以降、現行のように観客を集めるようになったのだといわれている。

本田安次が岳集落を訪ねた昭和初期には岳集落で神楽を演ずる習慣はなく、急遽、神社の社務所で演ぜられた、と本田自身が記述している。たびたび触れているが、早池峰神楽は、他所を訪問して演ずる〝旅の芸能〟だった（注11）。

人びとは、神楽を観る機会を求めている。現在、もっとも容易く観客になれるのが夏の例祭なのである。

「式六番」の内容を検証すると、『古事記』、『日本書紀』に材を求めたものには「岩戸開舞」がある。おなじように「記紀」由来としながら「翁」「三番叟」は演目解析で述べたように、古態を保ちつつ、抽象的、象徴的な展開に任せている。「岩戸開」に比べて、早池峰神楽独特な解釈や筋立てが鮮明に主張されている。たとえば「三番叟」は、ヒルコノミコトが生れの不遇を越えて、逞しく再生することに主眼がおかれている。また、「翁」は、大迫の民間伝承譚に由来していることが垣間見える（注15）。

地域の人びとである観客は、「翁舞」を眼前して、ただちに地域伝承譚を想起し、「神楽」に取りあげられた必然性を理解するのだ。神楽は、観客が持っている〝文脈〟をただちに探りだし、導きだして、上演の場を統一するのだ。

早池峰神楽を催す人びとは、旅の芸能者を迎える地域の人びとである。「神楽寄せ」を挙行できる誰某《だれそれ》であり、同時にもっとも熱心な観客でもある。観客は、お互いが親族であり、同地域の人びとなのである。

「八幡舞」は「武士舞・番楽舞」の雰囲気を漂わせ、物語の機縁を「記紀」に求め、平安時代に定着しながら、鎌倉武士（清和源氏）たちの支持を得て隆盛したと伝えられている。

一方で「山の神舞」は、〝ヤマ〟の恵みとその生活から沁《し》みでた、もっとも重要視される卑近な演目である。現世利益である水の恵与と〝ヤマ〟の信仰が結びついているのだ。すでに述べてきたように、興行を組織した者と地域観客である人びとと旅の芸能者の間には、強い緊帯がある。

式六番は、「記紀」に由来を持つ演目と時代を経て「鎌倉武士」を迎える演目など、多岐にわたっている。ひとつの時代とひとつの思想から成立している訳ではないのだ。

早池峰神楽の長く深い歴史を紐解く便《よすが》とすべき思惟が、ここに所在する。民俗に根差した早池峰神楽の逞しく強靭な、そして統合された「世界観」を、発見することができるのである。

（3）裏式六番

すでに述べたように、式舞には「裏の舞」がある。裏式舞は〝表〟におなじ六演目である。宿での神楽寄せの際は、表、裏の十二演目に「権現舞」が付いて「幕引かず」と呼んでいる。夜分にはじまった神楽は、払暁に至って終了するのである。暁を神楽とともに迎えることから、幕引かず、と称している。

神楽宿での上演が午後、昼過ぎにはじまる際にも、裏式舞は、しばしば〝表〟を演ずることなく、おこなわれる。裏舞からはじまるのである。

裏式舞も表舞とおなじように、演目の構成は六番であり、演順を守る。たとえば六番の演目のうち、どれかを省略しても、一から六への順に従っていく。表式六番とおなじである。また、最後に「権現舞」を演ずる。そして、それが上演最後の演目で、ひと夜、一度きりの演舞になる。

**四人鶏舞**　イザナギ・イザナミの夫婦神に擬《なぞら》えられる表舞の「鶏舞」は、裏舞になるとスサノオノミコトとその皇后であるクシナダヒメを加えた四神の舞曲であると観客は謂《い》い慕っている。象徴的で抽象性に満ちた表舞に対して、より物語性を強調し、ふた組の夫婦神という具体的な身体動作を見出そうと願ったのだろう。

表舞の鶏舞は、低く構えた腰のまま、雌、雄に擬えられた二羽が回転する。クズシになると、速度も速まって移動する。演ずるのに容易い身体性ではない。厳しい修練を覗《うかが》わせる。早池峰神楽の見本のようで、独特な身体性を例示している。早池峰神楽の身体的要素を網羅し満たしている。求めきた身体による究極が、ここには存在する。

裏舞の四人鶏舞は、表舞に引き比べて物語性の所在が違っている。皇子スサノオとクシナダヒメの加わった

| 演順 | 演目の呼称 | 伝承された舞の物語 |
|---|---|---|
| 1 | 四人鶏舞 | 天地二神とスサノオノミコトとその皇后神、四神の舞と伝えられている |
| 2 | 松迎舞 | 千秋、萬世の兄弟二神の舞で、新春を寿ぎ子孫繁栄を祈念する舞 |
| 3 | 裏三番叟舞 | 「真似三番」とも称し、ヒルコを真似る淡嶋神のおかしさが見どころ |
| 4 | (大)八幡舞 | 一部地域で“大”が付く。四神による舞いが特色。三神の場合もある |
| 5 | 小山の神舞 | オオヤマツミノミコトの子息の舞。父神を真似る滑稽さはやがて大成する |
| 6 | 裏岩戸開舞 | アマテラスオオミカミの岩屋籠りを材に“表”をより具体化した物語性が豊か |

四神という見込みは、舞曲の成立に関わるものではなく、すでに述べたように、観客が求め、生みだした解釈に基づいている。人びとが「記紀」の神話性に依拠したものであろう。〝天〟を表徴するイザナギ・イザナミに対して、〝地〟を表わすスサノオ・クシナダを拝する構成は、卓抜な想像力と思考力の賜物《たまもの》である。ひとの世と同義な擬人化された二神、スサノオ・クシナダを配することが、地域の人びと、観客の文脈の背後に所在して、支えているのである。

表鶏舞のイザナギ・イザナミへの擬えには、ひとの世とは次元を変えた〝神〟の世界が設えられている。表鶏舞の演奏が神的環境を呼びだすための「打ち鳴らし」と近似するものだということは、すでに述べた。

〝表〟の鶏舞が、イザナギ・イザナミに擬えられ、早暁を招く鶏に喩《たと》えられるのに比べて、〝裏〟の鶏舞は、イザナギ・イザナミ夫婦の始祖神とその末裔にあたる夫婦神の物語に喩えて「記紀」の世界を拡大している。すなわち、擬人化された神が人の世に卑近な存在であり共生する存在であることを訴えている。夫婦和合の祈念を潜《ひそ》ませているのだ。

四神の舞い振りに、殊更《ことさら》な差異はない。しかし、観る者たちにとって、ふた組の夫婦神の出現は「この世」に生きる至福を与えるのである。

国家神道とされた明治初年からの「記紀」神話とは異質なものだ。とはいいながら、観客である地域の人びとにとっては、よく知り、馴染《なじ》んだ物語性が横溢している。地域の人びとにとって「記紀」の物語は、国家が提唱する宗教性より以前に存在している。地方民譚《みんだん》としての夫婦の「鶏」に、〝ヤマ〟を奉戴する宗教性を通した近縁と同義性を、強く訴える〝力〟が秘められているのだ。人びとが感得している「記紀」の物語は、卑近な民譚に寄り添って歴史を刻んできた、そういうものなのだ。

**松迎舞《まつむかえまい》**　早池峰神楽では、この舞は、ひと言でいえば「新春」を寿ぐ舞である。地域では旧暦の「松の内」に神楽一座を招く折、この演目は表舞の「翁」に替って舞われる。「松の内」の時期には、表舞になるのである。現代では、新暦（太陽暦）の正月から旧暦の正月末までの期間になる。昭和四〇年以前には、旧暦正月以降、その一月後まで「翁舞」の替りに「松迎舞」が舞われていた。

　地域では、オオトシノカミのふたりの子息神、千秋（センシュウ）・萬世（バンセイ）の舞と伝えている。

　能では、「翁」は「能にして能にあらず」といわれており、儀礼的で、特別な演目とされている。すでに述べたように「三番叟」は入れ子のように仕組まれていて、〝翁〟と〝三番叟〟は、ひとつの演目になっている（4 演目とその種別（1）式舞《式六番》・翁舞）。「翁」を舞うためには、家族とは別居し、〝別火〟〝斎戒沐浴〟などのおこないをした、と伝えられている。「能にして能にあらず」という伝えの証左である。

　能を大成したといわれる世阿弥は、父尉（ちちのじょう）、翁、三番猿楽の老体神が舞う演目として定着させた。後に父尉は外され「千歳」に替ったが、国土安泰、天下泰平を祈願する演目であることは守られてきた。

　能では、本来「翁」は「演目」とはいえず、楽屋に祭壇を設け、聖酒、「面箱《めんばこ》」を供え、非公開で一種の秘密儀礼をおこなう「鏡の間事《こと》」や舞台上で面箱を開き、面《おもて》を装着する儀礼だった。「翁」役や「千歳」が舞うことはあり、天下泰平、国土安泰を祈祷する呪的な物語性を排除したものだった。

〝とうとうたらりら、とうたらりら、……、というよく知られた謡は、観世流などでは現在でも「神歌」と称していて、能楽での「謡」とは離れた特別なものになっている（『観世流百番集』観世左近 昭和五八《一九八三》年 檜書店）。仏教の思想的反映を見出すとともに、「翁猿楽」としての歴史の〝影〟を色濃く漂わせている。

大成者世阿弥は、能劇の開始に「翁」を一番目の演目として定着させた、ともいえるのだ。というのは、世阿弥の時代以降、「翁」に続けて「脇能」などが〝余興〟として演ぜられた、と伝えられている。「翁」は、特殊な演目であることよりも、より重要な意味を孕んだものだった、ということになる。「翁附き」と称していた。「翁舞」の謡である「神歌」は、『観世流百番集』（前掲書）によれば、「初日之式」から「四日目之式」、そして「法会」「十二月往来」「父尉延命冠者」その他二種があると伝えている。すなわち、まず「神歌」を伴った「翁」が演ぜられ、続いて〝余興〟として脇能などの「物語能」がおこなわれたことが窺える。

さらに、語り伝えられているのは、昭和二五（一九五〇）年、神田水道橋に新たに設けられた能楽堂の「舞台開き」に際して「翁」が舞われたことが、独立した演目としての嚆矢であり、その後、新年最初の演目として定着した。早池峰神楽の「松迎え」は、表舞「翁」には登場しない「千歳」の存在をあきらかにしている。老体〝翁〟との兄弟という物語性の強調は、「猿楽」の所在を漂わせている。それが、観客である人びとの関心を惹き留めているとともに、演目としての生命力を讃えることに繋がっている。

**裏三番叟舞（真似《まね》三番《さんば》）**　早池峰神楽では、たびたび述べてきたように、〝翁舞〟と〝三番叟〟は別の演目になっている。裏舞の三番叟は、「二人三番」とも称して、ヒルコノミコトとアワシマノミコトの舞と伝えている。

アワシマノミコトはスクナビコナノミコトの別称である。

アワシマノミコトは、ヒルコの逐一を己《おのれ》のものにするべく真似をする。それが、滑稽で飄逸《ひょういつ》なのである。逸脱と不完全な重複、方向性の違う熱意など、笑いを誘うすべてが網羅されている。やがて、アワシマノミコトひとりになると、最後にひと踊り、見事に演じて幕内に去る。このやりとりが、スクナビコナノミコトに因んで、性病忌避、無病息災を祈念すると地域観客には尊ばれている。

**（大）八幡舞**　〝大〟を付けるのは、岳流弟子座など、ごく限られた伝承である。通常は、表・裏舞ともに〝八幡舞〟と呼んでいる。〝四人八幡舞〟という別称もある。

裏八幡舞は、四人舞が通例で、ときに三人舞の場合がある。当日、神楽座の都合で、三人で舞う場合がある。八幡大神・シナダワケノミコトを中心にその兄弟のふた神、あるいは三神の舞とされている。番楽風な装束での舞い振りは、小さな弓矢をトリモノにし、鶏舞や三番叟とは一線を画した演目になっている。あたらしい人士、侍の出現を迎える人びとの良質で控えめな揶揄と諧謔を目の当たりする。当時の地域の人びと、そして観客の感得した世の移り変わりが、信頼と崇敬を創造する源泉であることを知るのだ。

**小山の神舞**　「真似三番」とおなじように先神を真似して、威勢を得ようとする若い神の飄逸と滑稽を題材としている。先神は、「山の神表舞」で述べたように、オオヤマツミノミコト（大山祇命）で、〝小山の神〟は、その八皇子神《はちおうじしん》のうちのひとりに擬えられている。

実に巧妙な仕掛けと具体性を見出しているといえる。先神の後を襲う若い神の飄逸と滑稽が、観客の爆笑を誘うのである。

「真似三番」とおなじことがいえるのだが、地域観客が望み、演者との強い緊帯を見出すことができる。やんやの喝采は、観客と演者の結びつきを見せつけられることになる。「記紀」における神がみの関係を擬えてはいるが、原文を引用しているのではなく、地域固有の伝承に則《のっと》った関係性を演目にしている。もとより、「山の神」は、〝ヤマ〟を卑近な存在として、地域の人びとは日常的に生活と触れあい、山からの恵与を田や畑からのそれとおなじように戴いてきた。人びとは、北上山系を暮らしのなかに抱え込んでいるのだ。

北上山系の頂点には早池峰山がある。それは、早池峰信仰でもある。地域の固有性をオオヤマツミノミコトと擬えるのは、いえば当然のことだ。

小山の神に爆笑する人びとは、自らを「小山の神」に仮託して、聊《いささ》かな自虐性を交えながら、自らを「笑う観客」に仕立てている。「笑い」は、観客と演者の抜き差しならない紐帯を生みだしている。「小山の神」は、神的存在を逸脱して〝身近な者〟になる。観客は、懼《おそ》れることなく〝神〟の世界に遊ぶことができる。小山の神が投げ与える「笑い」は、観客と〝神〟、延《ひ》いては〝演者〟を結びつけているのだ。

**裏岩戸開舞**　「岩戸」に擬えた幕をタヂカラオノミコト（手力尾命）が捲り上げると、アマテラスオオミカミ（天照大神）が坐している。タヂカラオノミコトの力技に、観客は小さく感嘆の声をあげる。

演者は、面、冠をつけ、鳥兜をはじめ衣装装束を纏い、神がみの顕《あらわ》れを装っている。幕内に坐すアマテラスオオミカミの冠と面は、ひときわ生彩を放っている。タヂカラオノミコトの力技は、日の神アマテラスの威光を呼び覚ましたのだ。

すでに記したように、早池峰神楽では、幕内から登場する神がみは、面を付け、装束をまとって神格を表現している（第3章1　旅する芸能）。

裏岩戸開舞でタヂカラオノミコトが岩戸を圧し開ける演技は、その登場から観客を魅了し、まさに「神が遊（楽）ぶ」様相のなかでおこなわれる。しかも、観客の誰もが知悉している「岩戸に隠れたアマテラスオオミカミ」がこの世に再来する物語なのだ。表、裏を通した式舞で、この演目が、もっとも解りやすく物語を紐解いている。観客は、「記紀」の神がみの族戚に結びつけることによって、神話物語の具体化、そして卑近化を諮《はか》る。「小山の神舞」とおなじように、地域の人びと、観客は、既知の物語を旅の芸能者である演者によって再現、眼前できることに自らの存在証明を見出し、なによりの喜びとしているのだ。観客が「物語」を要請したのか、演者が旅を懸けて運んできたのか、どちらかは判断すべきでない。観客と演者の抜き差しならない紐帯が、存在するのみなのである。

（4）神舞

「式舞」のつぎに挙げられるのが「神舞」である。

すでに述べたように、早池峰神楽には区分、種別がある（二章四、演目とその種別）。〝神舞〟には、「式舞」とおなじように裏と表の舞がある。さらに、「神舞」には「女舞（巫女舞）」とか「荒舞」と呼ばれている演目がある。

岳流の「荒舞」は、烈しい身体の活動が、詩的なざわめきを呼び立てている。「荒舞」は、しばしば「番楽」と呼び慣わされている。〝侍〟の所業に映るのだ。青森、秋田、山形県の日本海側に分布する「番楽舞」を想起する。「荒舞」と「番楽舞」は、重複する概念ともなり得るのだ。

また、いわゆる「巫女舞」といい慣わしている演目は、女性の舞である。男性である神楽びとが女性を演ずることに、特別な種別をおこなっているともいえる。

これらの演目に与えられた〝呼び慣わし〟が、長い早池峰神楽の歴史の内側で時代とともに加えられ、変化してきたであろうことは理解できる。しかも、その変化は、同一の意趣によるものではなく、時代ごとに違った思惟によってなされているといえる。

「神舞」のほかにも「座舞」などに、巫女を形象した演目がある。神舞「水神舞」や座舞「三韓舞」などに登場する女性舞を想起することができる。

（5）表神舞

神舞の「表」として挙げられるのは「笹割《ささわり》」「五穀」「水神《すいじん》」「龍殿《りゅうでん》」「天王」「悪神退治」「命揃い」「年寿《ねんじゅ》」「諷誦《ふしょう》（普勝）」「巫《み》（神）子《こ》」の十演目であり、通常、それぞれに「舞《まい》」がついて呼称している。すでに述べたように、種別はかならずしも演技を表わしてはいない。神舞のなかには「荒舞」や「番楽舞」と呼称するのにふさわしい演目が並んでいる。

**笹割舞**　常緑で神道では聖木とされる榊《さかき》（賢木）と笹竹の束を携えて、烈しく踊り、舞う。

ふたり、ときに三人舞である。まるで、戦域を往き戦線をひらく兵士たちのようである。笹は、その勇猛を表現し、榊（賢木）は聖なる戦いを示唆しているようだ。別名「笹祓いの舞」とも称するように、邪気を払い清めた空間を湧出する。やがては、太刀を抜いて、その威力を誇るのだ。

地域の人びとは、舞い手はイザナギ、イザナミの皇子神たちと伝えている。「記紀」に登場する〝神がみ〟との族戚と称することが、地域の人びとの帰属意識を高揚する手立てになっている。

明治以降、近代になって、〝早池峰神楽〟は「記紀」に由縁する存在であるという自己認識とその証明を表わしている。〝ヤマ〟への信仰と現世利益への熾烈な想いがその底に流れているのである。〝神楽〟が、地域の人びとにとって、いかに重要な同一感（Identification）をもたらすものであるかを語っているのである。

**五穀舞**　いうまでもなく、神楽を支える多くの人びとは、農業に励んで、その恵与を享受してきた。通常、地域は五穀の生産に関わってきた。米、麦、粟《あわ》、黍《きび》（あるいは稗《ひえ》）、豆などである。米、麦は、そのほとんどを税として上納してきた。自ら食するのは、粟、稗、そして豆であった。地域によっては、黍が加わった。漁民、山民といえども、自ら食するものは自らの手で生産してきた。農事に関わらなかったわけではないのだ。「百姓」については、すでに記した（第1章2（6）稲作と〝百姓（ひゃくせい）〟）。

物語の材は、よく知られた『日本書紀』の〝保食神・ウケモチノカミ〟の挿話である。ウケモチノカミは、『古事記』には存在しない（注16）。

アマテラスオオミカミは、ツキヨミノミコトを〝中つ国〟に遣わしてウケモチノカミに会うように命じた。ツキヨミノミコトはウケモチノカミに会ったのだが、すべての食べ物を口から吐きだす所業に「穢れている」と怒り、ウケモチノカミを切り殺してしまった。アマテラスオオミカミは、戻らないツキヨミノミコトを訝《いぶか》しんで「ウシクマノウシ（牛熊の大人）」に事の次第を検分してくるように命じた。ウシクマノウシは、ウケモチノカミの死骸から五穀をはじめ、蚕、牛馬など、人びとの食するもの、恃《たの》みとするものが湧きでているのを見届け、アマテラスオオミカミに報告した。アマテラスオオミカミは、それからはツキヨミノミコトを身近におくことはなかった。それで、太陽と月は昼と夜に、その立場を別けたのだ。

また、早池峰神楽の「五穀舞」では、「百姓の貴《とうと》き産物」としての五穀、蚕などを強調している。さらに、稲の遣いとして狐（稲荷）の役割が重く語られている。また、従来の農事には欠かすことのできない馬への信仰も〝駒形神社〞として地域には数多く所在している。

『日本書紀』に材を得て、『古事記』を援用しつつ、農事に生きる者たちへの戒めと教訓に満ちた演目になっている。

**水神舞**　トヨタマヒメは、龍神の娘でヤマサチヒコ（山幸彦）の妻である。全国の河川、滝に棲む龍神を支配している。あるとき、トヨタマヒメはすべての龍神を集めて、その穢れを嘆き、祟《たた》ることを諮った。アマテラスオオミカミは、心を痛めフツヌシノカミ（経津主神）に命じて、雨水を絶って流れの浄化を企てた。フツヌシノカミは命に従って、荒雲、真雲を張り巡らして、雨が降り、水が流れることを封じた。世は、干天が続き川や滝も涸れてしまった。龍神たちは、水がなければ生きていけない。一滴でもよい、と、遂にアマテラスオオミカミに願いでた。アマテラスオオミカミは憐れんで、龍神たちをトヨタマヒメによる「祟り」から解放した。

早池峰神楽では、この演目は水難除災をもたらし、降雨祈願を念ずると伝えている。

この番組が演ぜられると、終演を待たずに雨が降ってくる。そんな光景に何度か出会っている。

「水」とその「流れ」は、農業にとってもっとも大切なものだ。農業だけではなく、林業に関わる者たちにとって、また、川で蓄えられ、やがて海へ注ぎこまれる慈養分を吸収した魚類を追う漁業民にとっても、ひとしくその恵与を受ける者たちだ。「五穀」と「水神」は、「記紀物語」の擬えを離れて、直截に地域の関与を説いている。

**龍殿舞**　アマツフネノミコト、別名アマノトリフネノミコト（天鳥船命）とタケミカヅチノミコト（武御雷命）のふたり舞である。アマテラスオオミカミの命を受けたふたり、二神は、出雲のオオムラジノミコト（大巳貴命、別名オオクニヌシノミコト大国主命）に国譲りの大義を勧めるために降った。タケミカヅチノミコトは雷神であり、アマノトリフネノミコトも勇猛を誇った命神《みことがみ》だった。どちらも天駆ける神として語り継がれている（注16）。

地域の観客たちは、この演目を「くぐりっこ」と称して喝采をおくる。ふたりによる抜き身を自在に操って演ぜられる軽業的な所作に、ぞくぞくする迫真と痛快な快哉を笑いに替えながら存分に楽しむのだ。

この演目は、荒舞にはじまって荒舞に終始する十五分ほどの番組になっている。しかし、そのあまりにあざやかな舞い振りに酔いつつ、疑問を呈さない訳にはいかない。オオクニヌシノミコトが出雲にあらたな〝国〟を建てた、という挿話がなにも伝えられていないのだ。シャモン、すなわち詞章もない。詩的、ともいえる荒舞の息遣いは伝わってくる。しかし、物語としての散文的な起承転結は見出せない。物語としての説き語りがないのだ。

長い歴史を歩んできたであろうこの演目は、繰り返し演ぜられるうちに、磨かれ、研ぎ澄まされ、無駄とおもわれる散文的で説明的な部分を削ぎ落としてきたのではなかろうか。烈しい舞いと楽と、そして軽業のような迫真が、観る者たちを撃ち、凝縮されて演じ続けられているのだ。

**悪神退治の舞**　岳系と大償系に伝わる挿話には違いがある。特に、参集する神格が違っている。〝悪神〟とは、どのような「神」を指しているのか、物語の根幹に触れる問いでもある。

大償系では、退治の対象になる神格はタケミナカタノミコトと伝え、岳系の〝流派〟では、悪神、悪鬼との勇猛な戦いを描いた物語、ということになっている。大償のタケミナカタノミコトとは、オオナムチノミコト、すなわちオオクニヌシノミコト（大国主命）の子息にあたる神とされている。あきらかに、アマテラスオオミカミを中心にした〝神話世界〟の構築が意図されている。出雲の大国主に敵対している。同母弟であるスサノオノミコトが姉の女神アマテラスオオミカミに数かずの悪行を働いたという説話は、よく知られている。

実は、この演目は、天孫ニニギノミコトをいかに〝中つ国〟であるこの地上に迎えることができるかという思惟に包まれている。アマテラスオオミカミを中心にした神道思想を形成したいという意欲に溢れた物語で、観客の同意を促す目的意識が垣間見える。特に、大償系の物語性には、強く感得する。岳系には、アマテラスオオミカミ中心より以前の〝神話〟の在り方をみることができる。特定の神格を「敵」として論《あげつら》うことなく、「悪神、悪鬼」との戦闘を物語の主軸に位置させている。しかも、日本神道の民俗的思考ともいうべき川や森など「自然」に宿る神格との戦いを示唆していることである。

なによりも、両派系を問わずに天孫ニニギノミコトの降臨に臨んでいて、〝中つ国〟の整いをおこなった「悪神の退治」であった。すべては天孫ニニギノミコトの降臨を仰ぐための神話と歴史への解析になっている。

**命揃の舞、別名「六月舞」**　岳系では、「命揃」「六月舞」、大償系では、「水無月《みなづき》」「四神命舞《よじんみことまい》」と言い慣わしている。水無月は、陰暦の六月のことだ。祇園祭がおこなわれることが知られている。〝祇園〟は、仏教の熱心な信仰者と目される須達・R・シュッダツ（Sudatta）長者が釈迦とその弟子たちに贈った堂塔伽藍の名称である。「祇園精舎」ともいう。

六月（水無月）は、京都八坂神社の祭礼、祇園祭がある。祭礼の日には、神がみが寄り集って、談義をする、という伝えがある。天孫ニニギノミコトをいかに〝中つ国〟に迎え入れるか、そして、三種の神器の謂われを改めて説いて、アマテラス神話の正当を称揚する。その談義の後、御神楽《みかぐら》を奏してアマテラスオオミカミを慰撫し安らぎを祈願する。

八坂神社の祭礼である「祇園祭」は、上賀茂、下賀茂神社の祭礼「葵祭」と対照される。「祇園祭」は地域の人びとによる人びとの祭であり、「葵祭」はもとより京都に歴史を刻んだ皇室に捧げた祭、といわれてきた。日本を代表する祭礼であると同時に、多くの地方末社の祭礼をも含めて「祇園」「葵」と言い慣わしている。アマテラス信仰が、日本の「国家的規模」で行き渡っているともいえるのである。

**天王舞《てんのうまい》（牛頭《ごず》天王舞）**　スサノオノミコトと巨旦（コタン）、蘇民（ソミン）の兄弟の物語である。兄弟には、姓にあたる「将来」が与えられている。

菅原盛一郎の解説（『日本之芸能 早池峰流 山伏神楽』）には、スサノオノミコトは頭上に三尺の牛の角を配した兜を付けていた。松村武雄によれば、スサノオノミコトは「まれびと（客人）」的な存在でなかったか、と指摘している（『日本神話の研究』第三巻）。あきらかな「異人」の様相だった。ふたりの指摘に従えば、スサノオノミコトの扮装は周囲から懼《おそ》れられ、遠ざけられたであろうと、理解することができる。「異形の神」だったのだ。そしてスサノオノミコトは「牛頭天王」の文脈上にいることに気付くのだ。神仏習合の嗅《におい》がする。中国の古代に発せられた五行の思想がゆきわたっていたことを知る。さらに、仏教は、百済《くだら》から伝えられて以来、静かに着実に浸透してきた。人びとの山岳や河川への崇敬は、民俗信仰として地場を拡大していた。そこに仏教が習合、独特の宗教態様を顕わしてきたのである。

　スサノオノミコトは、その装束を懼れられ、遠ざけられていた。それで周囲には結婚相手が見つけられなかった。スサノオノミコト、すなわち牛頭天王は嫁取りの旅に赴き、「異郷」に嫁を求めたのだ（注18）。

　旅の途次、巨旦将来、蘇民将来の兄弟に出会う。弟のコタン（巨旦）は、長者になっていたのにもかかわらず、一夜の宿をすげなく断った。兄のソミン（蘇民）は貧しかったが、粟飯で饗《もてな》し、宿を供した。

　早池峰神楽の「天王舞」は、ソミン・コタンの兄弟譚になっている。スサノオノミコトは、牛頭天王と名を変えている。すでに述べたように、仏教の浸透した後に物語化したものと断ぜられる。ソミンが、粟飯でもてなした、というのも生活感を湛えている。つつましやかな農民、庶民の生活の場に牛頭天王が降ってきた様子をうかがうことができる。

　古代中国に創始され、広く人びとに膾炙され、平安時代中期には日本に伝えられていたとされる五行説「陰陽道」の十干十二支、干支《えと》が大きな役割を担っている。

　十干十二支は、もっともよく日中の人びとに知られ、愛用されてきた。暦法として信頼を寄せられ、人生の指針ともいえる存在だ。六十年をひとつの単位として人間の生きる姿を諮ってきた。六十年を人間の人生循環の単位と観ている。還暦六十一歳は、「本厄」と呼ばれ、この歳を迎えると、赤い装束を纏って、生れたばかりの子供に還るという習俗がある。

　干支の「干」は〝兄（え）〟を謂い、「支」は〝弟（と）〟を表わしていると伝えられている。「兄・えうかし」「弟・

おとかし」に擬えられている。にわかに〝将来〟兄弟の物語が浮きあがってくる。

「天王舞」では、弟コタンを横暴で邪《よこしま》な「長者」とは扱わず、どちらかといえば滑稽で理不尽な存在として表現されている。

天王舞は、「歳祝い」と呼ぶ厄年の祓いには、必ず演ぜられる。地域の神楽びとたちは、観客であり後援者でもある「所望」者の健康と疫病退散などを祈念して舞うのだ。働き盛りを迎え、あるいは老年期の一線を退いた〝隠居〟世代の年男、年女への無病息災祈願の舞なのである。災禍が及ばぬように、スサノオ＝牛頭天王の力が発揮されることを祈願して、一夕の舞い演じとするのだ。スサノオ＝牛頭天王は、疾病を流行らせる神であり、それを力任せにねじ伏せる神でもある。牛頭天王は、両義的な腕力を備えている（注19）。

**諷誦舞（普勝舞）**「荒舞」を代表する演目のひとつである。「普勝」とも「諷誦」とも表記され「ふしょう」と発音される。ときには、「武将舞」と宛てることがある。

「諷誦」は、〝ふじゅ〟、あるいは〝ふうじゅ〟とも詠んで、仏教儀礼では、読経する場面で出会うことがある（注20）。

「諷誦舞」には、シャモンはなく、解説と呼べるものは、一切、見当たらない。

〽サンヤー、ハアー、フショウカミ、ナアー、……と掛け声がかかるだけである。そして、突然、烈しい〝楽〟とトリモノである扇や刀の舞がはじまり、終始する。あたかもシャモンは削ぎ落とされ、荒舞だけが出現する。削がれ、鍛えられて舞だけが残ったかのように覗える。

地域では、アマノオバハリノミコト（天尾羽張命）の舞と伝えている。タケミカヅチノミコト、すなわち雷神の父神ということになる。無双の荒神である。天の安川を逆流させたと伝えられている。〝一種のあてがい〟であろう。

悪神悪鬼を調伏する剣を振るって切り払う呪力を蓄えている。普勝、もしくは武将、には、仏教的な解釈とは異質の神話的意味が付与されているのであろう。〝神道〟の原初的なあり方を示唆しているともいえる。

その舞い振りは、起承転結のままにある散文的な文章をなぞるものではなく、烈しく、しかし、詩的なものだ。いうなれば、詩的身体を紡ぐ舞い振りで、風に靡《なび》き震える詞章を、観る者の身体にぶつけられたような感動を与える。地域では、人気のある演《だ》し物だ。

**年寿舞**《ねんじゅまい》　老いた夫婦が薬師大明神の加護によって、若返るという夢物語が綴られている。

式舞の「鶏舞」に対照しているかのような物語性である。別名に「高砂舞」とある。「鶏舞」が若く活力のある〝夫婦〟の舞い遊ぶ姿を映したものならば、「年寿」は、老翁媼《おうおう》が若返りの夢に揺蕩《たゆた》う姿を物語《ものがた》っている。ふたりは、ささやかなふたりだけの宴を設け、男は三十、女は二十八歳に戻ることを神に念じた。狂言仕立てとおもえるような筋立てである。延命長寿を願う演目になっている。背後に鎮座する神仏は、薬師大明神であり、春日大社との近縁を示唆している。神仏習合の信仰形態が伺える。

〝薬師〟は、法相《ほっそう》宗の総本山である京都・薬師寺に発祥して奈良の華厳宗・薬師寺、新薬師寺などに伝播した。明治期の神仏分離以前の長い歴史には、すでに述べたように春日権現との緊密な関係性を無視することはできない。そして、それから全国に流布した。

薬師信仰は、とりわけ東北地方に深く浸透している。水沢（現・奥州市）の黒石《こくせき》寺は本尊が薬師如来で薬師大明神とも呼ばれている。通称「裸祭」と称されている「蘇民祭」が広く知られている（注21・22）。

「年寿舞」は、すでに記述した「天王舞」の続編とでもいうような演目である。コタン、ソミン兄弟の挿話もおなじ題材だ。「年寿舞」が求める延命長寿は、民間に流布している「疫病送り」を含んでいる。そして加えて、微笑ましい長幼の序、道教にいう〝五倫〟の教えに則っている。年長者を敬い、その健康を願う世代の若い人びとの切実さが、神楽びとに託された演目なのだ。

**巫女《みこ》（神子《みこ》）舞**　巫女の舞は、奈良の春日大社のものがよく知られている。すでに一〇世紀には、その存在が和歌に詠われている（『拾遺和歌集』）。

〝巫女〟とは、神と人間を結ぶ役割を与えられた乙女で、天の岩戸に籠られたアマテラスオオミカミを導きだすきっかけになったアメノウズメノミコト（天細女命）の舞に淵源を求めることができる。やがて、「巫女神楽」は全国に流布した。

一般には、神憑《がか》りした巫女が、鈴を振りつつ舞い、神の〝ことば〟を託宣する。春日大社の巫女舞は、八乙女舞とも別称して、神に仕える乙女がおこなう神楽として知られている。また、全国に流布する〝湯立て〟の神事の多くが、巫女によるおこないになっている。

早池峰神楽では、神舞のひとつとして「巫女（神子）舞」と題され、アメノウズメノミコトの舞とされている。しかし、昭和後半期以降、演ぜられたことはない。アメノウズメノミコトの舞は、「天女舞」が存在するからである（次項「裏神舞」）。また、後述する「裏神舞」「座舞」には、いくつかの「巫女舞」を部分とする場面がある。

### （6）裏神舞

「神舞」には「式舞」などとおなじように「裏舞」がある。「表神舞」とおなじ、十演目である。各演目は、「表」に対応しているようで、必ずしも、そうだとはいえない。

「裏神舞」の十演目は、客席を賑やかに沸かすのである。演ぜられるのは、主として宿神楽で、観客の喝采を浴びる人気演目が多く選ばれている。「裏神舞」にならべられた「物語異聞」や「同話異説」もしくは「新解釈」は、観客の人びとの耳をそばだて、目を見開かせ、関心を深めさせる。観客の人びとは、「神話」とその「挿話」を遊び、多くの神と出会い、寓意に満ちた世界に自らを飛翔させるのだ。ようやく深更を過ぎ、朝の気配とともに、物語の群れは、人びとの平板な日常を襲うのだ。

**稲田姫舞**　スサノオノミコトにまつわる物語である。数々の悪行が祟《たた》って、姉のアマテラスオオミカミに〝高《たか》天原《まがはら》〟を逐われたスサノオノミコトは、出雲にやってくる。そこで、年毎に御供《ごくう》となる娘を欲する大蛇《おろち》の存在を嘆く老夫婦に出会う。今年は、最後に残った八番目の娘、イナダヒメ（稲田姫）を差し出さなければならない、と悲しみにくれていたのだ。大蛇は、八頭を持ち、ヤマタノオロチと呼ばれていた。スサノオノミコトは、八壺のそれぞれに酒を仕込み、ヤマタノオロチを待ち構えた。やがて、オロチは、すべての壺の酒を飲み干すと眠り込んでしまった。スサノオノミコトは、その機を逃さず、大蛇に斬りかかり、切り刻んでしまった。そして、切り刻まれた大蛇の尾から「草薙《な》ぎの剣」を見出した。助けられたイナダヒメ（別称クシナダヒメ）は、スサノオノミコトの皇后になった。

先に挙げた「天王舞」によく似たスサノオノミコト、牛頭天王の嫁取りの物語である。「天王舞」が、コタン、ソミン兄弟を物語の軸に据えているのと違って、高天原と出雲の、いうなれば「国生み」の神話物語になっている。高天原から降ったスサノオ＝牛頭天王が出雲を拠点化する過程でイナダヒメ＝ハリサイジョを皇后にする物語だ。

「イナダヒメ（稲田姫）」は「天王舞」では「ハリサイジョ（破利賽女・頗梨采女）」となっているが、同一人物とみてよいだろう。同様にクシナダヒメ（奇稲田姫・櫛名田比売）もイナダヒメの別称である。

二〇〇〇年代、スサノオノミコト、もしくは牛頭天王に関する研究が進んでいる。スサノオノミコトは、朝鮮半島由来の神格だ、という説である（注23）。

そもそも神と人が混淆して展開する〝神話時代〟においては、朝鮮半島と大洋に浮かぶ大和、日本の間に国境が設えられていたとは考え難い。お互いの文化的な差異を見出すのみだった。〝国〟というより「地方性の差異」と言い換えたほうが適切だ。

## 女五穀舞

「表神舞」の「五穀舞」に対応する裏の舞である。表題の〝女〟とはアマテラスオオミカミとウケモチノカミを表わしている。ふたりの女神が物語の軸になっている。冒頭、ウケモチノカミの舞がある。観客は〝巫女舞〟と呼んで慈しんでいる。その体内に五穀をはじめ、馬、牛などの食料を孕み保っていると伝承されるウケモチカミの舞は、多くの観客が抱える日常生活の厳しい現実を慰撫し、励まし、称賛する。農業に生きる人びとにとって、ウケモチノカミは、豊作と生活の安寧を約束する吉神なのである。その舞いを見つめ、五穀の献上を受けるアマテラスオオミカミへの崇敬が伝わってくる。

観客であり「旅の神楽座」を招来した地域農業民は、女王アマテラスオオミカミの王権の元で、五穀を養い育み、厳しく過酷な日毎を生きているのだ。それが「男五穀」で演ぜられた「アメノクマビト」たちに与えられたという伝承が、アマテラスオオミカミへの崇敬を、より深めている。

この演目は、「五穀舞」の裏舞と伝えられ、その続編物語になっている。スサノオノミコトの嫁取り話を背後にひそませて、オオゲツヒメ、イナダヒメ、ハリサイジョなどと名を変えているが、その骸《むくろ》から五穀、豆、はては牛馬を養う餌料《じりょう》まで吐きだすウケモチノカミを比定している。表現を換えれば、スサノオノミコト、オオクニヌシノミコトの国生み物語なのである。

高天原を追放されたスサノオノミコトが、嫁取り話を背後にしながら、生国と見做される四国を経て、出雲に身を定める、すなわち豊芦原《とよあしわら》・大和を支配する王者となる物語なのである。

**苧環舞**《おだまき》　夜毎に通ってくる〝男〟の正体は大蛇だった。民間に語り継がれた物語である。しかし、その礎《いしずえ》は「記紀」にある。「大蛇」となって娘の寝床に通ったのは、『古事記』では、オオモノヌシノカミ(大物主神)、『日本書紀』では、コトシロヌシノカミ(事代主神)、ということになっている。もともとは三輪《おおみわ》(大神)伝説から発祥して全国に流布した物語だ(注23)。

娘は、通ってくる男の裳裾《もすそ》に〝赤い糸〟を綴じ付けて、その後を手繰り従《つ》ける。と、やがて男は、洞に這入りこみ、大蛇になっていた。それがオオモノヌシ、コトシロヌシの変化した姿だった、という挿話である。

往年の子どもたちは、男女を問わず、母を手伝って毛糸の「おだまき」つくりをした。芯が空洞になっている毛糸の球《たま》の感触をおぼえている人は、数多くいるにちがいない。転じて、「おだまき」は、花の名前になった。芯の部分が空洞で、丸く巻きつけた「糸」の形が、広く北半球に自生する多年草「おだまき」の花に似ていることから「苧環」と通称した。「おだまき(苧環)」の〝苧〟は、麻、あるいは苧痲《ちょま》を謂い、「からむし」とも読まれて、木綿が伝来する以前の日本では、その茎から採られた繊維は多くの織物に使われた（注24）。

この演目で、もっとも人気を集めるのは、「しごき帯」（第3章2　神楽の上演と様式（3）装束）を赤い糸に見立てて、夜毎、通ってくる男、実は蛇体に変化している神格、と後を従いてきた「娘」の姿を表わす場面だ。しごき帯を「糸」に見立てる抽象と具体の往還が、象徴的な神と人間の出逢いを見せつけている。

蛇体に変化している人、あるいは神格は、ほかの演目にも数種ある。

**手剣舞《てつるぎ》**　〝三人くぐりっこ〟とも称している。すでに述べたように、神舞の裏舞は、必ずしも表舞に対応していない。しかし、この演目は表舞の「龍殿の舞(二人くぐりっこ)」に対応している。二人舞と三人舞の違いである。それぞれが神格に擬えられている。そしてどちらもいわゆる「荒神」で、剣を軽業的に、自在に操る「剣の舞」でもあり悪神悪鬼を退散させ除災神授を祈り願っている。「荒舞」であり、その荒々しく勇壮な舞い振りから所望が多く、見物客からの人気が高い。

**天降《あま》り舞**　「記紀」の「天孫降臨」の項に材を求めた演目である。天孫ニニギノミコト（邇邇芸命）は、アマテラスオオミカミの孫、アメノオシホノミコトの子であり、日本では皇室の祖神と目されている。

人気が高く、徹宵の宿神楽では、必ずといってよいほど演ぜられる。なによりも、天孫ニニギノミコト天降《あま》って、この世、豊葦原の国（高千穂）にやってくる。その先達を赤顔で鼻の高いサルタヒコが道分けをおこなった。そのサルタヒコが天から降る様を描いた烈しい舞い振りに、観客は拍手、喝采する。観客は、その舞い振りに喝采し、敬意を捧げるのだ。身は東北の辺境といわれる地にあって、人びとは〝大和〟を自らのものとする自己証明（Identification アイデンティフィケーション）を獲得するのだ。この演目の物語である日本生成の神話に、自らの存在証明（Identifiable アイデンティファイアブル）を求めているともいえるのだ。

**竜宮渡り舞**　よく知られた昔話、竜宮城の挿話である。もともとは「記紀」に由来を持っている。海子どもたちにいじめられていた亀を助けた弟とその後を追う兄の物語だ。海彦、山彦の兄弟が、それぞれ、海に生活を恃む者と山に求める者との相克を語り伝えている。

早池峰神楽のこの演目では、海彦・山彦の挿話に竜宮と乙姫伝承を求めている。ここでは、海幸彦が妻であるトヨタマヒメの安産を祈念する、という物語になっている。

海と山に日毎の暮らしの資を求める日本人の生活様式を語ってあまりある、と同時に、古《いにしえ》からの日本人の生き方を描いているともいえる。

**恵比寿舞**《えびす》　ヒルコノミコト（蛭子命）の後日談ともいうべき演目である。葦の船に乗せられ流されたヒルコは、漁師になっていた、という奇想天外な展開である。

ヒルコは、姉神であるアマテラスオオミカミに不漁を嘆き、窮状を訴えた。アマテラスオオミカミは救いの手をさしのべ、ヒルコノミコトの出向く漁場はどこも大量に沸いた。やがて、その恩恵は、田畑に及び、五穀もまた豊作に恵まれた。

この演目は、大漁、豊作を祈る祈願の舞として、人びとに敬愛されている。

**五大龍王舞《ごだいりゅうおう》**　春、夏、秋、冬の四季を司るそれぞれの保護神を周囲に配置して、マンダラ（曼荼羅）を描く。背後には、中国伝来の五行思想の影響が強く流れている、と伝えられている。保護神のそれぞれを〝龍〟に喩えている。あたかも〝龍神〟のようだ。

中央に鎮座するのは〝土〟で、農業にとって、生産の基となるもっとも肝要なものだ。土を司る神を据えて、五行説に則りマンダラ（曼荼羅）を描く。山岳信仰と仏教が綯《な》い交ぜになり、五行十干の思想性が習合した、きわめて複雑で難解な形態を採っている。そして、曼荼羅という図像を想起させるという手法は、日本の古くからの思想性を具現している。その意味では、難解でもなく、むしろ分かりやすい、ともいえるのだ。

季節変化のはげしい、四季のある日本での農業生産への祈りは、やがて水上・海上の安全、大漁祈願へと広がって、海の道を報せる〝ヤマあて〟の山岳信仰に習合する

〝龍神〟は自然と闘い、人びとに恵みを齎《もたら》す存在になっている。

**天女舞**　髪文字《かもじ》を着け、女装した演者によるひとり舞である。この演目は「巫女・神女」の舞として、「神舞」を離れ別項に位置されることもある。また、「命揃い舞」の裏舞として位置されることもある。

〽明日は祇園の祭ごと、いざさらいでて遊ぶなり

されば、日本の神がみは、この社に集まりて、日の神、いさめて奉らんと、……

楽屋と胴鼓の掛け合い謡《うた》と太鼓の響きに乗って、白拍子のように舞うのだ。旅する巫女の姿を彷彿とさせる舞である。

大償では、諏訪の神女、ことスサノオノミコトの娘スセリヒメノミコトと伝え、岳では、アメノウズメノミコトと伝承している。

明治初年の神仏分離令によって、神道の在り方が改められた影響で、謡が改変され、舞そのものも大きく変わった、と伝えられている。それでも女舞としての「天女」は、地域の人びとにとって、欠くことのできない存在だったのである。

どのように抑圧、圧迫があろうとも、自らの在所の伝承を護ることが、自ら自身を護ることだ、という強い意志と決意が「早池峰神楽」を存続してきた歴史であることを語って、あまりある。

**注連切舞**《しめきり》　典型的な〝荒舞〟である。アマテラスオオミカミとスサノオノミコトの挿話を〝荒舞〟に仕立てている。スサノオノミコトの荒れ狂う様子を、アマテラスオオミカミを囲む注連縄を切り落とす所業に見立てている。

舞演技の種別としては、〝荒舞〟として別項を立てることもある。いうなれば、神が暴れることによってアマテラスオオミカミの神座を保ち、崇敬するという背反と道義という二律を表現している。きわめて日本的な思考性だといえる。

神舞最後の演目であり、表舞の「諷誦」に対応する舞として人気を誇っている。

## (7) 座舞

早池峰神楽には「式舞」「神舞」のほかに、もうひとつの舞群がある。「座舞」と呼び習わされている。

| 演順 | 演目の呼称 | 伝承された舞の物語 |
|---|---|---|
| 1 | 三《さん》韓《かん》舞 | 朝鮮半島に新羅、高麗、百済の三国があった。その討伐の物語 |
| 2 | 小《こ》児《じし》舞 | 鞍馬の深山に大天狗僧正を修行中の若輩者が訪ねた。牛若に擬す |
| 3 | 屋島舞 | 源平合戦「壇ノ浦の戦い」。あたかも夢幻能のような構成 |
| 4 | 蕨《わらび》折《おり》舞 | 病の父が望む蕨を求める娘。その娘に騙される歳取った男の恋情 |
| 5 | 機《はた》織《おり》舞 | 郷里を離れ、仕事を求めた夫を想う妻が機を織る。その姿が見所 |
| 6 | 野々宮舞 | 女舞のひとつ。近年演じられることはない。以上“平舞” |
| 7 | 鞍馬舞 | 鞍馬の山中で修行する牛若丸と天狗の首領善界坊《ぜんかいぼう》との戦い |
| 8 | 曽我兄弟舞 | 「日本三大討ち入り」と讃えられた鎌倉時代、五郎・十郎の仇討 |
| 9 | 木曾舞 | 義仲、京へ進軍。巴御前が絡む。やがて義仲は、頼朝軍に敗れる |
| 10 | 橋架《はしか》け舞 | 近江・名取川に橋を懸ける挿話。杉の大樹に宿る「女神」の神威 |
| 11 | 汐汲み舞 | 海浜に「塩」を汲む女性の姿を活写。兜を桶に見立てるなど優雅 |
| 12 | 鐘巻舞 | 安珍・清姫の恋物語。「道成寺」の早池峰神楽版 |

**「座舞」とされる舞の一覧**

一般的に〝座〟は座興・その場の戯れ、などの意味を付与されて使われる。また〝座〟は仏神道において、重要な意味を孕む語でもある。仏や神が位置する「場所」を明示する語であると同時に、そこに参集する信仰者と仏僧や神官が寄り集う「場」であり「一座」を表わすことばでもある。

〝座〟は、早池峰神楽においては、より砕けた物謂いに近づいて、場を和み、遊ぶ、という意を込められている。「場」の成り立ちである「座興」の意が込められていると視ることができる。

「座舞」に種別される演目は、集落の一軒での「宿神楽」に招かれた折、「表・裏式舞」「表・裏神舞」を演じた後に、なお、ひと夜の楽しみを求められ、夜明けのしらじらに舞われることが多い。

(8)「舞」の種別、その異論

すでに何度か記述してきたが、「表・裏、式舞」そして「表・裏、神舞」「座舞」という「種別」には異説がある。「座舞」

の存在を認めず、「女舞」「番楽舞」のふたつの項目を設けるのである。また「荒舞」を別項として加える。

「荒舞」には、「龍殿《りゅうでん》」「諷誦（普誦）」「笹割（笹別）」「勢剣《せつるぎ》（手剣《てつるぎ》）」「三神舞」「注連切《しめきり》」などを挙げている。

「三神舞」は、大償流に伝わる演目で「三人くぐりっこ」とも称されている。演目「龍殿」が「二人くぐりっこ」と呼ばれて岳、大償に存在しているが、その発展系とでもいうような演目だ。あたかも対置しているようだ。

「番楽舞」は、東北日本海側に分布する〝番楽〟に通底する演目を称している。「番楽」は、青森県、太平洋岸の一部、秋田県、山形県などに散在する。早池峰神楽に似通いながら、別系の芸能としての研究対象になっている。

「番」には、多様な意味と使用例を見出すことができる。番屋、門番、見張り番など〝主〟に仕え守護する役割を持つ者を称することが多い。転じて、〝侍〟を示す意味が籠められる。武力を発揮することを厭わず、〝主〟を護る意を覗うことができる。

早池峰神楽では、特に「座舞」に類別されている「鞍馬（鞍馬天狗）」「屋島」「木曾舞」「曽我（曽我兄弟）」などが「番楽舞」として挙げられている。「平舞」を離れて「武の舞」に種別されているということもできる（注25）。

「悪魔退治」という演目がある。野口斎部系、大償系に伝わる演し《だ》ものだ。「記紀」に描かれた「神武東征記」に材を求めた挿話である。「神武」は、初代天皇として馴染みのある呼称だが、「記紀」にもそうした呼びかけはない。西郷信綱は本居宣長を援用しつつ、「神武」とは〝漢風諡号《かんふうしごう》〟だと断じている。「かむやまといわれひこのみこと」と発するのが、本邦最初の「カルチャー・ヒーロー Culture Hero」にふさわしい、と述べている。

「悪神」とは、〝カムヤマト〟に抵抗を止めなかった「長髄彦《ながすねひこ》」を指している。近年、演じられることはなく、未見である。「古事記」でいえば、中つ巻の最初の挿話で、他に類をみない引用である。「天皇」の誕生を物語る体裁になっている。「悪神退治」に似て非なる演目だ。新しさを感じる。後述するが、明治以降、神道解釈の変容によって生れた演目のように感得せざるを得ない。

「女舞」として「鐘巻き（道成寺）」「機織《はたおり》」「汐汲み」「蕨折《わらびおり》（根っ子切り）」「年寿」「苧環」「天女」「橋架」などを挙げることができる。すでに「天女舞」の項で述べたように、女舞は殊のほか謎が多い。

明治初年、神道を国の宗教と定めたことから、神道にまつわる「記紀」での記述、伝承譚などに掩護《えんご》策を講じなければならなくなった。特に、神と人を結ぶ巫女や人びとを統べる女神などが立ち顕れる「女舞」には留意すべき対象が多くあった。

民俗に沈み、人心にふかく浸透した巫女や女神の存在には敏感にならざるをえなかった。なによりも、アマテラスオオミカミを中心においた神学体系を「歴史の始原」とする思想性を確立しなければならなかった東北地方の特殊性が根源にあった。アマテラスオオミカミ、そしてニニギノミコトに連なる神話性と歴史が「国家」の形成に求められていたのだ。

「表神舞」に挙げた「巫女（神子）舞」は「座舞」に分類される「野々宮舞」とおなじように幻の演目になっていて、現代、昭和五〇年代以降、演じられたことはない。「野々宮舞」は、「斎宮祭《さいぐう》」に因んだ演目とされている。斎王は、一代の天皇に傅《かしず》き「いつきの巫女」とも呼ばれた。自明のことだが、斎王、すなわち「いつきの巫女」の宮が「斎宮」である。

座舞に分類されているものばかりではなく、「天女舞」のように神舞の表裏舞に類されているものもある。というのも、もとより「座舞」の存在を認めないことからすべてが発せられている。すでに述べた通りである。「記紀」に材を求めるばかりではなく、広く民間に流布する伝承譚、あるいは「昔話」といえるような類《たぐい》の挿話までが、早池峰神楽には網羅されている。ひとえに、語り継がれる「物語」を身体化し「楽」に乗せて見せつけるのである。やんやの喝采を受けて眼前することが神楽びとたちの役割であり、その興奮を待ち望むのが、集落の人びと、観客なのである。

【注】

1　本文に記述した「旅する芸能者」を含む、専門職を持つ技能所有者は、敬意と尊敬を以て迎えられていた。半世紀以前までは「敬意と尊敬」で迎えられた技能所有者に対して、その背後には蔑みや虞れが隠しようもなく存在していた。隠された社会制度だった。古くから「唐天竺」と表現されて、中国とともに宗教、思想、哲学など広く文化一般を伝承し、日本社会の基層を形成することに多大な影響を与えてきたとされるインドを例に考察してみる。

インドは階層社会であり、いわゆるカーストの国だといわれている。インドの社会は厳しい階層の下にあると喧伝されている。カーストは、ヒンドゥ文化が養ってきたと伝えられている。もともと四姓制度ともいって、人間社会を四つの階層、階級に仕分けた。しかし、その元になっているのはジャティ（Jathi 職能）といってよい。人間の父祖以来の出自である職業、すなわち宗教者、軍人（多くの王族）、職人、商業者、農民を区分けたのだ。ジャティは、けして単純ではなく、おなじ職人や商業者でも職種によって数種に区分けられる。さらに地域、流通言語による差異があり、ジャティには十数種の区分けがあるのが通常だ。ジャティを四つの階層に閉じ込めたのが、カースト、と認識してよい。人間階層を四姓制度とジャティ・職能に重ねたインドの社会構造は、すでに日本などでは失ってしまった〝制度〟を理解する手立てになることは間違いない。ただし、留意しなければならないのは、カーストの成立にはイギリスの植民地政策が大きく関与していることだ。イギリスは当時、インドより強烈な身分社会だったのだ。

すでに述べたように職能として僧侶を頂点に多くの職人、商人などが従う形態は存在したが、四つの階層（四姓制度）は、本来的に制度化されてあったものではなく、インドにおける近世植民地史のもとで育まれたのである。

2　太鼓の寸法は、締めこむ皮と縁の部分を含めて、岳流が直径二尺（約六十センチ）、大償流が一尺九寸（約五十八センチ）といわれている。

太鼓の皮は、現代では両面とも牛が使われているが、古くは（おそらく昭和以前）、片面が牛、片面は馬だったという。南部馬の産地である地域が、自己証明にこだわって、日常で用を足す馬を使ったというのは、理解できる。

また、旅の対象地からの寄贈を受けたのも馬の皮だったというのは、おなじ理解から説得力がある。また、チャッパ、あるいは手平金と称している楽器は、寺儀礼などで使われている鐃鈸（にょうはち・にょうばつ、ともいう）に似て薄い皿状の二枚合わせの銅鑼《どら》、洋楽器のフィンガーシンバルにもっとも近い。フィンガーシンバルは、直径十五センチ程度のものもある。チャッパにそっくりだ。中東のトルコあたりに発し、欧州で発展したシンバルの古形といえる。寺院では「鈸《ばつ》」ともいいならわしている。

3　釈迦の発した経典を漢訳し、中国から朝鮮半島を経て伝えられた北伝仏教が日本で多数を占める大乗系であり、時代を経て現代のスリランカ、ミャンマー、タイ、カンボジアを経由して伝わったのが南伝で、小乗系である、と一般に膾炙されている。

しかし、南、北、小乗、大乗という単純化した〝説〟は、近年の多くの研究で、否定され、書き直しが進められている。仏教史とその伝来史は、単純化できない複雑な経緯があり、理解を求めることは、容易ではない。いずれにしても、北伝が南伝に比して、ほぼ二世紀、先行して伝来したことは、たしかだ、といえる。

4　『抱朴子』は、三一七年、葛洪によって著されたと伝えられる道教の一巻である。道教は、老子、孟子の書をはじめ、多くの言説が知られている。葛洪の著作は、道教の類書では後発に属するが、健康、長寿息災、家運の隆盛などを願う人びとへの指針となり、その道徳に則った社会的存在としての〝人間〟のあり方を示唆している。なによりも、人間は〝仙術〟を修行、鍛錬することによって「仙人」になり得る、と説いていることであろう。仙人は不老長寿に生きることができるというのである。人間にとっての最大の願望を実現すべき存在であることが前提になっている。日本での道教は、孔子（前五五一～前四七九年）を祖とする儒教と綯《な》い交ぜになり、江戸期を経て、明治、現代まで政治、経済、そして文化に至る領域に、深く、長い射程で影響を与えた。儒教の一分野である朱子学は、江戸時代、武士階層の生き方を規定していたのだ。

早池峰神楽の権現舞に示される「歯噛み」が、道教や孔子による儒学の影響を受けていたであろうことは、充分に想像できる。

5．双分制、あるいは双分組織（Dual Organization; Dualism）とは、事象が対称的なふたつの集団に区分されているものを呼称している。集落・人間集団・宇宙などを二分して考える双分観 Dualism である。

双方がおなじ出自集団であるとはかぎらず、また相互に密な親族関係をもっていることが双分組織 Dualism の特徴であるとはかぎらず、ここに挙げた「岳」「大償」のような形態事象は、論ずるべき対象である。

6　演目を Repertoir（仏）＝Repertory（英）とし、種別を Classification Repertoir として分類の抽象的概念を得る背景と思考すると〝演目、種別〟などの呼称が容易に手のうちにおさまる。種別を Classification Variety として、同種の根元から発した分化とかんがえることもできる。

7　一般に「謡」は、趣味人に愛され、嗜みとして、折に触れて演ぜられている。男性の「お稽古事」として普及し、結婚式の祝儀に「高砂」が謡われている。舞台芸能である「能」としてではなく、衣装や面《おもて》を着けることなく、「謡」と称して珍重されている。江戸期から明治時代に定着したとおもわれる。武士（士族）、職人、商人、農民を問わず、男の教養として励んだのだ。能役者たちが「稽古所」の宗匠として地域の人びとに教授した。

世阿弥（一三六三～一四四三）の作と伝えられる現行「能」の高砂には聞き慣《い》れた章句、

〝〽高砂や、この浦舟に帆をあげて、この浦舟に帆をあげて、月もろともに出で汐の波の淡路の島影や……〟

を見出すことができる。

いうまでもなく、結婚式などで、新郎新婦に捧げる祝言になっている。「高砂」の冒頭には〝今を始めの旅衣、今を始めの旅衣、日も行く末ぞ久しき、……〟とあって、旅ゆく訪問神をかすかにおもわせる。世阿弥が、舞台作品として構成した「高砂」は、夢幻能と分類されて、前シテは木守の尉《じょう》（老翁）だが後シテは住吉明神、あるいは住吉大社の松の神とされている。世阿弥の真骨頂というべき彼岸とこの世を行き交う劇性が仕組まれている。

本文に記したように、舎文とは、サモン（沙門・Shaman）のことであると伝えられ、本来は修験、あるいは仏僧のことである。早池峰では、幕内（楽屋）から座員が唄いかけることになっていて、声のみが観客に届くことになる。

『観世流謡曲百番集（上・下）』二十四世観世左近・編著　檜書店（一九八三）

『謡曲集』日本古典文学大系40・41校閲・横道萬里雄、表章　岩波書店（一九七三・一九七四）

観世鐵之丞『ようこそ能の世界へ』暮らしの手帖社（二〇〇〇）

8　老翁、あるいは老神が登場する能の演目は多数あり、世阿弥作とされているものに「高砂」「老松」「養老」「頼政」「実盛」

「忠度」があり、世阿弥の父観阿弥の作である「金札」などである。また、作者不明の演目として「白髭《しらひげ》」がある。枚挙にいとまがない。いずれも国家安寧、太平、そして延年長寿を祝言している。

世阿弥が作、あるいは構成に携わった演目は、夢幻能の形式を保っていることは当然だが、「翁」を筆頭に作者不明の「白髭」を含めて、「高砂」「老松」「三輪」の五作が「初番目物」と一般に称されている。いわゆる「神事物」で老いたる聖翁、神格化された主役（シテ）の登場する祝言の演目で「脇能」に分類（Classification Variety）されている。

早池峰神楽の「翁」も式舞の二番目に演ぜられ、祝言の舞であることを示している。

9　飯田道夫『田楽考・田楽舞の源流』臨川書店（一九九九）。著者は、『猿楽談義』をはじめ能の大成者世阿弥の著作、伝書、そして『群書類従・続』『年中行事絵巻』など、他の古文献を渉猟した後に著述している。現代、「猿楽」をすでに失って観ることが叶わない現実において、大胆で貴重な考察を展開している。

多くの示唆を孕んだこの書は、田楽と猿楽が近接、あるいは混淆しておこなわれてきたことを記している。特に、田楽師と猿楽師は、同一の集団、同根の存在として扱われたこともあることが見出される。

10　佐々木隆『神楽とともに』（社）岩手県文化愛護協会・編（二〇〇七）。第1章注10参照。

11　小国誠吉は語っていた。昭和初期、早池峰を世に知らしめた本田安次が、神楽を所望して訪ねてきたとき、誠吉が「三番叟」を舞うことになり、母が父親の衣装の丈と袖を縮めて整えてくれた。はじめて身に着けた。少年誠吉は、ようやく十歳になった頃だった。少年は、誇らかで嬉しく、岳川の橋を渡って岳の集落へ這入ってくる彼、本田を出迎えた。なによりも目を惹いたのは、本田が草鞋《わらじ》をたくさん腰に巻いて、約二十五キロの道を歩んできたことだった。それほど多くの取り替えの草鞋が必要だったのだ。

12　誕生に関する挿話を聞き取ったのは、鎌津田キサミの談話だ。森尻が、キサミから採取した。馬に幣束をつけて森を彷徨したのは鎌津田林之介で、岳流早池峰神楽を演じ、伝承話を本田安次の訪問（昭和六年）に際して伝えた本人とおもわれる（本田安次『山伏神楽・番楽、II再訪餘禄　三篇』）。キサミは、岳集落の鎌津田家「相模坊」のひとり娘で、彼女の誕生に際して、父である林之介が馬を引いて森を彷徨した。

13　早池峰神楽における山の神舞の詞章、舎文には、岳流と大償流で異動がある。その違いは、先に挙げた菅原盛一郎の収集によると、以下、「　」内が大償でのシャモン。

〃へセンヤー面白し、山の神の由来を詳しく繹（たず）ぬるに、「イザナギ（伊弉諾）、イザナミノミコト（伊弉冉命）天が下の国を生み給（たま）いてより、山川草木の神を生む」山の神、オオヤマツミノミコト（大山祇命）とは自らがこと、

……

となる。

岳神楽の「舎文集」、通称「謡本（うたいぼん）」によると、「　」をとばし、

〃へ……山の神の由来を詳しく繹ぬるに山の神、オオヤマツミノミコトとは自らがこと、……

となる。大償では、「　」内が見事に挿入されていることが分かる。「記紀」に由来するイザナギ、イザナミの夫婦神と山の神の関わりを説いている。岳と大償では、〃山の神〃に対する認識が違っている、といえる。

14　西郷信綱『古事記注釈第一～八巻』ちくま学芸文庫（二〇〇七）

15　『白髭』という説話には、「翁」とおぼしき老翁が、出水した岳川（稗貫川）の水上を踊り舞いながら戯れていた、という伝承を収集している。「翁」が、「記紀」での存在を離れて、地域民間に語られていたことをあらわしている。

大迫教育委員会編『おおはさまの伝説』（一九九三）

小野義春『おおはさま物語』大迫教育委員会発行（一九八四）

「三番叟」や「翁」は「記紀」を題材とした「物語」を開陳しているが、そこに記紀原文の文体を見出すことはできない。「猿楽」の系譜にあるといわれるが、その内容は、すべてが地域独自な「解釈」によって、描かれている。

16　「オオゲツヒメ（大宜都比売）」は、「古事記」にスサノオノミコトとの挿話として登場している。既載したようにオオゲツヒメ（別称「ウケモチノカミ」）は、五穀をその身から噴きだしたためにスサノオノミコトに厭《うと》まれ、殺された。その亡き骸から五穀が湧出され続けていた、という挿話である（『表神舞・五穀舞』）。

オオゲツヒメは、当初、『日本書紀』の記述に従って四国地方の「国生み神話」に登場するが、後にウケモチノカミとして食物、ならびに蚕や牛馬を養う豊穣の神として敬われる存在になる。オオゲツヒメとウケモチノカミは、別称された同一の「命《みこと》」なのである。

また、アマテラスオオミカミに五穀を届けたとされる「天熊の大人（アマクマノウシ）」が大きな役割を果たしている。「アマクマノウシノミコト」は、「日本書紀」に登場する「タケミクマノウシ（武三熊之大人）」とされ、別名「オオソビノミクマノウシ(大背飯三熊之大人)」あるいは「タケミクマノミコト(健三熊命)」と称されている。千家家に伝わる『出雲国造伝統略』にこれらの別称が伝えられている。いずれにしても〝出雲〟の大国主のもとに仕えた命だった。大国主は、出雲の農業を掌る神王であることは広く知られている（『出雲風土記』ほか）。アマクマノウシが農業にまつわる〝大人〟〝命〟であることを示唆している。また、大国主は、しばしばスサノオノミコト、あるいは牛頭天王と同一神とされている。

17　一説には、アマノトリフネは、復命後、ただちに天下って出雲を討伐した後、三年の間、アマテラスオオミカミへの報告を怠っていた、という。また、オオクニヌシノミコトに籠絡《ろうらく》され、出雲一族として厚遇をうけ、帰参しなかったともいわれている。松村武雄は、その著作『日本神話の研究』において、詳細な考察をしている。ここでは、高天原族と出雲の相克が、三年という月日を要し、〝三年〟という月日は、「神話」には必要な〝時間〟なのであるという松村説に従っておく。

18　岳流系の「言い立て」は、牛頭天王自身が自らの装いについて以下のように謡《うた》っている。

〝〽吾れは是れ牛頭天王なり、吾が容相は、頭に王牛を戴き両角鋭《りょうかくするど》かなるが故に

皇后、今に無し、……

続けて、皇后は「南海、龍王の娘」であると、牛頭天王、自ら表明している。

皇后になったのは、龍王シヤカラ（娑伽羅）の娘ハリサイジョだった。父、龍王の計らいによって、娶《めと》ることになった。

ハリサイジョは、やがて八王子、八将神の母となる。

なお、「鴨沢神楽」などの大償系の神楽座でも、シャモンは、概ねおなじである。

19　（1）五行は、中国古代、葛洪（二八三〜三四三）によって成立した。彼の雅号でもある「抱朴子」が著書としてよく知られている。

（2）五行思想の根幹をなす〝元素〟は、火、水、木、金、土の五種であるといわれている。五星の運行が消滅盛衰し循

環している、という哲学が根底にある、といわれている。

(3) 五種の〝元素〟を兄と弟の二種に擬え、それをまとめた思惟を十干とし、さらに人間の生成に嵌めこんだのが十二支だといわれている。

厄年は、すでに述べた古代、中国から伝えられた五行説に則った陰陽道からの思想である。仏教に傾くと、菩薩の修行する五つの行法、という解釈がおこなわれている。

「天王舞」では、仏教からの牛頭天王の旅に寄り添った「習合」を観てとることができる。仏教の伝来以前からの陰陽道「五行説」に則っている。

「兄・えうかし」「弟・おとかし」は、『古事記』の中つ巻『神武東征記』に登場する大和宇陀の兄弟豪族を嚆矢としている。

(4) 男性は二五歳、四二歳、六〇歳、女性は十九歳、三十三歳、三十七歳を「前厄」、一歳を加えた歳を「本厄」と称し、また、さらに一歳を加えた歳を「後厄」としている（以上、いわゆる〝数え年〟）。

早池峰神楽の伝承地域では、これらのいずれかに神楽座を招いて一夜の饗宴を持つのである。

20 たとえば大阪・四天王寺での「聖徳太子法要供養儀」では、舞楽奉納の後、僧侶が「ふうしょう!!」と大声で叫び、経の一巻を読みあげる。

四天王寺は、聖徳太子の創設と伝えられている。

21 京都、ならびに奈良の薬師寺、新薬師寺は、薬師如来を本尊として古い歴史を誇っている。天武天皇（在位六七三〜六八六）の発願によって七世紀の末に創建されたと伝わっている。水沢（現・奥州市）黒石寺《こくせきじ》には、その歴史に劣らない伝承がある（次項参照）。

蘇民祭の歴史は古く、『備後国風土記』（延長二《九二四》）の項に、蘇民将来にまつわる挿話とともに記述されている。

22 黒石寺は、天平元（七二九）年、行基によって創建されたが、火災で焼失し、その後、坂上田村麻呂が東北を討伐した大同二（八〇七）年、慈覚大師によって再建されたと伝えられている。東北地方では、最も古い歴史を誇っている寺院ということになっている。そうした伝承に伴って、東北における薬師信仰の拠点ともいうべき存在になっている。

近世に至って「黒石寺書上」（安永二《一七七三》）という文書に薬師信仰、そして蘇民将来祭について詳細な記録が記述されている。

黒石寺蘇民祭は、旧暦七日から翌八日に及ぶ徹宵の祭礼（「二十夜祭」）で、裸体の男たちが、酷寒の〝瑠璃川〟に二度にわたって身清めの水浴をおこなう。また、数え七歳の幼児を背負って本殿に参内する（「逆子登り」）。最後に、本殿に蝟集する男たちの頭上から、蘇民袋が投げ入れられ、争奪がはじまる。蘇民袋を巡る揉み合いは、やがて寺境内の田地に至って、ようやく収まる。すでに陽は高く登っている。

黒石寺蘇民祭は、旧暦七日から翌八日に及ぶ徹宵の祭礼に参加する裸形の男たちは、黒石寺の信者であり、厄歳を迎えた者たちである。現代では、俄かの信者や他地域からの参加者も多く、寺側は、寛容に受け入れている。毎年、数百人の参加者を仰いでいる。

黒石寺は、すでに述べたように、東北地方でもっとも長い歴史を誇っており、近隣の各所に薬師信仰を広めている。岩手県内花巻市周辺だけでも七か所の神社、寺院を数えることができる。ひとえに無病息災と延命長寿を願う人びとが、薬師を信仰する聖地である社寺を求めているのである。早池峰神社でも、春まだ遠い三月一七日、「蘇民祭」がおこなわれている。黒石寺から伝播したと伝えている。

平泉中尊寺と隣接する毛越寺《もうつう》（二十日夜祭）は、黒石寺・蘇民将来、早池峰を並列した北東北の世界観をあますところなく表現しており、現代に至って貴重な民俗遺産になっている。

末武保政『黒石寺蘇民祭』文化総合出版（一九七六）

23　スサノオノミコト・牛頭天王が、朝鮮半島のソシモリと呼ばれる地を経て、出雲に至ったという伝承は、「ソシマリ」あるいは「ソモリ」という朝鮮語、すなわち牛頭、または牛首を意味しているという。

韓国で教壇に立った経験のある川村湊は、朝鮮半島文化における〝牛頭〟と日本のそれが共通する文脈を持っていることを解き語っている。その例証として、神官として住吉大社の宮司の職にあった真弓常忠（一九二三～二〇一九）の研究を取り上げている。また、鈴木耕太郎は、民俗歴史学の立場から中世における牛頭天王とその信仰について卓抜な論及をおこなっている。

ヒンドゥの思想哲学を研究する橋本泰元は、牛の聖性を説いている。神格を約束されたクリシュナが、牛の背に乗る姿を収集し詳論している。

川村湊『牛頭天王と蘇民将来伝説』作品社・改訂版（二〇二一）
川村湊『闇の摩多羅神』作品社（二〇〇八）
真弓常忠『大嘗祭』ちくま学芸文庫（二〇一九）
真弓常忠『古代祭祀の構造と発達』臨川書店（一九九七）
鈴木耕太郎『牛頭天王信仰の中世』法藏館（二〇一九）

24
柳田國男『木綿以前のこと』定本柳田國男集・第一四巻・筑摩書房（一九七二）
永原慶二『苧痲（ちょま）・絹・木綿の社会史』吉川弘文館（二〇〇四）
福井貞子『木綿口伝（第二版）』法政大学出版局（二〇〇〇）

25
すでに挙げた菅原盛一郎は、六演目を〝平舞〟と称している。
平舞は、本来「舞楽」を出自とする用語（ターム Term）で「文の舞」とも称する。剣や鉾を持たず「常装束」で、主として文官の舞とされている。
ここで菅原盛一郎は、舞楽の種別に倣《なら》いながら、「武の舞」に対置される緩やかな舞姿を想起しているものとおもわれる。

# 第４章　「旅」と弟子座・孫弟子座

岳系と大償系には、その旅の領域に弟子座の存在がある。ときには、弟子座には孫弟子座に該当する「弟子の弟子」がある。

岳、大償の二流は、折に触れて述べてきたように「旅」の芸能一座であり、それぞれの周遊地域を護っている。旅する季節も、古くから遵守している。

旅は、新年の年明けである春先の季節と夏を過ぎて秋から冬にかけての期間で、概ね、農繁期を終えた農閑期に訪れる。旅する地域は、そのほとんどが農業地域であり、あるいは農業に隣接した街道筋である。そして、二流系はお互いの旅地域をけして侵さない。神楽座の一党を受けいれる地域の人びとは、岳座を「廻り神楽」、大償を「通り神楽」と呼び慣わしている。二流それぞれが、廻り(まわり)、通る(とおる)地域を確保しているのだ。

一般には、岳は七拍子、大償は五拍子といわれている。「拍子」が、身体動作、舞の律動《リズム》、あるいは舞に同伴する音楽性、特に打楽器の数や律音《りつおん》を表わした「節《ふし》」をいったものなのかなどは、判然としないまま、使われている。

岳系は烈しく勇壮な舞を擁し、大償系はたおやかで優雅な「女舞」を得意としていることからの「印象」を喩えたものとも理解できる。

大迫町内のある街筋では、岳座と大償座が一年交代で訪問している。今年が岳なら、来年は大償、ということだ。稗貫、和賀、紫波にも、同様の地域があるという説がある。

## 1　岳系と大償系

岳、大償の神楽座は、二〇二〇年代の現在、おなじ大迫町に所在し、親座としての存在意義を発揮している。そのことは江戸中期には、確証を以て語られている。二〇〇〇年代の現在、岳、大償の二流ともに花巻市に合併、統合されている。二流ともに流派の「親座」として位置付けられている。それぞれが、弟子座、孫弟子座を傘下に治めているということになる。

両座は、室町時代の前期、南北朝期以後に成立した、と主張し、そのように語り伝えられている。しかし同時に、それぞれ二流は、別の歴史を持っている。

岳神楽座は、集落に鎮座する早池峰神社を中心に「岳六坊」と呼ばれ「坊舎《ぼうじゃ》」と見紛う呼称で一般化している。だが、実際は早池峰神社に坊舎は存在しない。もとは早池峰山遥拝所だった〝神社〟は、坊舎を持つような組織性はなかったとおもわれる。明治時代初頭になって〝神社〟といわれるようになった。明治期、神道国家としての形成とともに起きた「廃仏毀釈」の情勢と無縁とはおもわれない。祭政一致を唱え、神仏分離を推進し廃仏毀釈を進めた神道国教化の国家的な動静のうねりに抗うことなく、むしろ逆らわなかった。現世利益を背景とした早池峰山への信仰は強固で、いうなれば〝健全〟だった。

また、大償座の代表を務める佐々木家は、大償神社の主管者であり、別当である。同時に大償神社を拝する宮司であり、少なくとも明治初年以降は、神主でもあった。大償神社は、本来、佐々木家内に所在する〝家神〟のような存在だった。やがて、明治初年以降は、神楽流派の象徴的存在として役割を担うようになった、と思料できる。

## 大償流派の江戸、明治、そして昭和期

江戸、明治、そして昭和に至る歴史過程において、岳と大償は大きく乖離してくる。たとえば、大償神楽は、必然的に他の神社、あるいは神官に継がれていく。大償が「大償神社」を保有していることに起因している、とみることができる。

大償神楽は、岳神楽とともにほぼおなじ時代、室町時代に発生したとかんがえられる。一般には、南北朝時代（一三三六〜一三九二年）を室町前期と呼び、応仁の乱（一四六七年から十一年間）以降を後期としている。早池峰神楽の発生時代とも伝えられている。

室町後期一五〇〇年代の中頃、鹿児島に招来したフランシスコ・ザビエル一行による強力なキリスト教布教活動を懼れた幕藩は、その禁教のために〝仏教〟の重用を企図した。寺院の力を恃《たの》んだのだ。江戸期になると、幕府は、ますますその力を発揮することになる。寺請《てらうけ》制度を実施し、檀家、あるいは寺檀《じだん》化を進めた。違背するものには罰則を与えた（明治四《一八七一》年廃止）。

また、伊勢参宮、あるいは丹沢山塊の大山参りなど、江戸人がこぞって旅懸けた寺社巡りにも、寺請の証文が必要だった。

江戸期、大償神楽には寛永九（一六三二）年、斎部《いんべ》流神楽が伝授された。鹿島大宮司から大償の法印・宝乗院善明に伝授された、と伝えられている。その後、江戸末期の文化・文政年間、一八〇〇年代に野口善妙という法印が「大償家流」と称して近隣数か所に伝播した。

どちらも「法印」が関わっており、早池峰神楽を「山伏神楽」と称する由縁は、この辺りにあるかと思料できる。

明治時代になると、天皇中心主義と神道の国教化が政府によって推進され、「廃仏毀釈」の運動が盛んになっ

た。「早池峰大償神楽」も例外ではなく、大償神社を奉戴する流派は、こぞって「神道化」の道に歩を進めた。岳集落に所在する早池峰神社は、この時代に早池峰山遥拝所から「神社」へと格上げされている。

大償流系と岳流系が、おなじ早池峰神楽の〝親座〟としてありながら、それぞれの旅の地域性や弟子座の所在地の様態を違えている。弟子座は、そうした二流それぞれの地域からの要請や承認によって育まれる。

また、視座を替えれば、弟子座や孫弟子座は、大償、岳の親神楽座が訪れることのない季節に演舞するために育まれた、ともいえる。二流親座が不在の季節、各戸の土間口を訪れ、「権現舞(獅子舞)」を舞う。そのために、それぞれの親座から「権現舞」だけを習得した「弟子」が多かったのだ。二流親座の旅の季節を外し、親座が訪問しない季節に、集落の各戸を訪ね、戸口の土間で「権現舞」を演じたのだ。弟子座は、こうして育まれたのだ。

当然だが、すでに述べたように、弟子座は二流親座の旅の地域に、それぞれ育まれている。いうまでもなく、早池峰山への現世信仰、灌漑用水を生みだす〝ヤマ〟への崇敬が、絶え間なく流れていることを表現している。

一九四五年、第二次世界大戦以降、昭和、平成、令和と早池峰神楽はひき継がれていく。強調されたのは〝ヤマ〟への信仰だ。水を齎《もたら》し、田畑の豊作のみならず、人びとの「井戸」を護る〝ヤマ〟への信仰が甦ってきたのだ。

そして、早池峰は再生した。

旅と弟子座、親座と弟子座は、緊密な関係を保持し、歴史を刻んでいるのだ。

## 2　胡四王山《こしおう》

新幹線新花巻駅を抱摂する矢沢地区に神楽座がある。「胡四王神社」を奉戴して〝胡四王神楽〟と称している。その「胡四王」は、新花巻駅の道を隔てた向かい側にあり、標高一八三メートルの丘陵といってふさわしいほどの〝山〟である。頂《いただき》には「宮沢賢治記念館」がある。

〝賢治記念館〟に隣接する神社の境内には、花巻の町と田畑を一望できる広場があって、豊かな景観を楽しむことができる。神社は、大同二（八〇七）年、創設と伝えられていて坂上田村麻呂の東征神話に基づいている。また、神社は、本殿が北向きに建設されていて、平安時代から東北を領土とした歴史上の政治権力の強い意思を指し示している。北方にむかった公権力が発現した歴史の軌跡に想いを馳せないわけにはいかない。

矢沢・胡四王地域の神楽座は、岳系のもっとも古い弟子神楽座だという伝承がある。しかし「旅の芸能」である岳座の「旅する地域」として矢沢・胡四王山地域は旅程に加えられていない。岳系の「もっとも古い弟子」という言説にも疑問がある（注1）。

「胡四王神社」と呼び慣わしているが、正式には「医王山胡四王神社」と名称されている。そして矢沢・胡四王の神楽座は、「医王山胡四王神社」を奉戴している。注1に詳述するが、胡四王神楽の成り立ちは判然としない。しかし〝神社〟は、坂上田村麻呂にまつわる伝承によれば、大同年間、将兵の武運長久、無病息災を祈願して、自身の兜につけられた薬師如来像を祀って創建した、と伝えている。矢沢神楽が奉戴する神社は、東北開拓とともにある。その古史を誇っているのだ。中・近世、稗貫《ひえぬき》氏台頭を通して、宗門を天台宗とし、薬師如来像を祀《まつ》っていた。

「稗貫」という呼びかけは、弘仁二（八一一）年を初見としている。胡四王神社の創設と前後した時代だ。いわゆる奥五郷のひとつの郡とされた「稗貫氏」が勃興してきた時代、すでに「蝦夷《えみし》」「蝦夷《えぞ》」「夷《えびす》」などと蔑称されてきた人びとが営んでいた地方だ。縄文末期から米作りがおこなわれていた、と最近の研究ではいわれている。

## 景行天皇《けいこう》

景行天皇は、その実在を疑われている。伝説の〝天皇〟とする研究者も多くいる。実在したとすれば、四世紀半ばの〝大王〟とおもわれる。「天皇」と呼びかけて「十二代」と数える。そして『日本書紀』にも伝えられる事績には、〝熊襲《くまそ》（隼人）〟を二度にわたって征討し、竹内宿禰（タケウチノスクネ）の懇切な〝見聞報告〟に従って、景行の子息、日本武尊（ヤマトタケルノミコト）を遣わして「蝦夷」を平定した。現在の日本領土、特に東北地方は、ほぼ景行大王の時代に成立したといえるのだ。

熊襲も蝦夷も、当時の都びとであった畿内の人びととは違う風俗で、〝荒《あら》ぶる〟民であった。いうなれば、少数民族だったのだ。その存在は、古代から認められていたが、統合されることなく割拠していた。蝦夷は、現代の福島以北、東北地方に、熊襲は、九州、そして日本海側の山陰地方に跋扈していた。蝦夷を言い換える「稗《ひえ》貫《ぬき》」という呼称は、アイヌ語に機縁するという説は、強い説得力を孕んでいる。

また、近年の研究では、韓国系の人びとが自国での争いに敗れて日本へ逃れ、東北地方、広く宮守村、さらに遠野などを含めた地方に棲みついた、という説も有力である。「ひえぬき」は、韓国語由来だという説である。「稗（ひえ）」は、東を表わし、「貫（ぬき）」は、入り口を表現するという。日本には平安時代に伝えられ、大和朝廷の権力の及ばない地方、現代の岩手に伝えられたという。仙台以北の地域には「金」の付く人びとが多く居住していることも、その証左であるという説もある(注2)。

ノート7

## 「胡」伝承

中国では、「胡」という語に歴史的な意味がある。胡人、もしくは胡族とも謂われた人びとは、朝鮮半島を経て日本にも到達していたと伝えられている。

もともとはトルコ系民族といわれ、中央アジア、現代のイラン辺りに分布していたアルタイ語族を指していた。東、ならびに西トルキスタン人に淵源を辿ることができる。中国、ロシアに挟まれ、中近東を出自とする少数民族である。テュルク系(Turanian)であり、やがて、モンゴル族としての存在を明確にし、現代でも、遊牧民としてテント(パオ、あるいはゲル)を住居とし家畜を養っている。中国では匈奴《きょうど》、あるいは鮮卑《せんぴ》とも呼んでいる。日本では、未開の民の意を込めてエビス(夷)、蝦夷《えみし》と称し、しばしばアイヌ族と混同したりしている。

歴史上しばしばあらわれる「象乗り唐子《からこ》」そして「神子《かみこ》」が、モンゴル風な装束に描かれるのは、こうした背景を持つものとして、受容することができる。

〝胡四王〟は、中国の歴史から齎された「胡」族の概念とともに、北方の地を表現する「越《こし》」に因むとおもわれる。日本海側の四県、福井、石川、富山、新潟を「越の国」と言い慣わしている。岩手県花巻市の丘陵ともいえる「胡四王山」を蝦夷が開発した地域と認識したのも、納得がいく解釈である。

## 3 三姉妹伝説

なによりも、『遠野物語』に記載されている三姉妹伝承が、遠野地方を離れた胡四王に、かたちを変えて残されていることを特記しなければならない。

岩手県・遠野出身の佐々木喜善によって語られ、柳田國男が一巻にまとめた『遠野物語』の第二話として採録されているのは、「大昔に女神あり」て、三人の娘を伴って、現在の「来内村《らいない》」の伊豆権現の社に宿を求めた。「今夜よき夢を見たらん娘によき山を与ふべし」と母の神は「語って」眠りについた。

深夜、姉姫のもとに「霊華」が降り、眠る胸の上に「止《とど》」まった。末の姫は、目覚めてこれを見出し、奪って自らの胸に載せた。そして、末の姫は、最も美しい「早池峰山」を得た。

姉姫たちは、六角牛と石神を、それぞれに受けた。三人の姫たちは、いまも三つの山を戴いて、その頂上を護っている。

遠野に伝わるこの伝承譚は、いくつかの変種譚がある。そして遠野地方ばかりではなく、そっくり花巻地方、胡四王山側にもあるのだ。

この挿話の発祥とおもわれるのは、佐々木喜善が語り、柳田が上梓した『遠野物語拾遺』の冒頭に所載された「美しい三人姉妹」の物語であろう。「橋野の古里《ふるさと》」というところに住んでいた三人姉妹は、それぞれ「笛吹峠」「和山峠」「太田林《おおたべえし》」へと飛んで、その山の観音になった、というのである。また、三人の姉妹が住んでいたという古里には、「神楽杉」と通称される巨大な樹がある。そして、地域には「菊池」姓の人びとが最大多数を占めている。九州宮崎を「祖」とするとおもわれる「家名」が、この地の最大多数者として存在している。象徴的で想像力を刺激する。

花巻三姉妹の姫神は、早池峰山を擁して東側に胡四王山、羽山と並ぶ三山に姫神が鎮座すると伝承している。西側にあたる遠野側から臨むと、あたかも、相似形と覗える。早池峰山を抱摂して、東西に相似する姫神の三山が存在するのだ。

現代、二〇〇〇年代に至っても、なお、これらの三山は健在で、人びとの崇敬を集め、それぞれの神楽座は活発な活動を継続している。すでに述べたように、矢沢・胡四王地域には「胡四王神楽」があり、羽山神楽は、いうなれば劇的な歴史を刻んで、現代に至っている。

## 羽山神社

羽山神社は二〇〇〇年代の現在、花巻温泉と台温泉を結ぶ街道筋に所在している。台温泉から至近な距離にあり、良い水が湧き出ているという評判である。手洗い所から湧出する水は、各家庭の台所に求められ、汲まれている。水を汲んだその往き帰りには、社殿に感謝の拝礼をおこなっていく者の姿を多く見かける。

羽山神社が奉戴するヤマは、現在の反対側にあたる花巻市街と花巻温泉郷を結ぶ街道筋を登攀口としていた。すなわち奉戴するヤマはおなじで、登降の道筋が反対になった。

羽山には早池峰岳系といわれる神楽の一座が所在していて、岳座の旅の道筋でもある。羽山神社の前代にあたる司祭であり主宰者が、この劇的な移転と神社の再創設を企図したと、伝えられている。

早池峰山、胡四王山、そして羽山の三山に、あたかも遠野地方の伝承に相似するような山頂の女神が存在するのは、ふたつのことがかんがえられる。

ひとつは、早池峰を含む三山は、岳神楽座の旅の領域であると同時に、兄弟、姉妹のような関係にあったのではないか。矢沢・胡四王地域は、古くからの地域性を誇っている。すでに述べた通りである。そうした地域性に、後に花巻温泉郷を終着とする岳神楽座の旅が、おこなわれるようになったのではないだろうか。

もうひとつは、これもすでに述べたように、早池峰を含む三山は、遠野地方の伝承に相似する物語を語り伝えている。あきらかに、遠野の姫神たちと対応しているのである。

地域には、女神が山頂に鎮座して人びとを統治するという山岳信仰と観世音思想が混淆した神話性が浸透していた。その地域性に、三姉妹としてのヤマが重層化して成り立った相似の物語、ということができるだろう。柳田國男の『遠野物語』は、佐々木喜善が語った遠野地域の伝承譚だが、早池峰山を真ん中においた「相似」の物語は、どちらが古くから先に語られたのか、判然としなくなる。大迫町の伝承にも三姉妹と早池峰山の伝承がある。といえば、『遠野物語』という表題自体に考察の手を伸ばしてみる必要に駆られる。矢沢・胡四王に伝わる物語は、広く、早池峰信仰の地場である北東北に伝わる伝承譚であることに、意を込めなければならない。「遠野物語」は、佐々木喜善や柳田國男を離れて、語られなければならないのだ。

## 4　岳系・石鳩岡神楽

石鳩岡神楽は、文化二（一八〇五）年、親神楽である「岳」から伝授を受けた。石鳩岡在住の菊池伝右衛門が岳集落の小国常盤守藤原常正から伝授されたということになっている。舞道具一式を天保五（一八三四）年に整えたことによって、小山田石鳩岡集落に在住していた仲間とともに岳流石鳩岡神楽を名乗った。岳神楽から「弟子」としての承認を与えられた、といえる（注3）。

江戸期、文化・文政時代に旅する芸能座である岳から弟子としての承認を与えられながら、約二十年を経て、天保時代になって石鳩岡座は活動をはじめる。

注目すべきは、伝承された文化年間から舞道具を揃え、仲間を糾合して「座」を成立させるまでに約二十年を費やしていることだ。なぜ、二十年という期間が必要だったのだろうか。

明るく闊達な文化・文政時代から、相次ぐ飢饉にみまわれた天保への神楽びとたちの暗い予感を漂わせた眼差しを見出さない訳にはいかない。純農村である石鳩岡集落は、食べるものにも事欠く厳しく苦しい時代に、「神楽座」が実質的に成立するのである。神楽を演じることで、各戸を襲い、なにほどかの施しを受ける。天保時代、神楽好きの若者たちは、背中を押されたのだ。特に、次、三男で、農業、米作りが停滞すると、彼らの仕事はなくなった、といっても過言ではない。

すでに述べてきたように、小山田石鳩岡地域は、岳神楽座の旅の領域であり、江戸から明治、大正期、そして昭和の前半期までは、ほぼ一か月滞在し、周辺の集落を戸別訪問し、宿神楽、あるいは「幕引かず」をたびたびおこなってきた。石鳩岡の人びとは、類稀《たぐいまれ》な神楽好きで、見巧者《みごうしゃ》だった。上手を讃える感性が、仕事を失った地元の次、三男の背中を押したともいえるのだ。

岳座の一行は、当然ながら、すべて徒歩で旅していた。総勢十二名から十五名を擁していた。楽を奏でる者、演ずる者、そして「荷背負《にしょい》」と称する面や衣装を背負う者、一、二名を加えていた。集落が近付くと笛や太鼓を奏でて来訪を報せたという。

第二次大戦以後、昭和二〇年代末期に至って、各集落は、変容し、対応が変わった。それでも、小山田石鳩岡は、岳神楽の「庭」であり、稼ぎを保証される「霞場《かすみば》」であることに変わりなかった。変貌した各集落ではあったが、早池峰信仰と親神楽への崇敬を失うことはなかった（注3）。

## 石鳩岡神楽座のなりたち

石鳩岡神楽座は、鎮守駒形神社を奉戴し、神楽幕に大書している。大書された神社名の左右には「阿吽」の鶴が左右に一対描かれている。南部藩の家紋である。阿吽の「むかい鶴」は、岳神楽座の紋様を真似たものだ。昭和時代、当時の石鳩岡座の人びとが、南部家の承諾を得たのだ。岳神楽を「親」と崇敬し、弟子座石鳩岡として旧南部の地域性に存在する自らを強く自覚していることが、うかがわれる。その一方で、旅する岳座に宿を設え、食事を与える、いわば提供者であり引受人の役割を自認している。

地域の人びとの信仰心は、岳座に対しても発揮されている。岳神楽の衣装になる織物を機《はた》で織って献上している。そして、たびたび岳の祭礼や暮れの「舞終《まいしま》い」を訪れ、鍋釜などを寄進している。

小山田、石鳩岡は、豊かな農業地帯で名だたる米作地帯である。岳神楽の小山田地域への「旅」を勧請し保証したのは、黒い獅子、権現をかざして訪れる各戸、ならびに宿神楽の所望に謝礼とされた「米」が目当てだった。石鳩岡集落は、米作を主産業とする農業地帯で、早池峰山が生みだす〝水〟への信仰は深く人びとに浸透していた。一方で、昭和前半期まで、岳集落に「水田」はなかった。岳では、米ができなかったのだ。芸能の旅で得ることのできる米がすべてだった。

石鳩岡地域には、ある挿話が残っている。岳神楽座の人びとは、石鳩岡集落で馬二頭を借り受け、喜捨された米を俵詰めにし、振り分けて積み、岳集落まで運んだ、というのだ。昭和初年頃までと伝えられている。後には、早池峰山に登攀して遥拝する来訪者が自らの食料として米を持参した。彼らを迎え、仮眠させ、山岳を案内する役を担った岳集落の人びとは、実は、神楽びとでもあった。岳集落の人びと、岳神楽を演ずる人びとは、半ば必然的に「旅」で訪れる登山者たちの賄いを世話した。そして、彼ら山岳に赴く人びとが残した米を戴くことになった。明治中頃から昭和中頃のことと伝えられている。そうした接待が岳の人びとにとって、重要な仕事になった。十数戸しか居住者のいない集落なのである。神楽を演ずることと、旅人への接待は、おなじように重要な仕事になった（注4）。

なお、現代、一九七〇年代の岳座と石鳩岡座の交流については【付録2】の注4に詳述している。つけ加えれば、交流のきっかけになったのは、石鳩岡座の胴鼓であった故一ノ倉保が、女舞のひとりを伴い、米一俵をかついで岳神楽座の小国誠吉を訪ね、演目「機織り」の教示を乞うたのがはじまりと、伝えられている。

## 5　その他の岳系神楽座

たびたび触れてきたように、弟子座は旅の在地に育まれることが多い。旅の芸能である早池峰神楽の親座がやってくる地に、弟子座は生れるのだ。

弟子座の成り立ちについては、その地域ごとに違っていて、おなじ事由で語ることは難しい。いずれにしても、親座が積極的に承認して弟子座を育てた、というような伝承には出会わない。

親座が弟子座を承認するのは、弟子座が懇請して、ようやくその存在を認める、といった事例が多い。また、親座のひとりが、弟子側からの饗応や優遇を与えられて承認にいたる例も多くある(注5)。

親と弟子の関係はしかし、芸能のあり方の変貌によって、変化せざるを得ない。昭和時代、特に第二次世界大戦後、大きく変容を遂げた。すでに述べたように、車社会の到来に敏感な地域の人びとは、過剰ともいえるような対応をした。乞われれば、車に分乗して訪ね、神楽を演ずるのだ。結婚式であったり「山の神」の祭であったり、当然、豊作を祝う従来通りの宿神楽もある。

神楽座の歩く旅は、終焉したのだ。神楽座が一座を組んで旅することはなくなったが、旅した地域と親座の関係は終息することがなかった。同時に、親と弟子神楽の関係も絶えることなく続けられている。現世の利益《りやく》である〝ヤマ〟が恵む「水」を崇《とうと》ぶ思惟は、地域と人びとのなかに生きているのだ。早池峰山への登山口近くに所在する「岳」集落に対しては、「旅する芸能座」は終息しても、その崇敬は、衰えることなく継承されている。

岳を親とする座は、幸田神楽、矢沢・胡四王神楽、浮田神楽などがある。いうまでもなく、近隣の石鳥谷町、東和町に及んでいる。また大迫町外川目に、独自な存在感を示す八木巻神楽や円万寺神楽がある。岳、大償のどちらにも属さない、と称している。

## 6 大償系神楽座

二〇〇六(平成一八)年の花巻市への合併後、現在の大償は大迫町に組み込まれている。岳集落、東和町石鳩岡も同様に、現在は、花巻市大迫町となっている。大償集落の戸数は岳集落にほぼおなじだが、街道街である大迫市街の外れで、早池峰山にむかう道筋にある。

早池峰山に関して、大償には伝承がある。もともとは、早池峰山よりは「まえやま」と呼ぶ向い側の「薬師岳」への信仰が強かった、というのである。たしかに、大償から「薬師」への道筋は、その存在を容易に見出すことができる。その上、七〇〇年代の開闢《かいびゃく》と伝えられる水沢市の黒石寺(注6)の本尊仏も薬師如来で、地域には「薬師信仰」が現代に至っても多くある。〝薬師〟には、宗派仏教以前から、より強力な信仰力があるのだ。しばしば呼称される「山伏神楽」あるいは「山伏」という表現も、宗派仏教以前の呼びかけといえる。

岳集落には、いわゆる「隠れ念仏」への信仰がある。密《ひそ》やかに、他人《ひと》に知られないように護っている。宗派は禅宗が多く、早池峰山への山岳信仰や「山伏」の存在を差し置いて葬儀や不祝儀礼をおこなっている。隠れ念仏の一方では、檀家制度が成立しているのだ。岳集落に生きる者たちにとっては、「早池峰神楽を演じ、旅することと」すなわち、〝ヤマ〟への信仰を訴えることは、自らの宗教的立場とは違っていることに「違背」や「自己分裂」を感得することはないのである。むしろ「ヤマへの信仰」を促す行動は、自らが演ずる芸能の質実に関わっていることなのである。旅の領域から受けいれられていることが、重要なのである。受けいれる人びとの感嘆こそに「生きている」のである。

大償神楽座は、大償神社を奉戴し、別当である佐々木家が任を得ている。別当家には長享二（一四八八）年の伝授書がある。伝授の由来は不明だ。だが、早池峰山を史上はじめて登攀した田中兵部が開いた田中明神から大償別当家に伝承された、という伝えがある。岳神楽とおなじ時代の起源を見出すことができる。早池峰神社の夏祭りにも参画するが、独自な活動は大償神社例祭に奉納神楽（九月一五日）を演じる。

演目は、岳神楽とほぼおなじだ。岳と大償の二流は「早池峰神楽」と呼称され、兄弟のように扱われている。演目「山の神」の面では、口を開いた大償と閉じた岳を称して「阿吽《あうん》」と呼び慣わし兄弟神楽を強調している。

もとは、大償も旅の芸能として近隣を歩き、その地に弟子神楽座が育まれたであろう。現在は、かたちを変えて、より進化した関係を維持しながら親と子、親座と弟子座の関係を保っている。旅する芸能としてのあり方を変えた大償座にとって当然のことだ。とはいえ、大償神社を奉戴し別当家を勤める佐々木家の重責は推し計ってあまりある。実態は、大償神社を所有し、代々、別当家を勤めてきた。大償神社は、神社庁に登記された県社、郷社ではなく、佐々木家の「家神」というにふさわしい。佐々木家の土地内に設置されていて、すでに述べたように、大償神社への奉納神楽は、別当家である佐々木家が組織し、おこなってきた。

## 7 街道沿いの座、土沢神楽

土沢神楽は、その名が示す通り土沢の街道に所在する。おなじ街路に面した「鏑《かぶら》八幡神社」を奉戴している。土沢《つちざわ》は、平成一八（二〇〇六）年の合併後、花巻市東和町に所属している。内陸から太平洋岸を結ぶ遠野街道の途次にあって、市街地に所在する神楽座である。

一八〇〇年代の天保、弘化時代に起源を持つといわれている。舞道具の一部にそうした記述が残っている。明治初年に中断していたが、末期（明治四〇年）に再興したと伝えている。

その後、昭和時代、大償神楽からあらためて教授を乞い「弟子座」としての立場を鮮明にした。同時に、座内の一部や古くからの信奉者の間には、大償流派とは一線を画し、その存在感を唱える人びともある。

いずれにしても、大償座と同伴し、ときには夏の早池峰神社の祭礼に同行し、大償の「舞初め」「舞納め」さらには「大償神社例祭」などに参加している。大償座の江戸期、昭和時代の改革が大きく作用している、といえる。

その舞い振りは、都市型の洗練された雰囲気を保ちながら、大償流の風味を汲んで、成り立っている。大償に倣って、七拍子と主張している。

鏑八幡神社を奉戴していることから、その祭礼（九月一四日）の神楽を主宰することが、最も大きな行事になっている。

## 8　孫弟子座・鴨沢《かもさわ》神楽

鴨沢神楽座は、江戸末期に成立したと伝えられている。

一八〇〇年代前半期の文化・文政時代、大償集落に野口家流神楽座が現われた。大償神社を奉戴する〝座〟と共存する形だった。

すでに述べたように、寛永九（一六三二）年、大償の法印・宝乗院善明に斎部流《いんべ》が伝授されたと、伝えられている。その後、文化・文政年間（一八〇四～一八三〇）に至って、野口善妙と名乗る法印が「大償野口家流」と称した。

鴨沢神楽は、明治初頭、晴山《はるやま》神楽、軽石神楽などから、あらためて教授を受け、伝授されて明治一四（一八八一）年、「座」として発足した。大償からみると、孫弟子ということになる。「野口」を名乗り「晴山・軽石神楽」の系を踏むことから、斎部流（注7）を踏襲した。

鴨沢神楽は、なによりもその独特な演じ振りが珍重され、多くの支持者を持っている。所在地である江刺市はもとより、周辺各地域に、隠れた支持者を多く持っているのだ。神楽座のまじめでひたむきな日頃もまた、崇敬が絶えない理由になっている。神楽座の存在そのものが、地域にとって貴重で尊重すべきものになっているのである。

鴨沢神楽座は、なによりも現行の大償とは一線を画し、違っている。奉戴する地域の「新山《にいやま》神社」春秋の例祭には奉納神楽を演じ、新年元旦の未明には奉納神楽を催しているという。秋の例祭では、地域での門打ちもおこなわれている。

菊池一成は、早池峰神楽の研究者で、自らの出身地である「晴山」に拘《こだわ》りながら、中学校の社会科教師として分校を赴任歴《ふにんれき》としつつ、黒い獅子舞や各地の「剣舞《けんばい》」に言及し、半ば忘れられた存在になっていた「鴨沢神楽」を説いている（注8）。

鴨沢神楽は、地域密着型で、しかし、江戸、明治期に伝授された〝芸態〟をきっちりと護っているのである。地域性に阿《おもね》ることなく、護りきっている「座」のあり方には、感嘆するばかりである。大償流系の本来の姿をみることができる。

手元には、『神楽證傳・鴨沢神楽』と書かれた和綴の一巻がある。鴨沢神楽座から贈られたものだ。貴重な史料である。

## 9 〝歴史〟に翻弄されない大償・岳系神楽座

二〇二三年、四反田《したんだ》神楽の資料が、〝座〟を担った人びとによって、公開、提供された。それまで「幻の座」だった四反田だった。二〇〇〇年代のこの時代、四反田は活動を再開していた。

昭和五〇年代後半（一九八〇年代前半）、石鳩岡、土沢の両座が県指定文化財になった。その折、土沢神楽座が同座の資料として「四反田神楽」から齎された〝背負の箪笥〟などを審査員に示した。四反田は、弟子神楽でありながら、諸道具を背負って〝旅〟をした。土沢神楽座は、県指定審査官に「四反田神楽」との古くからの関係を訴えたかったのだ。当時、四反田は、活動を停止していたようだった。土沢と四反田の関係を訴えることが、土沢座の活動を証左することになると意図されたのだろう。

大償座は、明治初年の廃仏毀釈の後、大償神社の別当家に継承されてきたという特殊性から、各地の神官との関係を強めた。

しかし、昭和二〇（一九四五）年、敗戦とともに様相を一変させ、岳、大償の両二流は接近し、鴨沢や四反田の演目は、伝承された古態を護っていることが、むしろ特殊性をあらわにしたようにみられた。大償神楽座は、度重なる市町村の合併、統合によって、大迫町（現・花巻市）に帰属したことから岳神楽座とともに二流親座としての存在感を増大した、ということでもある。

鴨沢神楽座は、現在でもなお「大債内《おおつぐない》野口斎部流鴨沢神楽保存会」を、江戸そして明治初年期の「廃仏毀釈」を経て、本来の大償流を護りきってきた、といえるのだ。

厳しい環境の下で、大償座は、大償神社を戴いて、明治初年の「廃仏毀釈」などを生き抜いて、歴史を刻んできた。〝神事〟とはいえない活動を続けてきた岳流系とは一線を画してきたのだ。

土沢・鴨沢の神楽座について語るということは、大償流派である晴山、軽石神楽座を語ることに、自ずと通底してくる。〝流派〟としての流れを発見しない訳にはいかないのだ。

## 10 独自な方向性を維持し続ける円万寺《えんまんじ》、八木巻《やきまき》神楽座

神楽座を「母《かあ》ちゃん神楽」「姉っ娘《あねこ》神楽」などと呼ぶことがある。近年、早池峰神楽に限らず女性が一座を組むことが、全国各地で見られるようになった。本来、旅の芸能でもある早池峰一座は、男性集団だった。それが、地域の女性たちによって、書き換えられることが多くなったのだ。

先に挙げた菊池一成は、生前、岩手日日新聞に「民俗芸能考」と表題した連載を寄せていた。「早池峰系文化」の領野を辿りながら女性神楽について報告している。また、少年たちによる群舞にも触れている。

菊池一成は、自らの出自である「晴山」地域に拘りながら、岳流石鳩岡の一ノ倉保の太鼓の響きに魅了されていた(注8)。

菊池一成、一ノ倉保、そして岳神楽の代表だった小国誠吉は、たびたび「旭又《ひのまた》神楽」(注9)を話題にした。女性演舞を昭和の戦後、早い時代から率先してきたからだ。さらには、ときに大償親座に、ときに岳親座に近づいたことにも触れていた。しかしながら旭又神楽座は、岳にも大償にも傾くことなく、独自な道を選んでいた。「弟子」「親」の関係性からは外れていたのである。

旭又神楽は、やがて「円万寺」「八木巻」の両座を生みだしたのだ。旭又、八木巻、円万寺の三座は、江戸期の寺請制度に取り込まれることなく、また、明治初年の廃仏毀釈運動に侵されることもなく、独自な道を歩んだ。

旭又神楽座は、令和の現在、活動を休止している。残念だ。

## (1) 円万寺神楽

円万寺神楽は、花巻市膝立《ひざたて》字観音山地区に伝承されている。同地の寺院「円万寺」にその名の由来がある。温泉郷が広がる湯口、そして花巻市街の一部を「巡業旅」の対象地としている。なによりの特徴は、花巻市西部に位置する山頂（標高一八〇メートル）の山岳地に円万寺観音堂と八坂神社を擁していることだ。無住の神仏は、並んで、あたかも習合するようにある。古くからのたたずまいを想像させる。宗派仏教が勢力を誇示する寺請制度の江戸期、神道が国家化する明治期、といった政治に傾いた歴史の刻印を受けなかった「寺社」の様相を知る因《よすが》となっている。

神楽は、岳、大償の両系とおなじ時代に成立したとおもわれるが、判然とはしない。また同時に、両系とおなじような歴史性を刻みながら独自な方向性を持ち続けたであろうことにも、納得がいくのである。一〇月一五日、八坂神社の祭礼には、現在でも、欠かすことなく演舞を続けている。演目は、早池峰神楽を継承し「権現舞」を最後の舞としている。

山頂の八坂神社と観音堂が並ぶ向い側に「一燈庵《いっとうあん》」と称する草庵がある。大谷光瑞《こうずい》のもとで活動した多田等《とう》観《かん》が棲んでいた。一九五二年までの晩年期を過ごした。大谷光瑞は、花巻市に所在する寺院の出身で、チベットに赴き浄土真宗の重要な一員として活躍した。彼は、浄土真宗本願寺派の第二十二世法主でもあった。後継する仏教者を大切に厚遇した。

多田は、明治二三（一八九〇）年、秋田県土崎港の浄土真宗西本願寺に六男として生れている。若いころから仏教学者として知られており、法主として処遇されていた。チベット語に堪能で、大谷光瑞に見出され、ダライ・ラマ十三世の寵愛を得た。光瑞による「探検隊」の重要な一員として、チベットに滞在し、そしてその後、釈迦の事績を追った。もっともよく知られた成果としては、ビハール州ラージギルにおける「霊鷲山《りょうじゅせん》」の所在地発見であろう。釈迦が伝道に赴いた「現地」が日本人に紹介された意義は大きい。

## （2）八木巻神楽

八木巻神楽は現在の大迫町外川目に所在している。大償、岳のそれぞれとほぼおなじ時代、永禄七（一五六四）年に発生したと伝えられている。江戸時代、天保年間を頂点とするたびたびの飢饉のため継承を危うくされながら、その度に再生して、現在に至っている。なによりも、その再生に力を与えたのは、地域との緊密さであったといえる。地域は、中世期から「八寸牧」「焼巻」とも表記、「やきまき」と音読されていた、と伝えられている。「野焼き」を表わし、古《いにしえ》からの「焼畑」の存在を言い表している。馬の放牧場としても知られていた。

令和二（二〇二〇）年一一月二七日、岩手県教育委員会によって民俗文化財に指定されている。その折に公にされた資料は、明治三三（一九〇〇）年銘の獅子頭（二頭分）と安政六（一八五九）年銘の権現幕の一部である。権現幕の部分には「白山妙理大権現」と読める銘文があり、しかも、その文字を消そうとした痕跡がある。かつて、この地域に「白山信仰」が強く根付いていたことを知るとともに、明治初期の神仏分離、そして廃仏毀釈運動のもとで「大権現」との表現が使えなくなった歴史の経緯を知ることができる。貴重で重要な提示だ。普通なら、地域が秘匿すべき資料だが、敢えて公表することで、地域と自らの所在証明を企てたのだ(注10)。

円万寺と八木巻神楽の両座は、岳・大償の「親」とは距離を保って、独自の道を歩んでいる。親でも弟子もなく、しかもけして狭い地域性ではなく、自らの旅を護りつつ、訪問し演楽し続けている。円万寺は、山岳地帯に寺社が並び、古い白山信仰を物語っている。明治初年の神道国教化以前からの古仏教、あるいは山岳信仰のあり方を知る様相を呈している。また、八木巻座は、白山信仰以来の資料を大切に温存し、自らを護っている。それが、連なる温泉地に根付き、支持を得ている。

付言すれば、円万寺、八木巻ともに、演ぜられる演目は「鶏舞」にはじまって「権現舞」で閉じる。他の神楽座とおなじだ。

このようなあり方が、岳・大償の二流派からの距離感と独自な活動を保証しているのである。言い方を換えれば、このような方向性を持たざるを得なかったことが、円万寺、八木巻の独自性を保たせたともいえるのである。

【注】

1　「胡四王」という呼びかけには、いくつかの伝承、伝説がある。「胡四王神楽」は、「矢沢神楽」と呼ばれていた。正式に「胡四王神楽」と名称されたのは、昭和二九（一九五四）年のことである。現代といってよい。

矢沢地域に神楽座が成立した時期は判然としてはいない。

矢沢・胡四王神社は、本文に述べたように大同二（八〇七）年、坂上田村麻呂東征伝承とともにあると伝えられている。「大同二年」は、東北地方に多く語り残されている伝承譚だ。すでに「はじめに」ならびに「第1章」で述べた通りだ。田村麻呂の兜に描かれていた薬師如来像を祀ったという伝説もある。おそらく、神仏混淆の祭神であったのだろう。降って江戸時代末期、文化一五（一八一八）年、矢沢〝神社〟と呼称されている。それまでの薬師如来を本尊とした寺社が、大己貴命（オオナムチノミコト・オオアナムチノミコト）と少彦名命（スクナビコナノミコト）の二神を祀る神社として信仰を募った、とある。大己貴命は、大国主命の別称とされている。一方で、胡四王・矢沢大権現として信仰されたとの江戸末期の記述もあって、神仏混淆の思惟は保ち続けられたのであろう。

毎年一月二日には、蘇民祭、裸祭がおこなわれていて、水沢の黒石寺に呼応する祭礼行事になっている。裸祭は水沢黒石寺を嚆矢として、岩手、青森、秋田など、北東北各地に散在している。

2　「景行天皇」「蝦夷」「稗貫」などに関しては、以下の所説を参照している。

熊田亮介『古代国家と東北』吉川弘文館（二〇〇三）

稗貫氏八〇〇年記念事業記念会『稗貫氏探訪　稗貫氏八〇〇年　顕彰記念誌』（一九九五）

間宮倫宗『北蝦夷図説』名著刊行会（一九七九）

阿部義平『蝦夷と和人』青木書店（一九九九）

高橋克彦『東北蝦夷の魂』現代書館（二〇一三）

3　弟子座石鳩岡、ならびに早池峰信仰圏、そして岳流神楽座の分布域などについては、森尻純夫『「弟子座」の形成――地域の宗教感性と芸能への身体動機』民俗芸能研究11号（一九九〇）と『ヤマの戯人――早池峯山伏神楽小国誠吉をモデルとして――』民俗芸能研究5号（一九八七）に詳しい論考がある。

4　岳座は、早池峰山への信仰を背後に旅する芸能集団として純化され、大償神楽座とともに、それぞれ尖端的役割を担っていた。神楽は、しばしば「ヤマ」そのものとして尊ばれ、地域の人びとは、神楽座の訪問を「お山が家に這入ってきた」と表現した。

岳座への日常道具、衣装などを積極的に寄進しているのは、石鳩岡神楽座の一員でもある小田家の累代が挙げられる。

5　たとえば、岳神楽の弟子である石鳩岡座は、石鳩岡在住の菊池伝右衛門が岳集落の小国常盤守藤原常正から伝授された、ということになっている。

この伝承には、石鳩岡の菊池伝右衛門と岳の小国常盤守との間に、個人的な知友、もしくは深い関係があったことを示している。個人的な関係において、教授の謝礼やなんらかの便宜などが諮られたであろうことは、充分に想像できる。

6　黒石寺は、天平元（七二九）年、行基によって開かれた、という伝承がある。延暦年間に、「蝦夷」討伐の争闘のもと、一度焼失したが大同二（八〇七）年、坂上田村麻呂によって再興された。本尊は、本文に触れた「阿弥陀如来」で、本来は修験の寺院といわれている。その後、嘉祥二（八四九）年、円仁（慈覚大師）が中興し、現在の「黒石寺」を名乗る。なによりも「蘇民祭」である通称「裸祭」がつとに知られている。黒石寺伝来の「裸祭」は、現在の花巻市周辺、旧遠野街道沿線にまで伝播している。大迫早池峰神社も、黒石寺と同日に裸祭を挙行している。

しかし、二〇二四（令和六）年、一〇〇〇年に及ぶ歴史を閉じ、旧暦一月八日の祭礼「裸祭」を終了すると発表した。傘下の神社、寺は、どのような対応をするのか、関心が集まっている。

現住所は、岩手県奥州市水沢黒石町山内（旧・江刺郡黒石村）。

7　「斎部《いんべ》」なる表現には、異論もある。古代祭祀を司どったと伝えられる「忌部・斎部」氏を唱えることが相応しいか、ということである。

8　菊池一成「民俗芸能考」一九九一（平成三）年三月～八月　岩手日日新聞連載。

前掲の連載には、次のような挿話を残している。あるときの上演後、一ノ倉保の太鼓に対して、聞いていた岳集落の人びとが「昨夜の太鼓の打ち方と、まるっきり違うな。」と疑問を投げかけると、一ノ倉は「うにゃ。さまざま打つのさ。」

と答えたという。一ノ倉は、当時の岳座の太鼓打ち、堂前の伊藤巳太郎を師と仰ぎながら、様式で固められた演奏に個性を注ぎこんでいた、あるいは、その道を模索していた、といえるのではないか。見逃さなかった菊池一成もまた、神楽を取り巻く一員として捨てがたい存在であった。この連載には、このような挿話が数多く収集されている。すでに物故されているが、生前にこのような「挿話」を収集する機会がより多く与えられていたら、……と悔やまれる。

9　「旭又神楽」は、現在の大迫町外川目に所在していた。
文化・文政期、そして天保期に大償流には、傍流ともいえる「斎部流」がうみだされる。文化・文政年間（一八〇四〜一八三〇）、野口善妙という法院が、大償流の一流派として、生みだした。そして江戸後期のこの時代、独自な道を歩んできたとおもわれる。大償流派でも岳流でもない、独自な方向だった、といえる。

旭又は、八木巻、円万寺の両神楽座を湧出させ、「野口斎部」の名を定着させた。本文にも記した通り、現在、活動が休止されている。

10　「白山」は石川・岐阜の両県にまたがる成層火山(Konide コニーデ)で、最高標高は御前峰《ごぜんみね》の二七〇二メートルである、富士山、立山と並んで、日本三霊山とされている。神社は白山比咩《しらやまひめ》を主神として祀られている。
白山信仰は、全国に遍《あまね》く末社を持つ日本の山岳信仰の祖ともいえる存在だが、「大権現」を標榜して、古信仰の様相を示唆している。地域は、仏教の宗派や寺請制度、明治初年の神道国教化にも耐えて、山岳とその古信仰を護ってきた。

## 付録1 「早池峰神楽」から南インド「歌舞劇ヤクシャガーナ」「憑霊儀礼芸能ブータ」に至る

### 1 昭和五〇(一九七五)年、はじめて早池峰神楽を観賞する。

八月一日の早池峰神社祭礼に立ち会った。まず、その強烈な太鼓の演奏に文字通り吃驚した。演者は、岳流とその弟子座である東和町石鳩岡神楽座だった。

祭礼の二日前、大迫町大償に入り、当時、大償神楽保存会代表だった佐々木金重氏の導きによって、稽古を見学した。さらに神社別当家を紹介され、故佐々木直志氏が書斎にしていた部屋に泊めていただいた。なによりも、その蔵書に驚いた。書棚の前で、しばらく自失するほどだった。『群書類従』をはじめとする歴史書、文化、教育に関する専門書が群を成して襲ってくるようだった。後に、直志氏はわたしが訪問する前年に亡くなられた、と聞いた。

翌日、岳流の実演を目の当たりにして、〝衝撃〟を味わった。胴鼓が演出の役割をしていることは、すぐに観て取れ、理解した。

幕内からの笛、チャッパと呼ぶシンバル(手平鉦《てびらがね》)、烈しい拍節と付加が交互する節奏《リズム》を発する大きな締め太鼓、それらの想像を越えた均衡のとれた演奏に鍛えられた演者の舞が導きだされる。

さらに加えて、かつての日常を逸脱しない衣装、被り物、仮面など、眼前するすべてが、わたしの五感を強く打ち、刺激した。そして、子どもの頃から、育ちの地域性もあり、歌舞伎や能に親しんできたが、地方の歌舞が持つ地《ち》の力《ちから》に圧倒された。

東和町石鳩岡座の胴鼓は、故一ノ倉保が打っていた。その舞台の支配力は、目を奪うものだった。後に、彼の神楽への豊かな知識と情熱を知り、知友を得て、多くのことを学んだ。(民俗芸能研究・第11号『「弟子座」の形成』参照)

江戸時代の後期、岳流石鳩岡座は形成された。また、いまは、すべて故人となった一ノ倉を含む三人の仲間たちが、神楽座再興のために復員後の戦後、努力して大きな貢献をしたことを認識した。同時に、集落石鳩岡に生まれ育った菅原盛一郎が『日本之芸能 早池峰流 山伏神楽』という一巻を上梓していた。このひともまた、わたしの訪問する前年に故人になっている。しかし、この書は生き続けて、現代の研究者を助けている。

わたしは当時、現代演劇、小劇場を運営していた。台本を書き演出を業としていた。小さな劇場を持ち、劇団とその団員とともにあった。ときには、依頼されて舞踊の台本を書き、批評をものした。そうした生活に〝神楽〟が闖入してきた。

昭和五〇年代のはじめ、劇場をおさめる小さなビルを建てたが、すでに〝小劇場〟の時代は終焉を告げつつあるのではないかという、うっすらとした予感に襲われていた。反新劇を掲げ、思想や反体制に身を置くことが原動力（エネルギー）になるような演劇ではなく、〝役者としての個〟が導きだす劇世界を求めていた。伝統演劇や世襲、あるいは演劇学校での訓練や学習を背景とするのではない劇世界を求めていたともいえるのだ。それは、ひとつの文意（センテンス）、ある句読点の内に花開いて、遂には閉じるものであろうことを、予感していたということでもあった。

## 2　帰京後、発見者である本田安次氏の著作を漁り、その他の関連し記録された文献を渉猟した。

本田安次先生が、早稲田大学文学部で早池峰神楽に関する講義をおこない、それを聴講したことを記憶の底から掘り出した。本田氏の生涯を決する発見であったことを再認識した（本田安次『山伏神楽・番楽』本田安次著作集Ⅴ・錦正社ほか）。

折に触れて早池峰を訪ね、上演の機会を追った。周辺の弟子座の所在地を求め歩いた。それからは必死で吸収する日々を過ごした。

やがて、神楽座が、「旅する」集団であり、職能としての神楽演者であることを知った。

神楽座は、農閑期の集落を一戸ずつ訪ね、土間で「権現舞」を演じ、いささかの鳥目と米一升を戴いた。集落と座は、一定の合意の上で、そうした〝業〟が成立していた。なかには座を座敷に通し、夜神楽を所望した。徹宵、神楽は演じられた。

早池峰神楽座は、旅する芸能集団であり、その旅によって彼ら自身の生活が賄われていた。また、旅する地域が、弟子座を構成する地域とも重なっている。弟子に手解《てほど》きを施すことが、親座の務めであり、生業《なりわい》のひと項目でもあった。同時に、早池峰神楽二流の伝承地域を証することでもあった。旅の地域と弟子座の存在を明らかにすることは、伝承の実態を知ることでもあるのだ。

現代、民俗芸能は、職能集団（Profession）ではないとされている。しかし、岳、大償の二流ともに、昭和前半期、第二次世界大戦以前までは、その所在地での日常には、米作はなく、山仕事と山間農業（焼畑《やきはた》）に限られていた。米と現金収入は、神楽を演ずることによって得られていた。

また、信仰の山である早池峰山への「先達」、すなわち案内をおこなうことで、あたかも「宿坊」のような役割を担っていた。しかし、だからといって、正確な意味で、宿坊、あるいは「御師《おし》」とはいえない。それぞれ自らの坊内にヤマに関する神仏を飾り、祀ることはせず、祭礼、おこないのすべてを「早池峰神社」に依拠している現実がある。

早池峰神社が「聖山早池峰」を祀るようになったのは、明治元年に発布された「神仏分離令」に乗じて、数年を経ずに全国的な廃仏毀釈運動が高まった。それまでは妙泉寺内の「遥拝所」であった祠堂が、〝神社〟として強調され、固有の存在になったのである。妙泉寺は、おなじ時代に廃寺になって現在に至っている。

たとえば「岳」神楽集団は、神社の門前に十数戸の集落を形成し、祭礼や舞初めの行事に際し、大迫の市街地まで「幟《のぼり》」を建てる作業が慣例になっている。また、神社内での氏子、神官による儀祭礼に際して、太鼓を打ちチャッパを奏して進行をたすける。こうしたことは、宿坊、あるいは御師としての仕事ではなく、神社への「お手伝い」といった意味合いが強く、神官がおこなう「業」とは切り離されている。

神社を臨む神楽殿での演舞も、昭和四〇年代の前半期にはじめられた、いうなればあたらしい慣例なのである。そもそも、神楽殿そのものが四〇年代に設けられている。神楽そのものが湛える古態とは相入れないのだ。早池峰神楽は、南北朝、あるいは室町期まで、その歴史を辿ることができる古態を保っている。

時代の変遷は、神楽座にも大きく影響し、その姿を変容させた。しかし、早池峰神楽は旅の芸能であり続けている。

現代では、往年（昭和二〇年代以前）、神楽座の全員が歩いて旅した地域でも、自動車を駆使して、日帰りが可能になった。集落の各戸口を訪ね、ひと舞を済ませても「日帰り」が可能になった。また、徹宵に及ぶ「宿神楽」でも、翌早朝に辞して帰路に就くことが通常になった。

それでも神楽びと、ならびに地域の人びととは、早池峰が「旅」をかけてやってきた、と表現する。旅をして農家（曲がり屋）の一室で上演する。一族、そして近隣の人びとを観客に、宿神楽を招くことは、その家の〝力〟を誇示することになる。新宅（新築祝い）、歳祝い（厄年の祓い）、家神（山の神などの家祀り）など、現代に至っても、それぞれ家に固有の祭礼を持っている。〝神楽〟を招くことで〝おこない〟になると、信じているのだ。

旅する芸能であることが、間口・奥行きの狭い小さな空間に多人数の舞手を擁することを知ったと同時に、なぜ小空間なのかを「芸能の論理」として理解しなければならない、と強く感得した。

仕草への集中力を促す演技と身体性を求めてやまなかった。それが歌舞伎に観られる〝見得〟に連なる演技姿態だと発見した。

## 3　ほぼおなじ時代（昭和五〇、一九七〇年代）に韓国、中国に、赴く機会を得た。

韓国では、女性共同体が信仰し組織化している誣覡を調査観賞した。男性社会は、根強く儒教に覆われ、女性は独自な社会を形成していた。

女性は、ムーダン（誣覡）を中心に、一族、地域を緊縛する〝社会〟が成立していた。彼女たちは、人生の変わり目をムーダンに問うことで、自らの道を決していた。人生相談をしていたのである。加えて、彼女たちは、その婚姻に関わらず、宗教共同体の一員として「万神《まんしん》」を崇め、彼女ら自身の祭礼を組織していた。

韓国に次いで、中国へ赴く機会を得た。中国では日本の民俗信仰とされる多くが、中国から伝えられたものであることを、改めて知った。さらに中国西南地方（四川省）に伝わる〝川劇〟を観賞した。川劇の演者、演出家たちと親しく交わり、教えを受けた。中国の演劇は、洗練され整えられて多くの観客を擁していた。物語も煩雑さを排除し、理解し易い展開を心がけていることがよく分かった。

また、京劇が昆劇や川劇などの地方演劇を巧みに吸収していることも観てとれた。京劇が、中国演劇の頂点にあり、地方演劇の物語性や様式を取り入れて成立していることを知ったのだ。川劇や昆劇の持つ様式性と香りともいうべき地方性を好もしく観た。

一九七〇年代の中頃、インドの演劇に出会った。女性舞踊バラタ・ナティアムをはじめ、カタカリなどの四大古典といわれるものは、すでに知っていた。その上に南インド・カルナータカ州を拠点とする歌舞劇ヤクシャガーナに出会ったのである。

この時代、毎年、インドへ赴き、短期の調査行を習慣にしていた。インド文化庁の故K・S・コタリ氏の手引きによってインドの歌舞劇ヤクシャガーナを観賞することができた。

コタリ氏は、デリーの事務所から、わたしのために遠出して南インド、カルナータカ州、ケララ州に同行してくれた。そして、それぞれの座の人びとを紹介してくれた。

一九九三年、インド・カルナータカ州のカンナダ大学に乞われて、客員教授になり、その三年後、おなじカルナータカ州のマンガロール大学に招聘され、客員教授になった。

それを機会に、ヤクシャガーナ、憑霊儀礼芸能ブータを本格的に調査しはじめた。インドでの長期滞在をするためには、日本での日常を変えなければならない、と痛感させられた。それまで経営、運営していた早稲田銅鑼魔館をはじめ、民俗芸能学会の理事職も退き、すべてを清算してインド中心の学びと調査の生活になった。

東アジアの韓国、中国、インドに関わったのは、早池峰神楽からの衝撃と理解不能な部分への疑問からだった。それは、資（Data Communication）としてはあらわれにくい、〝観る〟という感性から導きだされたものだった。わたしの芸能への問いかけは、すべて早池峰から発せられている、といって過言ではない。そして、それが「芸能」を求めて止むことのない姿勢だと理解している。

ヤクシャガーナを観てなによりも驚いたのは、早池峰神楽の舞台とほぼおなじ大きさだった事だ。間口、奥行き、ともに二間という早池峰とほぼおなじ舞台に、ときには七、八人の登場人物がひしめくのだ。しかも、身体を大きく見せるための装束を纏っている。

前章で疑問を発した「小空間」は、ヤクシャガーナとの比較で解決する、と確信した。ヤクシャガーナは、狭い空間で仕草と身体動作が争うように展開する。まさに早池峰が持つ、一見、雑駁に見えながら、細部にいたる身体へのこだわりが、観る者の感性を打つのだ。指先にまで走る神経を自覚的な〝演技〟の高みに昇華させている。そこに様式を見出すことができる（森尻純夫『歌舞劇ヤクシャガーナ』而立書房 二〇一六・『越境する女神』せりか書房 二〇一八）。

付言すれば、一九九三年以降、カンナダ大学を経てマンガロール大学に任を得てなお、年に数回は、早池峰を訪ね、上演のたびに客席にある。

二〇二一年の現在、東京とインド・カルナータカ州との往復は、感染の危機があり、不可能になっている。常にヤクシャガーナの人びとの動向を気にかけている。

『民俗芸能研究』第72号 発行・民俗芸能学会　令和四（二〇二二）年三月発行　所載
令和三年度民俗芸能学会シンポジウム「民俗芸能調査研究の体験的手法と分析」於：早稲田大学

## 付録2　民俗〝芸能研究〟の発見――〝民俗芸能研究〟とはなにか、を問う――

### 1　出合い

昭和五〇（一九七五）年、八月一日、衝撃的なことが起こった。

それは、岩手県（現・花巻市）大迫町岳の早池峰神社例祭における神楽上演の折に出喰わした。神社の神楽殿で上演された「岳流」だった。胴鼓と称される大きな締め太鼓は、鋭く打ちこまれる撥と、その当たり、切れの良い返し、そして、幕内で奏でられる笛と、太鼓の左右に並ぶ手平鉦（チャッパ、といい慣わしている）二名を従えた演奏の強烈な〝力〟に圧倒された。衝撃と吃驚のみだった（注1）。

太鼓を地域では「胴鼓」と呼んでいた。まさしく「胴鼓」がその場の演目を支配していた。〝舞手〟の一挙手一投足を太鼓が支配しているのだ。太鼓が〝演出〟の役を任じているのである。「太鼓」への衝撃を味わった直後、すぐに理解できた。

日本の東北、岩手県の中央部、北上山系の一角に、信仰の山、早池峰山（標高一九一七メートル）がそびえている。早池峰山は、奈良時代（七一〇～七九四年）以後、平安初期、大同（八〇六～八一〇）年間に開山されたという伝承が地域にはある。とすると、かなり早い時期になる。山の山頂を極め、そこに神域を感得するという修行の形が成り立った時代だ。それ以前は、山頂を侵すことは憚られていた。

この伝承、伝説は山への信仰が古代から地域の人びとに浸透していた、という強烈な自己主張が生みだしたものだ。

この山の周囲に早池峰神楽と呼ばれる芸能が散在している。

現在、早池峰系とされる「神楽座」は、四十以上を数えることができる。

人びとが「親座（おやざ）」と呼ぶ中心的な存在は、早池峰山の南東部にある花巻市大迫町に所在している。早池峰神楽には二つの流派があり、どちらもともに大迫町にある。そしてどちらも「親座」である。

後に述べることになるが、「親座」と「弟子座」は、早池峰神楽という芸能が成りたつ日常性と合理的な〝理念〟ともいえる思惟に支えられている。

## 早池峰へ赴いた動機

一九七四年当時、「小劇場運動」などと標榜された演劇活動に従事していた。演劇教育を専科にする大学で、いわゆる「新劇」を課題にする教育を受けてきた後輩たちを中心に、劇団を組織していた（注2）。

劇団活動は、経済的に報われることはなく、主宰者と目され〝演出〟を業とした者に全面的な負担が襲っていた。それでも、五年間ほどは、定期的な公演活動をおこない、週に何日かの稽古も習慣化していた。

当時、劇団という集団が紡ぎだす〝劇性〟は、それぞれの俳優たちが紡ぎだす「個の色合い」によって集成されるものだ、という思念に捉われていた。

文章にしてみると、ひどく難解で、分かりにくい論理だといわざるを得ない。しかし、当時の「時代的雰囲気」は、このようだった、と弁解しておくことにする。

歌舞伎や能の演者、奏者のように「血の流れ」と「世襲」に支えられるわけではなく、自らの意思と野心(Ambitious)によってのみ、演出家との「黙約」が成立する世界なのだ。従って、当時の劇団員には、早池峰神楽の手《て》解《ほど》きを受けて舞を演ずることを禁じた。早池峰の座員たちも、教えることを望んだが、断るように申し渡した。ひとえに神楽を観賞し、そこから学ぶべきものを獲得することだけを望んだのだ。

早池峰の座員たちには、地場と血筋が導きだす因子が、彼らの生命の根幹にある。それは、他域からの者たちには理解の及ばない、烈しく、しかも静謐に淀んでいるものだ。舞を身体化しても、奪うことができるものではない。いずれ、その静謐な淀みの前に拝跪するであろうことは目に見えている。それよりも、何故《なにゆえ》にこの「芸能」が、このような「芸態」が、存在しているのかを思考していくことを望んだ。そして、折に触れて、神楽の場に〝観客〟として立ち合わせた。

さらに、五年ほどの劇団活動の後、見出していた方向性は失われ、あたかも、ぽつねんと往還に立つような孤独感に襲われることになった。主宰者、あるいは演出家をはじめ、俳優それぞれも、例外なくおなじ感懐に襲われた。それは「新たな演劇」と標榜された各集団に共通の課題になった。

ある日、すでに故人となった高名な舞踊評論家を訪ねた。おのずと話題は、往還にぽつねんと立つ自らに触れていた。

彼との語らいの内に、「答えは出せないが、……」と断って「早池峰神楽」の存在を伝えてくれた。

衝撃の太鼓に出合ったのは、こうした経緯を経た後の岩手県訪問なのである。

## 旅する芸能座

後に分かったことだが、〝衝撃〟を齎《もたら》した太鼓を打っていたのは、岳流弟子の石鳩岡神楽座の一ノ倉保だった。当時、彼はすでに五十歳代で、二〇〇〇年代、故人になっている。

親座である岳と弟子座石鳩岡は、当時、他に類を観ない緊密な関係を誇っていた。

石鳩岡神楽座は、江戸時代の末期に成立し、第二次世界大戦後に、兵役を終えて郷里に戻ってきた数人の若者たちによって再興された。中心になったのは衝撃の胴鼓を打った一ノ倉保だった(注3)。

戦後、農村もまた都市の街とおなじように荒廃していた。米どころでありながら、都市からの収奪は治まらなかった。都市の人びとが求めるいわゆる闇米は、農村の本来の姿を変容させてあまりあるものだった、と伝えられている。天保年間が全国的な、たびたびの飢饉に見舞われてそうであったように、戦後の村落荒廃と食糧不足は緩やかなものではなかった。そして、偶然の符合のように危機の時代に神楽が起こる。

本来、早池峰神楽親座は、〝旅〟することによって存在していた。旅は、芸能座の〝経済〟を賄うものになっていた。集落の各戸を、烈しい太鼓の演奏で襲い、戸口で獅子の舞を演ずる。そして、なにがしかの米と謝礼金を受けるのだ。それが、二流親座の収入源だった。また、村落の一軒に招かれて、早暁まで演ずる『宿神楽』も企図された。

小山田、石鳩岡は「岳親座」の旅の地、〝庭〟だった。岳とその流派にとって、「小山田、石鳩岡」地域は、準拠点だったといってもよい関係性を誇っていた。小山田、石鳩岡は、いわゆる「見巧者」が、多く所在した(注4)。

石鳩岡集落の一ノ倉保と岳親座の小国誠吉の出逢いには、こうした背景があった。

若い頃、戦地に赴く以前から「名人」と囁かれていた小国誠吉は、一ノ倉にとって、親座の存在とともに教えを乞うに足る「師匠」であった。小国にとって一ノ倉は、〝盟友〟と表現してよい存在だった。太鼓打ちではなかった小国には、一ノ倉の打つ太鼓は「岳流」伝来のものと写った。特に岳座の代表に就任して以降は、太鼓のあれこれの教授を乞う相手だった。一ノ倉の太鼓は、小国にとって、岳の先々代師匠から〝伝来〟されたそのものだったのだ。

舞の名手として知られた小国と〝衝撃〟の太鼓を打つ一ノ倉は、おなじ流派の親座と弟子座に立場を違《たが》えているとはいいながら、お互いを扶助し合いながら、緊密な関係を築きあげた。

## 「親座」と「弟子座」

すでに述べたように、早池峰神楽は「旅する芸能」で、二流の親座が所在する岳、大償の集落は、旅することによって経済生活を獲得していた。伝承譚では、数か月に及ぶ巡業の後、戸数十五ほどの岳集落に戻る折には、馬二頭に米俵を振り別けて積み込んできた。前後、二度ほどおこなわれたという。それが、集落の人びとが一年に食す米のすべてだった、と伝えられている。

馬に積み込み、二度にわたって運ぶ米は、石鳩岡、小山田地域で仕込まれたという。遠野街道をよぎり、山を越えて大迫の街を横切って、早池峰の麓の小集落に登り来たのである。当然、この時代の岳集落には米が採れる水田はなかった。山間の地に灌漑を導く術がなかったのだ。

「岳親座」と「石鳩岡弟子座」の緊密な関係は、江戸の後半期、天保時代から養われていたに違いない。そして、既述したように、危機だったともいえる第二次大戦後、一ノ倉、小国によって、劇的な復活を遂げるのである。想像だが、飢饉の度重なった天保時代の再来だったのだろう。

弟子と親の関係は、いうなれば、合理的で近代化されていたともいえる。歴史の試練が、人びとを鍛え、不屈にしたに違いない。「親座」と「弟子座」の関係は、経済生活を賄うという喫緊な問題意識を抱えこんで成り立っていたといえる。親座にとって、弟子座とその地域は、「庭・縄張り」であり、〝神楽〟そのものを存続させ、生活の資を獲得するための〝稼ぎの場〟であった。言い換えれば、旅で巡業する「庭・縄張り」に「弟子座」が成立する、ということでもある。

繰り返すが、親座と弟子座は、緊密な関係図式を以て成立している。

## 2　渉猟……深化と発展

昭和五〇（一九七五）年に出合った早池峰神楽の一座を、一年半後の昭和五一（一九七六）年一二月東京に招いた。弟子座の岳流石鳩岡だった。当時、経営していた早稲田銅鑼魔館で公演していただいた。岳親座にも上京を仰ぎ、東京公演を企図し、実現した。岳神楽は、遂にはフランス公演をおこなった。

多くの人に、この芸能を知らしめたいと一心に願っていた。昭和初年、本田安次によって発見され、広く紹介された早池峰神楽は、それから四十年以上を経て、いうなれば、忘れられたように人びとの耳目から遠ざかっていた。もう一度、好事家たちの関心を深めたい、あらためて観賞に耐える芸能であることを訴え、より多くの人びとに伝えたい、と熱《いき》りたっていた。やがて、岩手県の民俗芸能保護団体（昭和五六年）として承認され、国の資料保存団体（平成二七年）としても認められていくことになる。どちらも大償の弟子座土沢神楽とともに指定を受けている。流派は違っても、おなじ弟子神楽座としての基《もとい》を共有するという意識に支えられている、といってよいだろう。

神楽座は、村落を往訪し受けいれられるという社会的存在であり、同時に、弟子座は、親座の〝庭〟を荒らすことない活動、すなわち、それは定められた〝秩序〟を求めてのことだといえる。弟子座もまた、親座の訪問がない時期、独自の〝庭〟を形成し、自らの「社会」での活動をおこなっているのだ。親座と弟子座は、どちらも早池峰神楽のあるべき姿を求めてたゆまぬ活動の日常を過ごしているのだ（注5）。

### 東京公演から世界へ

昭和五二（一九七七）年、岳神楽を東京に招聘した。経営していた早稲田銅鑼魔館を小さなビルに建て替えた記念公演だった。

その後、石鳩岡座を伴って欧州六か国公演（昭和五八《一九八三》年五〜六月）、そして岳座とともにフランス公演（平成二五《二〇一三》年三月）をおこなった。

その間には、たびたび東京公演を、両座それぞれに企図、実行した。より多くの耳目を掻き集めることが使命と心得ていた。観客として、評論家、学者はもとより演劇、舞踊に携わる人びと、学生、好事家、関心を寄せるその他、誰でも拒むことなく、受け入れた。また、折に触れて岩手を訪ね歩いた。神楽の上演を追っていたのだ。その折、劇団員はもとより、研究者、学者、評論家などを許される限り、誘《いざな》った。

昭和初年、本田安次によって発見、報告された早池峰神楽は、戦後、民俗芸能として国、県から保護指定を受けたとはいいながら、けして世間一般に知れ渡る存在とは言えなかった。すでに再三述べてきたように、「知られる存在」になることを祈念してきた。東京、ならびに海外公演を企図したのは、「旅の芸能」である早池峰神楽が、現代、旅をより大きく広げた結果だと、抗弁することにしていた。関心を寄せる多くの人びとを観客として擁したのも、それ故だった。それでも、いくつかの疑念に捉われることがあった。

ひとつは、岳、石鳩岡座の東京公演をおこなった頃から、盛んに「民俗芸能」という用語（Term）で呼びかけられるようになった。自身も民俗芸能という分野（Genre）に取り込まれつつあることを自覚せざるを得ないことが、多々あった。一方で、それでいいのだろうか、と思念することも再々だった。

岳、大償の両神楽座は、山間の小集落から季節を決めて旅を懸け、米と金銭を得る。こうした行動は、誰でもが参加できる風流芸能にはない。どちらかといえば、古くに存在したいわゆる「伝統芸能」に類《たぐい》するものだ。「能」や「歌舞伎」がおこなってきた「旅の芸」といえる。

衝撃の太鼓は、伝来の音色に「個性」を刻みつけたものだ。それを「民俗」の芸、といってよいのだろうか。いまだに解決されないその問いを、繰り返しながら、現在に至っている。

もうひとつは、衝撃の太鼓によって早池峰神楽への関心を深め、そればかりか、自らの立脚点とまで思い詰めるに至っている。

後に、その太鼓は、伝来の方法論に「個性」を振り塩されたものだ、と知った。そして、「民俗芸能」という分野で語られている。「学び」としての民俗芸能は、はたしてそういう立場の自分に相応《ふさわ》しいのだろうか。すでに何度か触れてきているように、「庭」を往く早池峰神楽は、「旅の芸能」であり、職能（Profession）のものだ。幼少の頃から、父や姻戚、一座の長老などから厳しい訓育を受けて育ってくる。いうなれば、選ばれた者たちの技芸だ。それで、一〇代の終わり頃、ようやく一人前になる。そして、小村落を支える、食べさせることのできる存在になるのだ。親座である二流の、岳も大償もおなじ歴史を紡いできた。多くの弟子座とは、まったく違う動機と志によって成立している。それは、民俗芸能といえるものだろうか。

## 岩手県近隣の芸能探査

早池峰神楽は、岩手県の、一般に北上山系といわれるほぼ中央にそびえる早池峰山の周辺に散在している。また、県外にこぼれて青森県、宮城県、秋田県に、その巡業域を抱えている。すでに述べたように、旅の芸能である早池峰神楽は、巡業域に弟子座を養っている。親座と弟子座は、それぞれの「庭」を侵すことなく、あたかも「秩序」を保ち、それぞれの「仕組み」を認め合うように存在している。それは、近代的で合理主義的でさえある。

近隣の弟子座を見歩いた。土沢神楽はもとより、羽山神楽、鴨沢神楽など現在、弟子座としての活動をおこなっているものを見聞して歩いた。それぞれが、親座を離れてそれぞれの態様を保ちつつ地域に定着していることを知った。

そうした渉猟を促したのは、自らが発見した石鳩岡神楽座が、確かな芸能を持った「座」であるか、技芸の保持を所有している確かなものであるか、という確認を問われているようにおもえたことも事実だ。

それればかりではなく、近隣、特に岩手県内、旧南部藩内で活動している「民俗」に括られる儀礼、芸能を検証する必要に迫られている、と感得した。その宗教感性を探る必要を痛感し、ある種の懼れとともに検証に赴いた。

岩手県水沢の黒石寺は、裸祭で知られている。褌ひとつの素裸になった男たちが、小川での禊のあと、掛け声をかけながら寺院背後の山を巡り、黒石寺院に参拝の後、井桁に積み上げられ、火をはなたれ、その燃えあがる炎に身を曝すのだ。最後には、寺院の天井から「蘇民袋」が投げ込まれ、裸の男たちは、争奪を競い、寺院から寺領の果てまで争いつつ降っていく。勇壮な祭礼である。黒石寺の本尊は、薬師如来と伝えられ、寺院内部に祀られている。祭礼の背景には、

「蘇民将来」の説話がある。

黒石寺の裸祭は、早池峰神楽への記述もあって、「山伏」の業だと断じている。そうした地域からの発現を検証することを含めて、両三度、水沢に通った（注6）。

七歳の男子を祀り、「歳祝い」と称する厄年の男たちの祓いを恃《たの》み、全国的に流布している。早池峰岳の神社でも、毎年、三月におこなわれている。

さらに、県内平泉・毛越寺の二十日夜祭に赴いた。この祭礼は、「若女」「老女」の舞で知られており、先学・本田安次も、なにほどかの縁《えにし》を得て、調査、訪問している。

黒石寺、毛越寺の本尊は、ともに薬師如来で、背後に「山伏」の存在を潜ませている。地域では、薬師信仰が大きな位置を占めていることが覗われる。

## 各地芸能の遍歴、やがて海外の芸能へ

岩手県と秋田県の境界地帯にあって、相互に文化的な影響を分けあっている、といわれている秋田県鹿角市には、大日堂舞楽がある。地域には、早池峰神楽に対応するように、「番楽」と呼称された芸能がある。「番楽」は、早池峰神楽と同種の芸能として扱われるが、秋田、山形の両県に流布している。演目も類似していて先学・本田安次の収集に委《まか》せて従うことにする（注7）。

新潟県佐渡島に伝わる「佐渡人形芝居」は、早稲田大学が研究対象としたことがあり、ふたたび取り上げたいという要望に沿って、銅鑼魔館に招いて上演した。語られる浄瑠璃をはじめ、「民俗」を逸脱した歴史性をふくめて示唆多い芸能といえる。何度か現地佐渡島に赴いて、観賞し、東京公演のための協議をおこなった。

その後、山陽道の備中神楽、九州、高千穂神楽など、多くの地方を訪ね、地域芸能を見歩いた。ひとえに早池峰神楽で受けた「衝撃」が、自らにとって正しいものであったかどうか、との検証だった。そのために費やした時間だった。

すでに述べたように、早池峰神楽を海外へ送り出すことに腐心した。海外の人びとが、どう受け入れるか関心があったとともに、ひとりでも多くの人に、この神楽を紹介し、理解して欲しいとの欲求があった。

「旅の芸能」として、伝来、定められた地域を巡り歩き、米と謝礼を得ていた早池峰神楽は、近年、いささか様相を変えてきた。

「旅」は、自動車の普及で、容易になり、日帰りが通常になった。また、神楽に対する畏敬の念は、必ずしも高められず、信仰の在り方が変異してきた。しかし、ひとたび海外の観客に出合うと、様相は一変し、「文化」として、「伝統」を保持する儀礼芸能として、畏敬と崇敬を集めた。神楽座の人びとも、期待に応える演技、演奏を、直截的で率直におこなった。若い、後継者を任ずる演者たちにとって、そうした観客は、はじめて出合う人びとだった。彼らは感動した。

どの神楽座も、海外公演には、積極的に応じた。

神楽座の海外公演を企画するためにも、諸国の芸能を探査する必要があった。

韓国のムーダン（巫覡《ふげき》）にはじまって、インドのヤクシャガーナにいきついた。けして古来の芸能ではないが、演者の足踏みを規定する長鼓（ムリダンガ）、義太夫のような語り謡に魅せられた。なによりも驚かされたのは、舞台の大きさが、早池峰神楽とほぼおなじだったことだ。そして、その大きいとはいえない舞台に過大な衣装を纏った数人の演者が、舞い踊るのだ。それを観客は、三方から取り囲んで観劇する。歌舞伎の古形を目の当たりにした（注8）。

自らの内に生れた疑義が解消されたわけではない。おそらく、生命ある限り、消えることのない「問い」であろう。次代、いや次次代の人びとにとって、無益な問いかけではなかったことを、信じて筆を擱く。

## 3　山の信仰と生活…結びにかえて

すでに触れたように、近年、「旅の芸能」である早池峰神楽は、大きく変異している。旅は変質し、自動車を活用して日帰りになった。それに伴うように、地域の人びとも神楽座を迎える作法が変わった。

神楽宿を設けて、集落内に泊めおくことがなくなった。従前は、集落内に分散して神楽びとを泊めていた。当然、身の回りの小物、足袋などの洗濯も家内の役割になった。さらには、いわゆる「宿神楽」と呼ばれる徹宵の上演の機会が減少した。特別な出来事、たとえば、主が厄歳を迎えるとか、七歳の長男の祝いをするとかに際して、神楽座を招待するといったことが「宿神楽」を催す「特別の日」になって、上演に繋がった。

また、田や畑を持つことで、経済的な生活を充足することはできなくなった。主たちは、なにほどかの稼ぎを農事以外に求めた。田畑を守り、一家の生活を賄うために、他の職業に勤しむことが必要となった。農業は、昭和三〇年代以降、ゆっくりと副業化してきた。

いまここに書き述べようとしているのは、この神楽と山岳信仰がどのように結びあっているか、ということでもある。日本人の宗教と芸能への心根はどのようなものなのか。それに導かれて長い歴史を刻み、営まれてきた人びとの生命力を解くことにある。

地域の人びとによる早池峰山への崇敬と信仰は、地域生活が変容を遂げた後も、変わることなく持続されてきた。注目しなければならないのは、仏教と混淆した山岳信仰が、早池峰山を崇敬する思想には潜んでいることである。早池峰山からは、いくつかの流れがある。いくつかの河川がある。その流れが、平野の水田を潤している。灌漑用水である。早池峰山に発した流れが「現世利益《げんせりやく》」を生みだしているのだ。この世にある限り、利益をもたらす早池峰山への崇敬を放棄するわけにはいかない、というのが地域の人びとの想念なのだ。たとえば、農業が副業と化しても、山への崇敬、信仰を捨てない、捨てられない人びとの思惟を無視することはできない。

【付録2・注】

1　このときの〝衝撃〟については、すでに何度か、折に触れて記述している。ごく最近では「民俗芸能研究72号」『「早池峰神楽」から南インド「歌舞劇ヤクシャガーナ」「憑霊儀礼芸能ブータ」に至る』に述べている。

2　高等学校の後輩である彼らが「高校演劇コンクール」に参加したのが、寄り集う機縁になっていた。彼らは、ややもすれば硬直化した演劇界に飽き足らず、「小劇場」や「モダンダンス」を題材に批評活動をしていたわたしを頼って、集まってきたのだ。

私事を語れば、高校一年次、三年次の二度にわたってコンクール優勝を果たした先輩であるわたしを頼ったということである。しかも、反新劇を唱える「小劇場」を称揚する批評活動をする先輩は、頼りになるとおもえたのだろう。

3　石鳩岡神楽座は「石鳩岡集落の菊池伝右衛門が、文化二（一八〇五）年、小国常磐守藤原常正から早池峰岳神楽の伝授を受けた。後に同志を募り、舞道具類一切をそろえたので、天保五（一八三四）年九月一日、はじめて早池峰岳流石鳩岡神楽を名乗り、独立することを許された」（公式ブログ『石鳩岡神楽』）とある。

しかし、昭和初年の本田安次の調査には『石鳩岡』の名称はない。後の本田談話（昭和四〇年代）では、「小山田神楽」に含まれていたのではないか、と述べている。「小山田神楽」という座名は、たしかに本田著作に見出すことができる。また、「独立」を許された、というのは「小山田神楽」からの分派をゆるされた、と読むこともできるが、天保年間は、たびたび飢饉に襲われており、純農村地域であり、米どころでもあった「石鳩岡」の特殊な状況があったとも推察することができる。後述するように岳座にとって、石鳩岡、小山田は、極めて重要な「庭場（縄張り）」だった。なお、早池峰神楽を称して『山伏神楽』という呼称が定着しているが、すでに挙げた昭和初年の本田安次調査以降に唱えられた呼称で、その以前に見出すことはできない。

4　本誌『民俗芸能研究』に限った参照文献としては、

「民俗芸能研究」5号『ヤマの戯人』・同11号『「弟子座」の形成』

菅原盛一郎『日本之芸能 早池峰流 山伏神楽』

なお、弟子座の研究としては、橋本裕之「民俗芸能研究」第10号『文化としての民俗芸能研究』があることを付言しておく。

昭和五〇年代、岳神楽では久保坊小国誠吉が保存会代表になる。本文に述べたように、彼は、シベリアに抑留され、数年の後にようやく解放されて帰国した。帰国後の数年間は、彼にとってけして穏やかな日常ではなかった。岳は、早池峰山の懐で、戸数十数戸の小集落だ。山間の地に米作はなかった。人心は戦後の厳しさに乱れていた。早池峰山に対する崇敬は希薄化していた。夏の祭礼を催すことだけが精いっぱいで、神楽の上演など思いの外だった。もっとも、往年は、早池峰神社の祭礼に神楽が上演されることはなかった。また、神楽殿も存在しなかった。旅することだけが、神楽を演ずる機会だった。

戦後の数年、本来、経済生活を賄うはずの〝神楽の旅〟は休止されていた。状況は、いかに生活を構築するか、それが直面する問題だった。小国誠吉は、結婚し子どもを儲けた。それからようやく、数年後、神楽座に復帰した。また、一ノ倉保は、幼少の頃から〝神楽〟に深い関心を寄せていた。宿神楽のある家を訪ねて、縁先から観るのを習慣にしていた、と述懐している。

長男ではなかった一ノ倉保は、分家して石鳩岡の実家を出た。近隣の町、土沢の公営住宅に居住していた。はじめてその家を訪ねた折り、その貧しさに驚いた。神楽をやるということは、こういう〝現実〟を引き受けなければならないのか、と感慨一入であった。その後、この家は建て替えられ、何度か「聞き取り調査」の挙句、泊めていただいた。一ノ倉の神楽知識は、群を抜いていた。小国誠吉は、一ノ倉と交流することによって、自らの立場を強く認識した。親座の代表であり、神楽を守ることを〝使命〟としたかとおもえる後半生のその生き方は、弟子座の一ノ倉保との連携が生みだしたもの、といって過言ではない。

後に、その生き方は、必ずしも次世代に受け入れられることはなく、一ノ倉保の太鼓、あるいは〝胴鼓〟に対しても、その〝個性〟を容認されることには異論もあった。

伝承は、常に〝個性〟と鬩《せめ》ぎあいながら成立していくものだということを知るのみだった。

5　土沢神楽は、旧遠野街道の市街地を活動の場としている。奉戴する神社は、鏑山神社であり、町中にある。

また、石鳩岡座は、新地と呼ばれる新興村落を〝庭〟としている。
6　黒石寺蘇民祭については、末武保政『黒石寺蘇民祭』文化総合出版（一九七六）に詳しい。
7　本田安次『山伏神楽、番楽』本田安次著作集　第五巻　錦正社（一九九四）
8　森尻純夫『歌舞劇ヤクシャガーナ』而立書房（二〇一六）

『民俗芸能研究』第74号 発行・民俗芸能学会　令和五（二〇二三）年　所載

## むすびに代えて、先行研究を問う

近年の活発な議論の先頭には、まず和歌森太郎を、挙げなければならないだろう。氏は「山伏」と記さず「山臥」と表記している。古文献に登場する表記に拘っているのだ。自らいうように、『修験道史研究』は「古典」と目されている。同時に、古代から鎌倉、室町、そして江戸期、ときに現代までを射程に収めた「山臥」研究の概説書として読むこともできる。村山修一の著作と並べて読むと、一層の理解へ導かれる。

また、おなじように古代からの誘いを発揮するのは、国文学者、西郷信綱のいくつかの著作であろう。大いに啓発を受けた。国文学者としての立場を保有しながら、その該博な知的作業は、神話、歴史、宗教、心理学に及んで、縦横に論理を進めている。早池峰、そして役の小角の研究には、こうした視点が必要なことを示唆している。

地域に生れ育った自らを生涯忘れることなく、「蝦夷」と古代史研究に勤しんだ工藤雅樹の名を挙げなければならない。また、吉野裕子の多くの著作に注目する安田喜憲は、環境考古学の立場から、世界的視野を以て風土と人間の営みを説いた。

新渡戸稲造は、一八六二（文久二）年、現在の盛岡市に盛岡藩士十次郎の三男として生れた。父、祖父は、十和田湖近くの「三本木原」の開拓に勤しんだ。稲造は、札幌農学校を卒業し東大専科に進み、その後渡米、渡独の後、地方《じかた》研究の必要を提起、各地の講演で説いた。その間に、キリスト教への入信、長兄ふたりの死、自らの結婚などを経験している。

新渡戸の講演で、その主張を深く受けとめた柳田國男は、その意図を汲んで、自宅に「郷土研究」「郷土研究会」

を組織した。小野武夫をはじめ、多くの若者たちが参画した。

柳田國男の地方《じかた》への関心を導いたのは、現在の盛岡市出身である新渡戸稲造だったことを強調しておきたい。その柳田に同伴していたのが小野武夫だった、というのも歴史の必然のように感じる。小野武夫は、後に「小作研究」の第一人者になる。

その他に宮家準や村山修一の研究を忘れることはできない。また、岩手に生れ育って、学校教員としての生涯を辺地教育に捧げ、神楽研究とその普及に尽くした菊池一成の存在を忘れるわけにはいかない。このような多くの先人たちの研究を基に、そして参照しながら、わたしは、早池峰神楽をみつめてきた。

そして、菊池一成がきっかけを与えた神田より子の活動をも見逃すわけにはいかない。沿岸地方を学生とともに調査する、その息の長い姿勢と活動を称賛する。

さらに、二〇〇〇年代に入った近年、中島奈津子をはじめ、あらたな研究者が生みだされている。それをむすびに代えて、特記したい。


和歌森太郎『修験道史研究』東洋文庫２１１・平凡社（一九七二）

和歌森太郎『山伏』中公新書（一九六四）

村山修一『山伏の歴史　塙選書71』塙書房（一九七〇）

西郷信綱『古代人と夢』平凡社（一九七二）

西郷信綱『神話と国家』平凡社選書53（一九七七）

西郷信綱『古代人と死』平凡社（二〇〇八）ほか

工藤雅樹『蝦夷の古代史』吉川弘文館（二〇一九）
工藤雅樹『平泉藤原氏』無明社（二〇〇九）ほか
村山修一『山伏の歴史』塙選書71（一九七〇）ほか
安田喜憲『蛇と十字架』人文書院（一九九五）
安田喜憲『日本文化の風土（改訂版）』朝倉書店（二〇一一）
安田喜憲『文明の精神』古今書院（二〇一八）
吉野裕子『蛇　日本の蛇信仰』法政大学出版局（一九七九）
吉野裕子『山の神　易・五行と日本の原始蛇信仰』人文書院（一九八九）ほか
小野武夫『日本荘園制史論』柏書房（一九七九）
小野武夫『民族農政学』朝倉書店（一九四三）
中嶋奈津子『早池峰大償神楽の子弟構造について』仏教大学総合研究所紀要29号（二〇二二）
中嶋奈津子『早池峰岳神楽の継承と伝播』思文閣出版（二〇一三）

なお、本書をまとめるにあたって書肆梓の小山伸二氏、校閲の岩下信子氏、装丁の福井邦人氏など多くの人びとに深く謝意を表したい。

森尻 純夫（もりじり・すみお）

1941年東京生まれ。

早稲田大学を中退後、1971年劇集団「流星舎」設立。

1973年早稲田銅鑼魔（どらま）館を設立、2009年まで館長をつとめる。

1986年から1992年まで、民俗芸能学会理事。

1994年インド・カルナータカ州カンナダ大学客員教授に就任。

1996年より同州マンガロール大学客員教授に就任。

2001年から2023年まで東京財団研究員として、現代インドの政治、経済、外交戦略、文化の情報を発信した。

現在、早稲田大学演劇博物館招聘研究員。

主な著書に『銀座カフェ・ド・ランブル物語―珈琲の文化史』（TBSブリタニカ）、『これからはインド、という時代』（日下公人と共著　ワック）、『歌舞劇ヤクシャガーナ』（而立書房）、『インド、大国化への道。』（而立書房）、『越境する女神 インド・南カルナータカの憑依霊儀礼ブータと神女シリの饗宴』（せりか書房）など。

**芸能の力学** 山と水と、そして、芸能の力　早池峰神楽研究

2025年２月20日　第１刷発行

著　　者　森尻純夫

発 行 者　小山伸二
発 行 所　書肆梓
　　　　　〒186-0004 東京都国立市中3-6-21
　　　　　https://shoshiazusa.official.ec/
校　　閲　岩下信子
装　　幀　福井邦人

印刷製本　藤原印刷株式会社
　　　　　営業　藤原章次
　　　　　印刷　製版：中田和寿
　　　　　　　　本文：竹内重幸
　　　　　　　　表紙：小澤信貴
　　　　　　　　カバー・口絵：栗林勇士


ISBN 978-4-910260-06-8 C0039

## 書肆梓 出版物 2025年2月現在

＊ご注文はお近くの書店、あるいはこちらまで https://shoshiazusa.official.ec/

おそらく生きては港を出られまい。

### 詩集・『七つの海』山内聖一郎

定価1,000円+税　B6判 122頁　ISBN978-4-910260-04-4 C0092

海は太古から、永遠の未来にわたり七つある。火の海に沈もうとする船上、もう港を出ることさえ叶うまい。

呪文のように「七つの海」の名を唱えはじめる宣教師たち…。ドアをノックする音が、いまも止む気配がない。

たくさんの針金に巻きつかれた生活、締め上げられる悲鳴。吐いてきた無数の嘘と唾液。

死ぬことが少しも怖くないというのは、とても大きな罰を受けているように思えるのはどうしてだろう。

作家・佐藤亜紀が『バルタザールの遍歴』のなかで書いている。

「マクベスだろうとロミオだろうと、自業自得でない悲劇などありえない。

全く自分の所為ではない不幸が次々に襲い掛かってくる芝居があったら、抱腹絶倒の大喜劇に違いない…」

『耳泥棒』を読み終えパタンと閉じて、僕は化物のような白い歯を見たようで、嗤いが止まらなかつた。

まるで大喜劇の名俳優が、舞台上で拍手喝采を浴びたような良い気分なのだった。


不気味な道行のバンド・デシネ(bande dessinée)

### 画本・『耳泥棒』寝暮

定価1,500円+税　B5判 オールカラー 110頁　ISBN978-4-910260-05-1 C0079

ちょっと怖くて、ちょっとかわいい。

シュールなのに、いつのまにか意味まみれの沼に引きずりこまれそう。

寝暮の最新作は、ある一冊の詩集から始まった。

死臭ただよう不気味な言葉たちの煉獄。

そこからの脱出口はあるのか、ないのか。

意味を超えて響きあうふたつの作品。

それぞれ独立しながら、読者を迷宮の森へと誘って行く。